CÓMO ALCANZAR el ÉXITO PERSONAL

CÓMO ALCANZAR el ÉXITO PERSONAL

DRA. DEBORAH A. OLSON,
CON MEGAN KAYE

Edición sénior Hannah Bowen, Bob Bridle
Edición de arte sénior Karen Constanti
Edición de arte de cubierta Harriet Yeomans
Producción sénior, Preproducción Tony Phipps
Producción, Preproducción Robert Dunn
Apoyo técnico creativo Sonia Charbonnier
Edición ejecutiva Dawn Henderson, Angela Wilkes
Edición ejecutiva de arte Marianne Markham
Dirección de arte Maxine Pedliham
Dirección editorial Mary-Clare Jerram

Escrito por Megan Kaye
Ilustraciones Keith Hagan

Servicios editoriales: Tinta Simpàtica
Traducción: Rubén Giró i Anglada y Lydia Brugué

Publicado originalmente en Gran Bretaña
en 2017 por Dorling Kindersley Limited,
80 Strand, London WC2R 0RL
Parte de Penguin Random House

Título original: *Success: The Psychology of Achievement*
Primera edición: 2017

Copyright © 2017 Dorling Kindersley Limited
© Traducción al español: 2017 Dorling Kindersley Limited

ISBN: 978-1-4654-7175-8

Impreso y encuadernado en China

www.dkespañol.com

PSICÓLOGA CONSULTORA

Dra. Deborah Olson

La doctora Olson es profesora de Liderazgo y dirección de empresas en el College of Business and Public Management de la Universidad de La Verne, California. Está especializada en las áreas de liderazgo basado en las fortalezas y desarrollo de carrera en la etapa de madurez. Ha recibido premios de su universidad en reconocimiento de la excelencia de su enseñanza y sus investigaciones, y atesora una experiencia de más de 30 años en el desarrollo de las organizaciones. En los años ochenta del pasado siglo trabajó en el Departamento de Formación y Desarrollo de la Chrysler Corporation. A continuación trabajó como consultora en Hay Management Consultants, firma internacional de desarrollo de liderazgo y recursos humanos, en la que se integró como socia en 1995. En 2001, estableció su propia empresa de consultoría, que se centra en el diseño y la implementación de procesos de desarrollo del liderazgo y de sistemas de gestión del capital humano basados en las fortalezas.

AGRADECIMIENTOS

Deborah Olson:

Quiero manifestar mi más profunda gratitud a mi marido y colega, el doctor Kenneth Shultz, quien en las tres décadas que llevamos juntos me ha ayudado a comprender bien el significado del éxito y cómo se demuestran los conceptos de este libro a través de las decisiones que tomamos cada día.

Los editores quieren dar las gracias:

A Nicola Erdpresser por su labor de asistencia en el diseño; a Bob Saxton y Alice Horne por su asistencia editorial; a Georgina Palffy por la corrección de pruebas; a Margaret McCormack por el índice, y al editor estadounidense Lori Hand, por su ayuda y conocimientos.

CONTENIDS

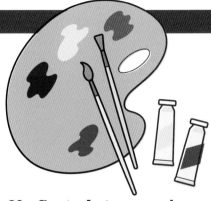

CAPÍTULO 3
POTENCIA TU ACTITUD
EJERCITA EL PENSAMIENTO Y EXPLOTA
TUS DESTREZAS

CAPÍTULO 4
DESTREZAS DE ÉXITO
GUÍA COTIDIANA PARA SER EFICAZ

PRÓLOGO

La determinación es esencial para alcanzar éxito y lograr objetivos importantes para nosotros. Durante más de 30 años he trabajado con gerentes, directivos y estudiantes aplicando prácticas basadas en la investigación para que pudieran conseguir sus objetivos, tanto personales como profesionales. Durante este tiempo, he identificado un modelo específico: la mayoría somos capaces de describir qué *no* nos gusta de nuestra vida, trabajo y relaciones, con la sensación de que si solo pudiéramos *hacer eso o cambiar aquello* tendríamos éxito. Sin embargo, cuando se nos pide que describamos *qué queremos*, solemos dar una respuesta poco precisa, como ganar más dinero, viajar, progresar en el trabajo, tener una buena relación de pareja o abrir nuestra propia empresa.

En esta era digital, la ubicuidad de las redes sociales y la frecuencia con la que «vemos» el éxito de otros hace que sea más difícil determinar qué significa el éxito para cada uno de nosotros. Con un flujo continuo de imágenes que nos muestra cómo los demás *parece* que tengan éxito, es posible que nuestra vida, actividad, vacaciones, relaciones y aspecto físico parezcan «menos que» al compararnos. Si no tenemos claro qué queremos conseguir, las imágenes que nos rodean no harán más que ofuscarnos.

Las ideas, herramientas y reflexiones de las páginas siguientes resumen la investigación sobre el éxito y el logro. Cada capítulo se ha diseñado para que te concentres en reflexionar y así poder desarrollar planes detallados y concretos. A su vez, te permitirá mantener la inercia incluso ante tendencias perniciosas, como la procrastinación, los comentarios negativos sobre si lo que haces «te saldrá bien», el miedo al fracaso o la preocupación por lo que tendrás que dejar atrás para conseguir lo que deseas.

El material del libro se basa en investigaciones psicológicas y la práctica aplicada de la psicología positiva, que destaca la importancia de aumentar la esperanza, la resiliencia y el optimismo. El primer capítulo explora diferentes maneras de descubrir

qué significa el éxito, mientras que el segundo capítulo explica cómo dominar el poder positivo de tus juicios para conseguir el éxito y la satisfacción. El tercer capítulo detalla los beneficios de concentrarse en las fortalezas y superar los propios pensamientos coartadores, como «no puedo hacerlo, ya lo intenté y no funcionó». Para triunfar y tener éxito tienes que hacer algo y moverte; por eso el cuarto capítulo ofrece técnicas esenciales y prácticas para que mejores tu eficacia. Para cuando toque esforzarte para cumplir tus objetivos, el quinto capítulo contiene temas como la resolución creativa de problemas, el trabajo en red eficaz y la psicología de influir en otras personas. En el último capítulo, el libro versa sobre el cuidado de nuestro bienestar y las relaciones personales, elementos vitales que contribuyen al éxito global de nuestra vida.

Te será útil volver a leer estos capítulos a medida que redefinas tus objetivos, aparezcan nuevas oportunidades o cambien tus circunstancias vitales: cuando pase esto, puedes volver con un nuevo punto de vista. La definición de éxito variará a lo largo del tiempo y aparecerán nuevos objetivos que cambiarán tu atención. Esto forma parte natural de nuestro desarrollo y crecimiento.

La idea de éxito es algo muy personal. Tenlo en cuenta y recuerda que compararse con otros no suele ayudar. Lo que marca la diferencia es el viaje para aprender a triunfar y el proceso de continuar avanzando hacia lo que quieras conseguir. El éxito se basa en tomar decisiones proactivas y conscientes a diario sobre qué es importante para ti y crear objetivos relacionados con lo que valoras y deseas conseguir. Este libro te ayudará a descubrir exactamente qué es el éxito para ti y qué tienes que hacer para conseguirlo.

Deborah Olson

Dra. Deborah A. Olson

CAPÍTULO 1
VIDA Y PROGRESO

EL SIGNIFICADO DEL ÉXITO Y LA SATISFACCIÓN

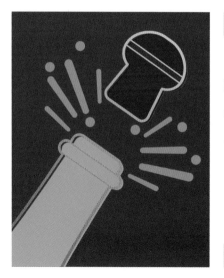

¿CÓMO SE IDENTIFICA EL ÉXITO?

LA DIVERSIDAD DE LA SATISFACCIÓN

Una vida completa es más que la suma de sus hitos más obvios. El primer paso para vivir una vida más fructífera, implicada y próspera es identificar qué es el éxito para ti.

Seguro que hay un motivo por el que has elegido este libro. A lo mejor te preguntas cuál será el siguiente reto y buscas nuevas maneras de aprovechar tus ideas, energía y ambición para obtener el mejor resultado posible. O puede que ya te hayas marcado diversos objetivos, pero no logras acercarte lo suficiente a ellos (o, por lo que sea, no hay manera de dar el primer paso). O quizá estás encallado porque tus planes son repetitivos, tu conducta habitual ya no te sirve y estás desorientado.

Sé realista
Está claro que la presión del tiempo y también las limitaciones para realizar múltiples tareas y nuestra resistencia no nos permiten lograr la excelencia en todos los aspectos de la vida. Es inevitable tener que

elegir. Es importante no lamentarse por algo que nadie hubiera podido cumplir en nuestras circunstancias: solo podemos jugar con las cartas que tenemos en la mano.

Mide el triunfo
La realidad es que no existe una única manera simple de medir el éxito. Aunque las ambiciones pueden relacionarse con medidas objetivas, como la fortuna, el estatus y la carrera profesional, estas no suelen tener en cuenta el conjunto global. De hecho, este tipo de criterios objetivos suele hacer que las personas hagan comparaciones inútiles entre ellas y sus iguales; no obstante, estas solo cobran sentido si los afectados tienen ambiciones parecidas. Son muchas las personas que dan una mayor prioridad a su esfera privada, como mantener

una buena relación sentimental con su pareja durante muchos años, que a su vida pública, como disfrutar de una carrera profesional llena de éxitos y logros.

Cambio de ideas
Las ideas de la sociedad en general sobre qué representa el éxito también cambian con el paso del tiempo. La idea de medir el éxito según

¿CÓMO DEFINES EL ÉXITO?

Para conseguir los objetivos, antes debes considerar qué quieres lograr. Empieza por estas preguntas:

- ¿Qué es lo más importante para ti?
- ¿Qué crees que hace que una vida sea exitosa?
- ¿Admiras a alguien? ¿Qué quieres imitar de su vida o de sus decisiones personales?
- ¿Cuánto te comprometerás para conseguir tus objetivos?
- ¿Cómo sabrás que has «tenido éxito»?

UNA FOTO DEL MOMENTO

En su libro *Coaching co-activo*, Henry Kimsey-House, Karen Kimsey-House, Phillip Sandahl y Laura Whitworth hablan de la rueda de la vida, una herramienta para visualizar mejor todos los aspectos que la conforman. Es una especie de foto sobre cómo te sientes con tu vida en un momento concreto.

Ten en cuenta las diferentes facetas de tu vida, como carrera profesional, relaciones personales, salud física, posición económica... (elige las categorías que sean más relevantes). Mide tu nivel de satisfacción en cada categoría en una escala de 1 a 10, en la que 1 es «nada satisfecho» y 10 es «muy satisfecho». Traza las líneas en la rueda y únelas, como ilustra la línea blanca de este ejemplo.

¿Gozas de un buen «equilibrio»? ¿La rueda que has creado es lisa y redonda o está abollada y es irregular porque estás abandonando algún aspecto de tu vida? Utiliza la rueda para identificar a qué facetas podrías dedicar más tiempo y energía desde ahora para tener una vida más equilibrada. Toma otra «foto» dentro de un tiempo y compáralas.

LA RUEDA DE LA VIDA

- ◼ Familia
- ◼ Carrera profesional
- ◼ Salud
- ◼ Crecimiento personal
- ◼ Amigos y relaciones
- ◼ Situación económica
- ◼ Actividades de ocio
- ◼ Entorno doméstico

el triunfo ante el público ya no es útil, especialmente porque implica sacrificios inaceptables en otras esferas, como en las relaciones personales, la salud física y el bienestar psicológico. El éxito material asociado a una carrera de altos vuelos corre el riesgo de chocar con los valores de llevar una «buena vida». También tenemos que tener en cuenta el coste del estrés laboral para el individuo y su familia (ver pp. 96-101), un problema cada vez más común en Occidente.

Como irán reforzando las páginas de este libro, cada individuo tiene una idea propia de en qué consiste el éxito. Es muy probable incluso que tu propia definición de éxito cambie a medida que avances por las diferentes fases de la vida.

> **El éxito** es gustarte a ti mismo, y **que te guste lo que haces** y cómo lo haces.
>
> **Maya Angelou**
> Novelista

LAS CLAVES DEL ÉXITO

LOS SECRETOS DEL TRIUNFADOR

Para tener éxito necesitas hallar equilibrio en tus cualidades y tener las ideas claras sobre qué esperas de la vida. Es mejor dar más valor a la flexibilidad que intentar cambiar el mundo a tu antojo.

Muchos sueñan con una pastilla mágica que les haga más organizados, productivos y triunfadores. De hecho, los que son muy eficaces tienden a seguir unas prácticas resolutivas; seguramente las más obvias son las relacionadas con la gestión efectiva del tiempo (ver pp. 124-125). Por ejemplo, son realistas con los plazos y dejan algo de tiempo para los imprevistos. Utilizan una agenda detallada para controlarlo todo. Si pueden, se levantan temprano: la sensación de tener todo el día por delante les da energía y creatividad; la mañana es el mejor momento para reflexionar. También hacen primero lo más pesado para no pensar en ello en todo el día.

Libera espacio

Una gran manera de empezar de cero y aclarar la mente es «liberar espacio». Aplícalo a tu entorno físico o reserva un espacio en la agenda para concentrarte en una única cosa sin distracciones. Lo hagas como lo hagas, será una gran decisión para que puedas centrarte en las prioridades reales.

> Si quieres tener éxito, **busca nuevos caminos** en lugar de recorrer los viejos caminos trillados del éxito.
>
> **John D. Rockefeller**

UNA ACTITUD POSITIVA

El éxito es muy diferente en campos distintos, pero los hábitos psicológicos para conseguirlo suelen ser similares. Ten la actitud adecuada, será el fundamento de una vida más rica.

Mantén la perspectiva

Evita fijarte en los detalles antes de visualizar toda la escena. Primero formula el esquema del plan general y después empieza a definir detalles.

Vuelca tu pasión

El grado de implicación emocional en cualquier proyecto suele ser un indicador principal del éxito. Te da fuerza para superar obstáculos. Tener una visión clara orienta tus futuros pasos.

Aprovecha las herramientas

Utiliza los recursos a tu disposición: tiempo, dinero, objetos, incluso personas. Aprovéchalos con sabiduría y creatividad.

Es tu turno

Toma la iniciativa, recuerda que tú tienes la única responsabilidad de tu éxito.

Acepta el fracaso

En cualquier proyecto a largo plazo, el fracaso es inevitable. No te lo tomes personalmente ni dejes que afecte a tu entusiasmo.

Escúchate

Sigue a tu voz interior. No te dejes influir por la presión del grupo o las personas negativas.

Sé positivo

El pensamiento positivo garantiza abundante energía, lo que se traduce en resultados constructivos. Si tu actitud y hábitos siempre son positivos, tendrás la tenacidad de superar cualquier obstáculo que encuentres en el camino.

MÁS O MENOS ÉXITO

ESTABLECER LA ESCALA DEL TRIUNFO

Es un placer trabajar en lo que te apasiona; al fin y al cabo, el trabajo suele ocupar la mayor parte de las horas del día. Aunque ahora no te apasione, tus acciones y tus elecciones pueden convertirlo en un trabajo satisfactorio.

Es complicado ser feliz en un trabajo que odias. Aunque una buena carrera no te garantice la felicidad, lo ideal es encontrar un empleo que, como mínimo, no la estropee. El bienestar es el mayor objetivo: el gran reto es encontrar maneras de crearlo mientras trabajamos. De hecho, una investigación de la organización Gallup en Estados Unidos concluye que los trabajadores felices tienden a ganar más a medida que avanza su vida, tienen mejor vida social y ayudan más a sus colegas.

¿Encajar o crecer?

Tres psicólogos norteamericanos, Patricia Chen, Phoebe C. Ellsworth y Norbert Schwarz, destacan que hay dos modelos profesionales diferentes de satisfacción: en el primero, «encajamos», desarrollamos nuestra pasión en un trabajo ideal para nosotros. Suena muy bien, pero es complicado si el mercado laboral no es favorable o no tienes clara tu vocación. La alternativa: poner pasión en lo que estás haciendo; es decir, cultivar tu interés mientras trabajas. ¿Uno es mejor que el otro?

A todos nos gustaría encontrar donde «encajar», pero la investigación psicológica indica que la mayoría de las personas creen que acaban encajando en su empleo con el paso de los años. Si no encuentras un trabajo adecuado para tu pasión, puedes encontrarle un sentido a tu trabajo con el tiempo.

Crea tu propio espacio

Si crees que no vas a encajar en ninguna empresa, ¿por qué no abres una propia? Está claro que

EL DINERO NO DA LA FELICIDAD

Aunque la pobreza es una desgracia, parece que la riqueza tampoco nos hace felices.
Durante los últimos 50 años, por ejemplo, la riqueza en Estados Unidos ha ido creciendo,
pero la satisfacción personal se ha mantenido bastante constante.

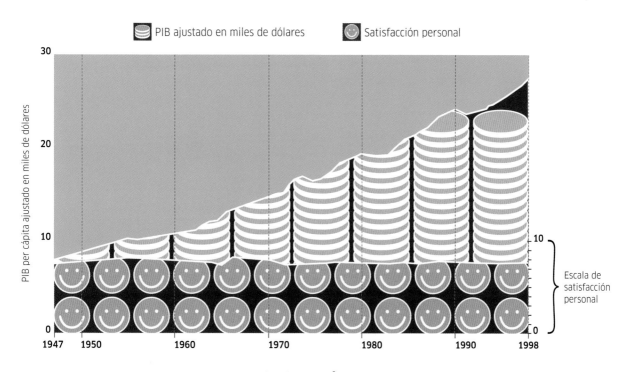

PIB ajustado en miles de dólares — Satisfacción personal

**PRODUCTO INTERIOR BRUTO (PIB) PER CÁPITA DE ESTADOS UNIDOS
Y PROMEDIO DE LA SATISFACCIÓN PERSONAL DE 1947 A 1998**

vivimos en una sociedad que admira al emprendedor, pero lo que para unos supone libertad y desafío, para otros será estrés y sufrimiento. Un estudio canadiense de 2011 identificó dos rasgos psicológicos ideales para lograr hacerse un lugar propio en el mundo:

- **Orientación formativa:** inclinación para continuar aprendiendo y ampliando conocimientos.
- **Pasión por el trabajo:** sensación de recompensa por trabajar.

Aunque ambas cualidades son útiles, ninguna es un rasgo común fijo. A algunos les encanta aprender, pero todos lo haremos si toca; la satisfacción por trabajar oscila a lo largo de la vida. Así que, si no tienes claro qué es lo que quieres de un trabajo, lo mejor es tener la mente abierta y no dejar de aprender nunca. Hay muchas maneras de ser feliz con lo que haces.

¿EMPIEZAS CON PASIÓN?
En 2015, psicólogos norteamericanos investigaron quién creía que hacía mejor su trabajo: aquellos que perseguían hacer lo que les encantaba («encajar») o aquellos que pensaban que les encantaba lo que hacían («desarrollar»). Los primeros empiezan considerando que hacen mejor el trabajo que eligen; la buena noticia es que los segundos coinciden con ellos con el paso del tiempo.

CONOCE TU MENTE

EL ÉXITO QUE TE FUNCIONA

Podemos definir el éxito como lograr lo que queremos o necesitamos, pero ¿eso lo define todo? Cada persona quiere algo diferente. Cuando establezcas tus objetivos, es útil tener en cuenta tu psicología personal.

Todos somos diferentes y quizá tu idea de éxito es diferente a la de tu vecino. Conocer tu propia personalidad te ayudará a planificar tu estrategia. Se preguntó a 75 miembros del consejo asesor de la Escuela de Posgrado de Negocios de Stanford cuál era la cualidad más valiosa que se debía cultivar. La respuesta fue casi unánime: el autoconocimiento.

Cinco rasgos de personalidad

Los psicólogos disponen de todo tipo de teorías diferentes para medir y clasificar las dimensiones de la personalidad, pero casi todos están de acuerdo en que existen cinco grandes rasgos de personalidad que explican muchos aspectos de nuestro carácter y nuestra conducta. La investigación en este modelo se remonta a 1949, y se ha ampliado desde entonces; un estudio observa que estos cinco rasgos aparecen en más de 50 culturas. Con tanta investigación acumulada, hay pruebas de que es una manera útil de pensar sobre nosotros mismos.

¿Cuáles son esos cinco rasgos de personalidad? Aquí tienes las categorías generales:

1 **Extroversión/introversión.** ¿Las situaciones sociales te dan energía o te la quitan? ¿Necesitas silencio para reflexionar y recuperar energía? Ninguna de estas actitudes es «mejor»: lo único que tienes que hacer es encontrar maneras de trabajar con comodidad.

2 **Amabilidad.** ¿Eres altruista y cariñoso o cerrado y cínico? Las personas amables funcionan mejor en situaciones cooperativas;

los menos amables triunfarán en un entorno más competitivo.

3 Responsabilidad. ¿Eres organizado, detallista y vas directo al objetivo? Esto es más fácil para unos que para otros. Está claro que si quieres triunfar te hará falta algo de responsabilidad, así que, si no es tu fuerte, debes trabajarla.

4 Neuroticismo. En este contexto, un «neurótico» es alguien que se altera con facilidad, mientras que una puntuación baja en «neuroticismo» indica más resiliencia. Piensa qué nivel de estrés puedes soportar de manera cómoda y recuerda que puedes entrenar la resiliencia y capacidad de soportar el estrés de una manera más eficaz.

5 Apertura. Cuanto más abierto seas, más voluntad de vivir aventuras, de exponerte a nuevas ideas y de encontrar soluciones creativas tendrás. Los menos abiertos son más tradicionales y les cuesta pensar en abstracto.

NECESIDADES MOTIVACIONALES

¿Cómo piensas y qué quieres? El psicólogo David McClelland propone las tres principales necesidades que los futuros triunfadores quieren cubrir. ¿Cuál de ellas crees que se adapta mejor a tu percepción de ti mismo?

Poder. La necesidad de ser influyente y poder manipular o controlar a otros (que no es un rasgo negativo si ese poder se utiliza en beneficio de todos). Para ti, el éxito significa liderar.

Logro. El esfuerzo por sobresalir: lo que cuenta como satisfacción depende de un conjunto de normas que valoras. Si esta es tu motivación principal, eres lo que McClelland denomina un «jugador»: marcas tus propios retos y arriesgas para cumplirlos (ver recuadro).

Afiliación. El deseo de establecer relaciones de cooperación y alianzas con otros, basadas en intereses y entendimiento mutuos. Tu idea de éxito es estar rodeado por un gran equipo.

> La gente **confía en ti** cuando eres **genuino** y **auténtico**, y no una copia de alguien.
>
> **Bill George, Peter Sims, Andrew N. McLean, y Diana Mayer**
> *Harvard Business Review*, 2007

Q ¿TE MOTIVAN LOS LOGROS?

Si lees este libro es probable que te motiven los logros. David McClelland identifica diversos rasgos principales en este tipo de personas:

- Les preocupa más triunfar que las recompensas materiales. El dinero solo es una manera de medir el éxito.

- No dan mucha importancia al estatus y la seguridad.

- Buscan constantemente maneras de mejorar.

- Buscan trabajos que les den flexibilidad y la oportunidad de establecer sus propios objetivos.

- Necesitan retroalimentación, no elogios. La recompensa emocional llega cuando se hacen bien las cosas, por eso quieren oír valoraciones detalladas.

- Establecen unos objetivos realistas, según sus intereses y capacidades, y prosperan si creen que lo hacen bien.

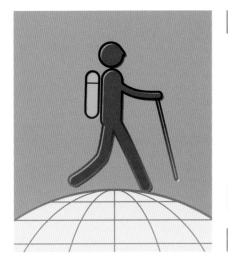

UN VIAJE DE POR VIDA

EL ÉXITO ES UN PROCESO CONTINUO

Cuando pensamos en el éxito, a menudo imaginamos las circunstancias que lo acompañan, como fortuna y prestigio, aunque de hecho es más útil imaginar un estilo de vida, porque las circunstancias cambian.

Es fácil fijarse en personas con éxito que admiramos o envidiamos y pensar: «Me gustaría estar como estás tú». El problema está en que, claro, las circunstancias pueden cambiar. El éxito no es una orilla segura a la que llegar, sino un camino que debes explorar continuamente.

¿Vives la vida?

El millonario Richard Saint John entrevistó a 500 triunfadores y pudo identificar los ocho principios que les habían ayudado a conseguir su éxito (ver «Los secretos del éxito», en la página siguiente). Sin embargo, el propio Saint John considera que su carrera tiene una moraleja: al principio se volcó al máximo, pero a la que llegó el éxito empezó a pensar que era el típico «campeón» que tenía éxito en cualquier cosa

que hiciera, lo que le causó un bloqueo creativo, la pérdida de clientes por preocuparse más por el dinero que por el servicio y, al final, una depresión clínica. Su carrera empezó a recuperarse cuando el cierre inminente de su empresa le espoleó para luchar por ella: le gustaba más pelear y esforzarse que disfrutar de los logros.

Por lo tanto, tiene todo el sentido considerar el éxito como un proceso y no como el objetivo final. Se trata de un enfoque que es mejor para la salud emocional y la carrera profesional. Lo ideal es desarrollar buenos hábitos y mantenerlos a largo plazo.

Supera las reticencias

Tenemos una resistencia natural a cambiar los patrones establecidos: empezar algo nuevo abruma porque

significa convertirse en novato. En el *Harvard Business Review*, la experta Erika Andersen detalla cuatro herramientas mentales para superar las reticencias:

1 **Aspiración.** Ante cualquier reto, la mayoría percibe más rápidamente los obstáculos que las oportunidades. La investigación psicológica ha observado que, si percibimos que lograr algo será positivo, nuestra motivación para conseguirlo aumenta.

2 **Autoconocimiento.** Nadie es perfecto; tener fallos es parte de nuestra naturaleza. Favorece una actitud de autodescubrimiento (ver pp. 54-57); piensa en fortalezas y debilidades, y en cómo continuar creciendo y desarrollándote.

3 **Curiosidad.** De niños queremos saberlo todo, así que trata de mantener tu sed de conocimiento y tus ganas de experimentar.

4 **Vulnerabilidad.** Es fácil quedarse en la zona de confort, pero allí no se mejora. Prueba cosas nuevas, comete errores y, sobre todo, aprende de ellos.

LOS SECRETOS DEL ÉXITO

El experto en el éxito Richard Saint John identifica ocho
principios básicos que siguen los triunfadores:

Deja que te guíe tu pasión
Haz aquello que haces porque te importa: primero es el entusiasmo natural y después la remuneración.

Trabaja mucho, pero diviértete
Trabaja duro, pero de una manera divertida y no desalentadora.

Desarrolla conocimientos
Practica, aprende y potencia tus capacidades hasta que seas muy bueno en tu campo.

Concéntrate
Presta a tu trabajo toda la atención que merece.

Sé persistente
El rechazo, la crítica y los obstáculos forman parte del juego: que no te frenen ni te impidan hacer algo en lo que creas.

Sé curioso
Conserva tu curiosidad, observa e interésate por desarrollar nuevas ideas.

Intenta ser útil a los demás
No hagas las cosas para vanagloriarte, sino para dar valor a los demás.

Abre camino
Presiónate, márcate nuevos retos y no dejes que las dudas te frenen.

¿TE SIENTES CÓMODO?

94 %

Un estudio de K. Patricia Cross sobre investigación educativa observó que el 94 % de los profesores declaraba que la calidad de **su trabajo estaba por encima de la media**. Lo más probable es que sea **más preciso** pensar que siempre tenemos **margen para mejorar** y para **aprender cosas nuevas**.

MEJORA TU DISCURSO INTERNO

A veces las circunstancias nos desaniman, pero a menudo este no es el único factor. La experta Erika Andersen aconseja mejorar la «narrativa interior»: el discurso interno que determina cómo reaccionamos ante un reto.

Discurso desalentador
■ Soy muy viejo para empezar algo nuevo.
■ Uf, vaya problemas.
■ Esto no lo hago bien.
■ Pareceré idiota si fracaso.

Discurso alentador
■ Aportaré mucha experiencia vital.
■ ¿Cómo será mi vida tras conseguir esto?
■ Aún estoy aprendiendo, ya lo haré bien.
■ Aprenderé algo de esto, con independencia de cómo acabe.

CAPACIDAD DE ORIENTACIÓN

CAMINO HACIA EL ÉXITO

Las personas activas y ambiciosas suelen tener más de una aspiración, y a veces estas están enfrentadas. ¿Qué solución se toma cuando hay que decidir entre todas las posibles opciones?

Crees que todo el mundo tiene la misma actitud ante la capacidad personal, pero de hecho los estudios sugieren que existen dos grupos de creencias contrapuestos:

Teoría de la entidad: los talentos y competencias son fijos. Hay quien es bueno en algunas cosas desde que nace, mientras que otros no lo son. Nuestras capacidades están en nuestro interior.

Teoría incremental: podemos cambiar y desarrollar lo que somos capaces de hacer.

Estas teorías hacen referencia a nuestra competencia percibida: la probabilidad que creemos tener de triunfar si probamos algo, ya sea impresionando a otros (objetivos de rendimiento) o aprendiendo a hacer cosas (objetivos de dominio).

Y el ganador es…

¿Cuál es la teoría válida? Por suerte, la investigación científica prefiere la teoría incremental. Un estudio publicado en *Journal of Personality and Social Psychology* en 2006, realizado con más de 450 sujetos, observó que el factor más fiable para la predicción del éxito (incluso en el caso de medidas presuntamente objetivas como test de inteligencia) era el grado en que el sujeto creía que podría cambiar lo que hacía.

{ Quien mucho **abarca** poco **aprieta**. }

Refrán popular

Si quieres tener éxito, debes creer en primer lugar que vas a aprender. Creer que dominarás nuevas técnicas hace que sea más probable que lo consigas; por lo tanto, deja que sea tu potencial y no tu capacidad actual lo que te oriente al tomar decisiones.

Busca un entorno positivo

Si estás pensando en cambiar de empresa, fíjate en la filosofía y la cultura dominante en el nuevo lugar de trabajo. El estrés constante y la sensación de ansiedad limitará tu crecimiento, así que, cuando busques una nueva empresa, es mejor elegir aquella en la que el personal se centre en crear cambios positivos.

La psicología organizacional positiva (POP, un término paraguas dentro de los estudios organizacionales) se concentra en la importancia de crear culturas que faciliten el desarrollo y el crecimiento de las personas y maneras de hacer cosas para ajustarse a los clientes y al cambio sostenible. La POP destaca la importancia de los atributos, procesos y resultados positivos. Una idea básica es que es más eficaz que un líder o mentor se centre en los puntos buenos de alguien y los mejore que no en sus limitaciones, para crear una situación en la que este pueda experimentar.

En resumen, busca pruebas de que la empresa quiere crecer y marcar la diferencia. Te vas a desarrollar mejor y dispondrás de más oportunidades si te ves capaz de aprender, y aprenderás mejor con personas que se muestren más interesadas en lo que puedes hacer que en lo que no.

EL CICLO DE DESARROLLO POSITIVO

La psicología organizacional positiva (POP) argumenta que aprendemos más cuando nos enseñan a prestar atención a las fortalezas y no a las debilidades, lo que crea un círculo virtuoso:

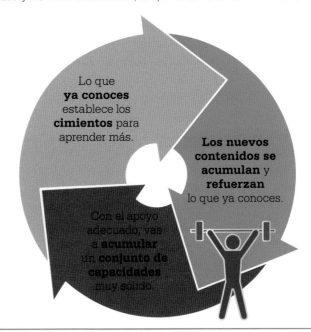

Lo que **ya conoces** establece los **cimientos** para aprender más.

Los nuevos contenidos se acumulan y **refuerzan** lo que ya conoces.

Con el apoyo adecuado, vas a **acumular** un **conjunto de capacidades** muy sólido.

¿TE CUESTA DECIDIRTE?

Si te resulta difícil elegir entre tus aspiraciones, sigue esta técnica, atribuida al magnate norteamericano Warren Buffett:

- Elabora una lista de las 25 cosas que quisieras hacer el próximo año tanto en tu vida personal como en la laboral.
- Marca los cinco puntos más importantes de la lista.
- Comprueba que sean los cinco puntos de prioridad máxima para ti.
- Empieza a elaborar un plan para conseguir estos cinco objetivos, qué recursos necesitarás, etc.
- Aparca los otros 20 puntos. Cuando hayas logrado estos cinco principales, podrás volver a los otros objetivos, pero hasta entonces, no son más que 20 distracciones.

NO VOY A IR A DONDE ME LLEVE EL CAMINO. IRÉ A DONDE NO HAYA SENDERO ALGUNO QUE SEGUIR, Y DEJARÉ MARCADO MI PROPIO CAMINO

MURIEL STRODE, POETA Y AUTORA

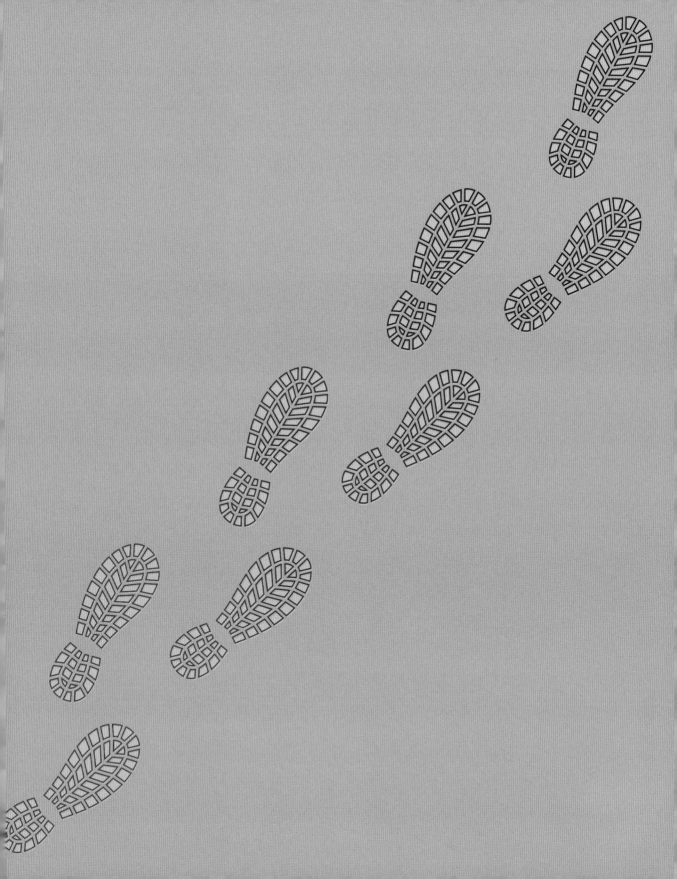

OBJETIVOS CLAROS

ESTABLECE TUS OBJETIVOS

Toda estrategia de éxito implica acotar: para centrarte en lo que haces, tienes que decidir qué es lo que *no* vas a hacer. Cuando establezcas tus prioridades, no omitas las consecuencias menos obvias de tus decisiones.

A veces puede ser difícil saber en qué prioridades centrarse y ver el posible resultado final de nuestras acciones. Hacerte preguntas concretas te ayuda a centrarte en lo que resulta realmente importante.

Evita los obstáculos

El consultor estadounidense de dirección Fred Nickols, con la ayuda de su colega Ray Forbes, ha desarrollado una serie de preguntas que puedes hacerte si quieres determinar tus objetivos:

- ¿Qué quieres conseguir?
- ¿Qué quieres conservar?
- ¿Qué quieres evitar?
- ¿Qué quieres eliminar?

El objetivo de estas preguntas es el de resaltar la interacción, a veces compleja, entre nuestras decisiones, acciones y resultados (ver el cuadro «¿Conseguir, conservar, evitar o eliminar?» en la página siguiente).

¿FIJA O CRECIENTE?

La psicóloga de la Universidad de Stanford Carol Dweck propone dos tipos de mentalidad:

- **Mentalidad fija:** crees que la inteligencia, el talento, etc., son características innatas.
- **Mentalidad creciente:** eres capaz de aprender toda la vida.

Con una mentalidad creciente, no solo serás más proactivo, sino que serás también menos duro contigo mismo, ya que considerarás que los errores forman parte del aprendizaje. Así es más fácil superar cualquier contratiempo.

La cuestión es que necesitas tomar decisiones para mantener un equilibrio global en tus logros; conservando lo que tienes y valoras, cumpliendo objetivos en áreas nuevas y evitando malos resultados.

Podrías tener más objetivos de los que crees y, si puedes considerar tanto los objetivos «negativos» como los «positivos», tienes menos posibilidades de obviar algo importante y no llegar lo lejos que querrías. Cuando definas cuáles son tus objetivos, ten claro qué es lo que quieres, y considera las cosas que no quieres poner en riesgo.

A ritmo constante

Si tienes grandes planes y empiezas desde una posición no precisamente ideal, tendrás que invertir mucho tiempo y esfuerzo. Habrá momentos en que pensarás que no lo vas a lograr: llegados a ese punto, revisa tus prioridades.

Como afirma Stuart Biddle, profesor de Vida activa y salud pública en la Universidad Victoria de Australia, «no tener tiempo es una excusa irreal en la mayoría de los casos». Si lo tenemos para ver la televisión o hacer una pausa, lo tenemos, si queremos, para dedicarnos a un proyecto mayor. La clave aquí, según la psicóloga Carol Dweck, es tener una «mentalidad creciente» más que una «mentalidad fija» (ver el cuadro «¿Fija o creciente?», a la izquierda). En lugar de ser perfeccionistas y pensar que podemos o no hacer las cosas, es mejor creer que el aprendizaje dura toda la vida. Eso reduce algo la presión. No necesitas llegar a estar exhausto; pero cuando

? ¿CONSEGUIR, CONSERVAR, EVITAR O ELIMINAR?

El experto en mejora del rendimiento Fred Nickols ideó una serie de preguntas para ayudar a establecer y tener claras las prioridades: a veces el «éxito» está más relacionado con el hecho de *conservar, evitar* o *eliminar* aspectos de tu vida, y no con *conseguir* algo. Piensa en cuáles son tus objetivos y hazte las siguientes preguntas para ver si tus respuestas revelan puntos que deberías tener en cuenta:

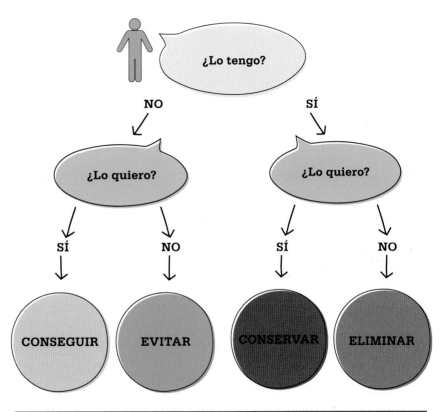

el tiempo es un recurso limitado, vale la pena preguntarte si realmente estás perdiendo la motivación o solo estás cansado.

Tenemos que estar animados para lograr el éxito, y también debemos ser conscientes de que no arriesgar lo que ya tenemos es tan importante como obtener cosas nuevas. Cuanto más claras tengas tus prioridades, mejor te irá.

> No existen **soluciones**; solo hay **cosas que compensan**.
>
> **Thomas Sowell**
> Economista, teórico social y filósofo político

¿TRABAJAR O VIVIR?

CÓMO ORGANIZAR TUS PRIORIDADES

Hoy en día a todos se nos presiona para hacer mil cosas. La necesidad de hacerlo todo a la vez mina nuestra tranquilidad: es muy difícil mantener el equilibrio si constantemente sentimos que no llegamos a todo.

Todos sabemos que hay que conciliar la vida laboral y nuestra vida personal, pero no sabemos bien cómo se consigue. Es probable que no exista el equilibrio perfecto entre ambas facetas de la vida, sino más bien periodos en los que uno priorice unas cosas u otras. No siempre podemos controlar la cantidad de tiempo que tenemos que trabajar para atender nuestros compromisos laborales. Pero podemos adquirir mejores hábitos para mantener los límites en su sitio y el estrés a raya.

Primero, lo más duro

Si lo primero que haces por la mañana es la tarea más dura, puedes pasar el resto del día tranquilo: todo lo que llegue después será siempre mejor. Tu jornada incluirá algunas tareas difíciles y otras más agradables. Si postergas las tareas más duras, te sentirás mal sabiendo que están pendientes y, al final, tendrás que hacerlas de todos modos. La procrastinación nos afecta a todos (ver pp. 156-159), pero sufrirás

INCLINAR LA BALANZA

40 %

Un estudio de la Fundación de Salud Mental del Reino Unido indica que más del 40 % de los trabajadores británicos cree que **desatiende otros aspectos de su vida** por culpa del **trabajo**.

LAS CUATRO ESFERAS

De acuerdo con Stewart Friedman, director y fundador del proyecto Work/Life Integration de la Universidad de Pensilvania en Estados Unidos, existen cuatro esferas en la vida que deberías considerar al planificar tus prioridades:

Trabajo
Lo que haces para ganarte la vida y para progresar en tu carrera profesional.

Hogar
Tu familia y las tareas domésticas diarias.

Comunidad
Amigos, vecinos e interacción social.

Uno mismo
Tu propia identidad, mente, cuerpo y espíritu.

menos si dejas resuelto el problema lo antes posible y puedes centrarte en otras tareas con claridad. Te sentirás mejor al saber que esa dura tarea ya no está en la lista de asuntos pendientes.

Piensa en ti

Seamos francos: un nivel de estrés demasiado alto puede tener un impacto negativo en tu salud psicológica y, a largo plazo, incluso en la física. Si pasas una gripe, sabrás que estás enfermo, pero ¿te preocupa que el estrés y la ansiedad que estás sufriendo distorsionen tus reacciones y tu interacción con los demás? Mind, una organización benéfica británica de salud mental, calcula que una de cada cuatro personas experimenta un problema de salud mental cada año. Tu mente es tu motor, y depende de ti que esté en buenas condiciones.

Así pues, ¿qué haces si se te complica la conciliación? La Fundación de Salud Mental del Reino Unido aconseja lo siguiente:

¿IGUALDAD?

Un estudio realizado en 2007 por el instituto de investigación estadounidense Kenexa halló que las mujeres tendían a estar más satisfechas que los hombres con la flexibilidad de la empresa en cuanto a la conciliación laboral.

La Fundación de Salud Mental del Reino Unido, por otro lado, descubrió que el 42 % de las mujeres no eran felices con el equilibrio global de su vida…

… en comparación con el 29 % de los hombres. Parece más probable que la empresa reconozca que las mujeres tienen compromisos familiares, pero este desequilibrio hace que ellas se ocupen más de la casa.

- Trabaja mejor y menos tiempo. De nuevo, se trata de priorizar: primero realiza las tareas duras, date tiempo para completar las tareas y prioriza lo esencial.
- Descansa durante el día, aunque sea en pausas cortas.
- Dibuja una línea entre lo laboral y lo personal. Si *debes* llevarte trabajo a casa, asegúrate de que dispones de algún tiempo libre.
- El tiempo preocupándote por el trabajo añade estrés igual que el tiempo trabajado realmente.
- Los amigos, el deporte y el ocio te ayudarán a desconectar. No te olvides de ellos: son el aceite que engrasa tu motor.

LA VIDA LABORAL

GESTIONAR ALTIBAJOS PROFESIONALES

La idea de encontrar pronto un trabajo e ir ascendiendo en una larga, constante y estable carrera profesional es cosa del pasado. En el actual mercado laboral, la capacidad de adaptación es crucial.

Si trabajas en un lugar que no acaba de gustarte o topas con un obstáculo, es normal que te sientas perdido y frustrado por toda la energía que has invertido. No obstante, cambiar de trabajo es lo normal, especialmente en nuestro mercado laboral moderno. El truco está en gestionar las transiciones.

Planea anticipadamente

Quizá ahora mismo no piensas en un cambio, pero es bueno tener presente que a lo mejor querrás cambiar en algún momento. Por eso, lo mejor es *no dejar de aprender*. Un estudio de 2010 realizado en el Reino Unido observó que quienes tenían menos probabilidades de quedar estancados en un trabajo concreto eran quienes recibían «formación significativa de mejora o de nuevas habilidades» cada 5-10 años. A veces la ofrece la misma empresa, pero si eso no ocurre, tendrás que formarte en tu tiempo libre.

Los investigadores hallaron que vale la pena mantenerse formado en cuanto a información específica y maneras de pensar. El conocimiento concreto tiene que irse actualizando;

5 años

Según la Oficina de Estadística Laboral de Estados Unidos, **desde 1983** los trabajadores del país **mayores de 25 años** permanecen en **un trabajo** un promedio de **cinco años**.

⊘ INNOVACIÓN DISRUPTIVA

El asesor empresarial y académico Clayton M. Christensen define un concepto, la «innovación disruptiva», muy influyente en la actualidad. Destaca que hay dos maneras de innovar: la «innovación sostenida» (mejorar lo que ya haces) y la «innovación disruptiva» (identificar nuevos mercados y sustituir antiguos modelos de negocio). Como persona, ¿cómo puedes aplicar esta reflexión a tu propia vida? El asesor ejecutivo Whitney Johnson detalla cuatro tácticas que te pueden ser útiles en *Harvard Business Review*:

1 Identifica una necesidad que se pueda cubrir mejor. Los mercados existen porque la gente cree que los productos cubren sus necesidades; busca cómo ampliar tu carrera y cubrir estas necesidades.

2 Identifica tus fortalezas exclusivas. Identifica algo que tú hagas bien y el resto no: quizá no será lo que hagas mejor, pero si es poco habitual, tiene mucho valor.

3 Prepárate para tener que dar un paso atrás. Si pruebas algo nuevo, quizá tendrás que perder estatus, pero si ello te sirve para crecer, este desvío valdrá la pena.

4 Sé flexible. Define tu estrategia a partir de las respuestas que recibas para descubrir los requisitos no satisfechos del mercado.

Quizá prefieras un crecimiento constante en lugar de grandes riesgos, y ambos son válidos para triunfar, pero en los dos casos la clave es continuar abierto a nuevas experiencias y oportunidades (ver pp. 114-117). En un mundo de cambios, merece la pena ser capaz de adaptarse.

la experiencia del aprendizaje constante crea un estado mental favorable al desarrollo profesional: potencia tu curiosidad, te permite compartir experiencias con diferentes personas, ampliar tu red personal y tener más confianza en la capacidad de aprender cosas nuevas.

¿Ávido de conocimientos?
No eres el único. Un estudio de 2012 de la revista de recursos humanos *People & Strategy* descubrió que la mayoría de los profesionales preferían el modelo de éxito «contemporáneo»: un trabajo que ofrezca la sensación de desafío, equilibrio y sentido, y la posibilidad de aprovechar sus capacidades. Las recompensas «tradicionales», como el estatus, el dinero y el poder, están perdiendo popularidad.

¿DESARROLLO EN EL TRABAJO?
Tu trabajo te enseña cómo realizar unas tareas concretas, pero también te da habilidades transversales. Un estudio de 2012 identificó cuatro nuevas capacidades que te proporciona la experiencia:

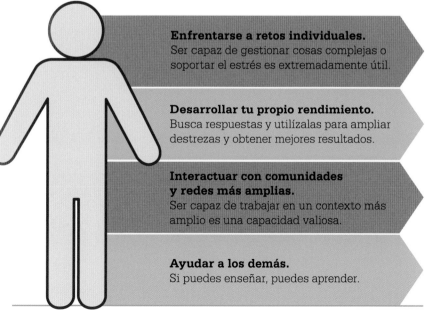

Enfrentarse a retos individuales.
Ser capaz de gestionar cosas complejas o soportar el estrés es extremadamente útil.

Desarrollar tu propio rendimiento.
Busca respuestas y utilízalas para ampliar destrezas y obtener mejores resultados.

Interactuar con comunidades y redes más amplias.
Ser capaz de trabajar en un contexto más amplio es una capacidad valiosa.

Ayudar a los demás.
Si puedes enseñar, puedes aprender.

PRESIÓN DEL GRUPO
¿IMPORTA EL APOYO DE LOS DEMÁS?

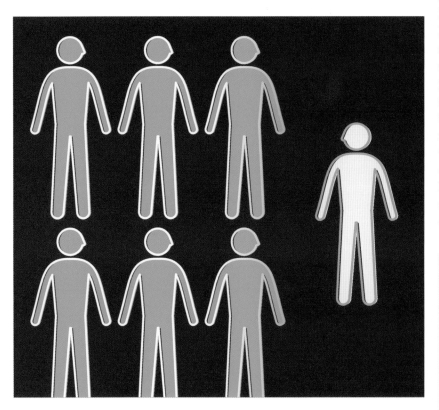

A todos nos fascinan los rebeldes, pero ¿hace falta ser un individualista rematado para tener éxito? De hecho, la influencia social puede ir a tu favor. Es más probable que progreses con un grupo positivo alrededor.

Cuando oímos las palabras «presión del grupo», solemos pensar en la escuela, en cuando nos sentíamos obligados a hacer algo que no queríamos o que sabíamos que no estaba bien. Esa sensación es algo que nunca nos abandona: sobrevivimos porque cooperamos, y es natural querer complacer a los que nos rodean.

Resiste la negatividad

A veces la presión del grupo nos hace actuar en contra de nuestro buen criterio. ¿Qué hacemos en estas situaciones? A veces nos resistimos abiertamente, pero también lo podemos hacer de manera más suave: predicando con el ejemplo. Saca partido de la conformidad natural de las personas: si eres tolerante y no tienes prejuicios, creas un entorno en el que aceptar la diferencia es lo «normal». Predicar con el ejemplo es menos violento que discutir y quizá más eficaz.

○ EVITA EL EXCESO DE PRESIÓN

Un estudio de 2015 realizado en Estados Unidos halló que presionar a las personas puede ser contraproducente. Una empresa intentó que su personal se apuntara al plan de pensiones diciendo que el 75 % de los empleados ya lo habían hecho. Las inscripciones cayeron del 10 al 6,3 %. Los investigadores concluyeron que la sensación era que los colegas iban tan avanzados que no valía la pena competir. La moraleja es que cuando selecciones al grupo, es mejor que elijas aquellos con los que realmente te puedas comparar.

Q TRES TIPOS DE PRESIÓN DIFERENTE

El emprendedor Sriram Bharatam identifica tres tipos distintos de presión de grupo:

Presión directa
La más fácil de detectar: cuando un amigo o colega intenta influirte para que cambies de posición.

Presión indirecta
Puede pasar desapercibida. Somos animales sociales y en general no estamos cómodos si no vamos con el grupo. Si todos hacen algo de una determinada manera, es fácil pensar que deberíamos hacer lo mismo.

Presión individual
Incluso en un entorno amable, podemos acabar ejerciéndonos presión de grupo nosotros mismos. Todos queremos sentir que pertenecemos al grupo, y a veces tomamos decisiones basándonos en lo que creemos que piensa el resto de las personas.

Presión positiva

¿La presión del grupo siempre es mala? No, podemos aprovecharla. Por ejemplo, podemos orientar la armonía del grupo hacia el bien común o para formar un equipo que apoye los objetivos de todos.

Nada como un compromiso público para motivarnos; por pequeño que sea, ya marca la diferencia. Un estudio de 2013 realizado en Estados Unidos observó que una hoja de inscripción a la vista de todos hizo inscribir más personas en un programa concreto que una recompensa de 25 dólares. Aunque el incentivo económico aumentó el número de participantes del 3 al 4 %, la hoja hizo que creciera hasta el 9 %. Notar que se pierde reputación si no se participa es más importante que el dinero.

En este caso, se trataba de un incentivo negativo; también hay otros más positivos: así, en 2011, *St. Louis Business Journal* entrevistó a tres alumnas (Gail Taylor, Zundra Bryant y Sarajeni Hammond) de un curso del asesor Jan Torrisi-Mokwa. Los resultados fueron impresionantes: las mujeres habían creado un grupo, redactado cartas con metas y plazos concretos, establecido un calendario ajustado y actuado como red de apoyo. Así consiguieron cumplir objetivos «valientes». Con una «reunión de control» mensual, podían darse apoyo y presión positiva para continuar progresando.

Por supuesto, queremos estar orgullosos de nosotros mismos, pero nunca dejes de buscar el apoyo y la información de amigos y aliados. Para ello te hará falta el compañero adecuado: la vía hacia el éxito a menudo implica el esfuerzo de todo un equipo.

¿ESTÁ CLARA LA VÍA?

Según el estratega de organizaciones Jan Torrisi-Mokwa, menos del

16%

de las personas dicen **tener objetivos**.

Menos del

4%

ponen estos objetivos por escrito.

Y menos del

1%

tienen **objetivos escritos** que **revisan con frecuencia**.

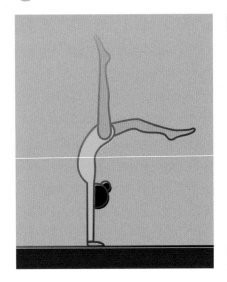

LOGRAR EL EQUILIBRIO
UN ESPECTRO MÁS AMPLIO

Una cosa es escoger un objetivo específico y darlo todo para conseguirlo y otra es suponer que un solo objetivo cubrirá todas tus necesidades; lo más probable es que busques conseguir múltiples objetivos a la vez.

Mira a tu alrededor, es posible que veas que la misma historia se repite. Hay quien tiene una excelente carrera profesional y buenos ingresos pero se siente asqueado y se irrita con la «jaula de oro» en la que vive; otros tienen hijos maravillosos, pero una perturbadora sensación de que no sobresaldrán en nada; otros llevan una vida despreocupada en la que viven grandes experiencias, pero no se quedan en el mismo sitio mucho tiempo ni encuentran el amor, se sienten solos; otros se han integrado en el «sistema» y hacen el bien, pero se sienten mal al contradecir sus ideales de juventud. ¿Te suena? No hay un único modelo de éxito, así que muchas personas se acaban preocupando por si realmente han tenido éxito o no.

Éxito duradero
Laura Nash y Howard Stevenson, autores de *Vive mejor con lo que tienes. Claves para saber disfrutar los logros*, han desarrollado un modelo de «éxito duradero», con el objetivo de guiar a las personas por un camino emocionalmente renovador, sin que sea una fuente de estrés constante. La clave está

> La búsqueda del éxito es como el **tiro al blanco** con **blancos móviles**.
> **Laura Nash y Howard Stevenson**

en reconocer que cada uno, sin importar su motivación, tiene una definición de éxito, y que esa idea variará con el tiempo, ya que siempre se aprende de nuevas experiencias. La investigación halló cuatro componentes clave para el éxito gratificante y duradero: felicidad, logro, sentido y legado (ver «Éxito duradero», en la página siguiente). Esto es lo que a todos nos gustaría: Nash y Stevenson vieron que, si eliminamos uno de estos componentes, creemos que a nuestro éxito le falta algo. Los que te dicen que puedes solucionar tus problemas si encuentras un trabajo que te gusta están equivocados. Sea cual sea tu trabajo, tendrás necesidades complejas, y ningún empleo las satisfará todas. Acepta que hay más de un área en la vida que requiere atención: intenta no perder ninguna de vista.

Realmente, ¿qué se siente al tener una vida de éxito? Depende de ti, pero si solo te esfuerzas en un área de la vida, es probable que no consigas la plenitud.

🔍 ÉXITO DURADERO

Laura Nash y Howard Stevenson, profesores de la Facultad de Empresariales de Harvard y técnicos en ética empresarial y espíritu empresarial respectivamente, argumentan que para tener un éxito real debemos dirigir los esfuerzos hacia un éxito duradero y sostenible para toda la vida desde las cuatro esferas principales: uno mismo, familia, trabajo y comunidad. Dentro de cada una de ellas, tenemos que considerar los cuatro componentes: felicidad, logro, sentido y legado.

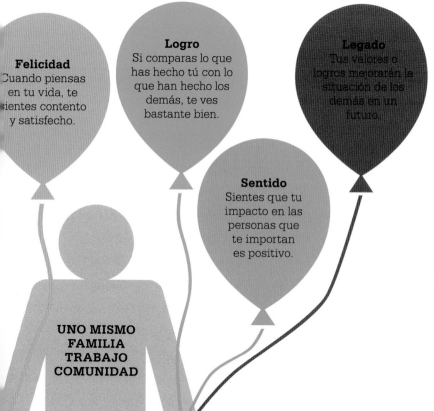

Felicidad
Cuando piensas en tu vida, te sientes contento y satisfecho.

Logro
Si comparas lo que has hecho tú con lo que han hecho los demás, te ves bastante bien.

Legado
Tus valores o logros mejorarán la situación de los demás en un futuro.

Sentido
Sientes que tu impacto en las personas que te importan es positivo.

**UNO MISMO
FAMILIA
TRABAJO
COMUNIDAD**

✅ HÁBITOS FELICES

Ya que la vida se mide en días, una de las mejores tácticas es crear una estructura para cada día que no solo nos mantenga productivos, sino que también cuente con un pequeño espacio para incluir los aspectos más personales. Los hábitos son grandes motivadores, mucho más de lo que creemos. Un estudio de 2007 publicado en *Psychological Review*, por ejemplo, halló que, cuando nos hemos marcado un objetivo, nos motivan más los hábitos diarios que establecemos para lograrlo que el propio objetivo.

Eso no significa que olvidemos nuestros objetivos. Un estudio de 2010 halló que progresan mejor los que reflexionan habitualmente sobre el progreso hacia sus objetivos y ajustan sus hábitos de acuerdo con estos. Pero sí significa que para llegar a un objetivo son muy útiles las rutinas diarias establecidas tras una reflexión regular.

CONCRETA

Un estudio del *European Journal of Social Psychology* halló que cuando se hacen planes concretos es más fácil llevarlos a la práctica. En lugar de decidir solo que vas a hacer algo, escribe *cuándo* y *cómo* vas a hacerlo.

Quienes se limitan a tomar una **decisión genérica**:

35%
DE ÉXITO

Quienes **marcan claramente cuándo** y **cómo** actuarán:

91%
DE ÉXITO

LOS RETOS DE GÉNERO

DIFERENTES EXPECTATIVAS EN CASA Y EN EL TRABAJO

Como no vivimos en un mundo perfecto, la realidad es que, generalmente, hombres y mujeres encuentran oportunidades y expectativas distintas durante sus vidas. ¿Qué significa esto para una mujer ambiciosa?

Tradicionalmente, el hombre trabajaba y era el sostén de la familia y la mujer ejercía de ama de casa, pero hoy en día pocos queremos vivir de ese modo. Y, aunque pudiésemos, muchas personas, de ambos sexos, quieren formar una familia, y los lugares de trabajo a menudo no ayudan a aliviar las cargas impuestas sobre padres y madres. En general, la mujer se lleva la peor parte, y si a ello añadimos el hecho de que muchos, consciente o inconscientemente, interpretan el mismo comportamiento de dos modos distintos, según el género de la persona, ¿cómo una mujer con grandes ideas puede abrirse camino en el mundo laboral?

Modelos de empleo

Un estudio de 2012 de varias culturas occidentales halló que ellas tienen más posibilidades de cambiar de trabajo que ellos, así como de tener un trabajo a tiempo parcial, puntual, temporal, sobre todo las de mayor edad y con familias a cargo. Eso significa que a menudo tienen que enfrentarse a muchos periodos de transición y a condiciones laborales menos seguras, y si a todo ello se le añaden las bajas de maternidad o para cuidar a algún familiar, las mujeres se ven obligadas a tragarse su orgullo y ser menos exigentes.

El sonido del silencio

¿Realmente las mujeres hablan más que los hombres? La feminista australiana Dale Spender grabó debates de clase y preguntó a los estudiantes quiénes creían que hablaban más. Las valoraciones de las mujeres solían ser precisas.

Los hombres consideraban equitativos los debates si las mujeres hablaban un 15 % del tiempo, y que ellas los dominaban si hablaban el 30 % del tiempo. Tal como afirma Spender, «la locuacidad de las mujeres no se calibra en comparación con la de los hombres, sino con el silencio».

Crear un equilibrio

En su libro *No solo de trabajo vive la mujer*, Elizabeth Perle McKenna entrevistó a cientos de mujeres. Halló que las mujeres tendían a querer «plenitud» en su vida e incluían tanto objetivos laborales como familiares en su definición de «éxito».

{ Cuando un **hombre** tiene **éxito**, es **admirado** por hombres y mujeres. Cuando una **mujer** tiene éxito, **gusta menos a ambos géneros**. }

Sheryl Sandberg
Directiva estadounidense

AFRONTAR LOS RETOS

En un estudio realizado entre 2010 y 2011, se entrevistó a mujeres de Sri Lanka para saber cómo veían su relación con el trabajo. Se repitieron ocho temas:

Q AFRONTAR LOS PROBLEMAS

Un estudio internacional de 2012 recogía las cinco C, cinco maneras con que las mujeres superan los obstáculos:

- **Concebir el futuro:** pensar en el futuro y planificar futuros retos.
- **Control:** ser independiente, fiable y persistente; tomar la responsabilidad para afrontar las dificultades.
- **Curiosidad:** ser observadora, curiosa, estar informada y aprender a identificar las alternativas.
- **Cooperación:** saber trabajar en equipo y ser capaz de confiar en los demás.
- **Confianza:** verse capaz, productiva y valiosa.

Adaptabilidad. Se espera de las mujeres que sean más obedientes; a veces tienen que aparentar que se adaptan para seguir adelante.

Compromiso. Las mujeres no siempre quieren dejar de lado a la familia para asistir a actos corporativos, lo que significa que pierden oportunidades.

Manipulación. Se espera que las mujeres agraden, y las que quieren tener éxito lo aprenden a las malas.

Engaño. Cuando el trabajo no te permita cubrir tus compromisos personales, tocará contar una mentirijilla.

Explicación. Algunos jefes son más flexibles si una mujer le demuestra que algo no es posible.

Networking. Un buen consejo para hombres y mujeres, pero sobre todo para las mujeres que intentan compensar la falta de oportunidades para progresar.

Resistencia. Hay mujeres que nunca dan su brazo a torcer, aunque eso les cueste un despido; por eso, esta táctica se aplica con mucho cuidado.

Renuncia. Algunas deciden que un trabajo no vale la pena, redefinen sus prioridades y buscan una situación más adaptada a ellas.

PEQUEÑOS PASOS

CONCÉNTRATE EN EL PROGRESO

La sensación de progreso afecta mucho en tu motivación: cada pequeña victoria es tan importante como las grandes. Además de acercarte a tus objetivos, te da el impulso psicológico que necesitas.

Si tienes grandes aspiraciones, tu objetivo puede parecerte un poco lejos, a años o quizá décadas de duro trabajo. Es una sensación que no anima mucho y puede hacerte dudar de si realmente vale la pena. El truco está en aprender a disfrutar al máximo de los pequeños logros, que al final serán los trampolines hacia el gran objetivo.

El principio del progreso

La psicóloga Teresa Amabile desarrolló una teoría interesante que se conoce como el «principio del progreso». La idea es que todos tenemos «vidas laborales interiores», un flujo constante de emociones y percepciones durante toda la jornada laboral. Las experiencias positivas, grandes o pequeñas, hacen que la gente se comprometa, produzca, cree y favorezca a sus compañeros.

¿Qué da salud a nuestra vida laboral interior? Tras una década de investigación con más de 12 000 anotaciones, Amabile y sus colegas observaron que, con diferencia,

5 %

EL PODER DEL PROGRESO

En un estudio de 2011, solo el 5 % de los **directivos era consciente** de que lo que más **motivaba a los empleados** era la **sensación de progresar**.

300 000 millones

EN PÉRDIDAS

Gallup calcula que las **pérdidas en la productividad** por **trabajadores desanimados** en Estados Unidos son de 300 000 millones de dólares por año.

el motivador principal era tener la sensación de progresar de manera satisfactoria. Lo más interesante era que las muestras de progreso no tenían que ser espectaculares: bastaba con notar que hacías o aportabas algo útil. Del mismo modo, el progreso no tenía que ser un avance descomunal, sino que bastaba con saber que avanzabas hacia un punto concreto.

Aplica la lección

Amabile dedica sobre todo sus esfuerzos profesionales a asesorar a directivos: su objetivo es enseñarles a dirigir mejor. Si eres directivo o quieres llegar a serlo, el principio del progreso te resultará muy útil: si apoyas la sensación de progreso en tus empleados, te será mucho más fácil formar un gran equipo.

Sin embargo, ¿qué puedes hacer si tus niveles de motivación son bajos? Es complicado sentirte motivado si tu jefe se mete en todo, es un gruñón y nunca da las gracias. En tal caso, lo mejor es valorar la

Motivación positiva

La sensación de progreso crea un bucle positivo retroalimentado, que genera más progreso.

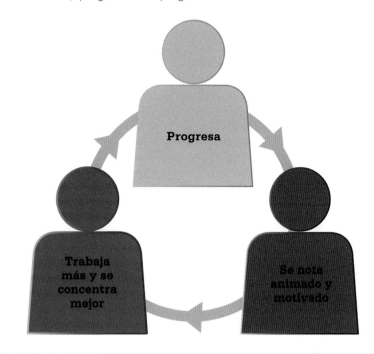

Progresa

Trabaja más y se concentra mejor

Se nota animado y motivado

situación: ¿estás en un lugar donde aprendes algo o estableces valiosas conexiones? Si contestas afirmativamente a una de las dos partes de la pregunta, busca otras maneras de obtener sensación de progreso: elabora un diario de logros, busca colegas empáticos, fija una fecha en la que esperes haber aprendido lo suficiente y planifica cambiar de trabajo cuando llegue esta circunstancia. Mientras tanto, busca maneras de progresar por tu cuenta fuera del trabajo, en tu tiempo de ocio.

Sin embargo, si las ventajas no superan esta deprimente atmósfera, quizá ha llegado el momento de establecer la estrategia de salida como nueva medida de progreso.

⌕ DETONANTES DIARIOS

La profesora de la Harvard Business School Teresa Amabile identifica tres tipos de detonantes de la vida laboral interior que nos motivan o desaniman:

- **Progreso frente a contratiempos.**
- **Catalizadores frente a inhibidores:** acciones que directamente facilitan o impiden lo que queremos hacer.
- **Alimentación frente a toxinas:** ánimos o críticas de terceros.

La sensación de haber tenido un buen o un mal día a menudo se deriva de la influencia directa de estos detonantes durante la jornada laboral.

TENERLO CLARO
MANTÉN LA CONCENTRACIÓN

Cuando tenemos un objetivo a largo plazo, puede ser difícil mantener el ritmo. Sabemos que la perseverancia es crucial, pero ¿cuál es la mejor manera de mantenerla sin acabar quemándonos?

Alcanzar tus objetivos no es fácil; por supuesto, siempre habrá momentos en los que te distraigas o te desanimes. Todo el mundo te dice que tienes que centrarte, pero eso ¿cómo se traduce en la práctica?

Por el buen camino
La motivadora Chalene Johnson enumera cuatro estrategias para no perder el norte:

- **Establece las expectativas.** Ten claro lo que quieres y por qué lo quieres. Así en los malos momentos la imagen clara del objetivo te recordará por qué vale la pena seguir perseverando.
- **Toma una decisión consciente.** No hace falta repetir mentalmente «¡DECIDIDO!» cada 10 minutos, pero será positivo repetirte periódicamente que has elegido hacerlo, que tienes buenos motivos para mantener la decisión y que con constancia vas a conseguirlo.
- **Sé responsable.** Anota tus objetivos para tenerlos presentes y recordar por qué los elegiste al principio. En la medida de lo posible, divídelos en partes más pequeñas para tener sensación de progreso. Si es posible, explícale a alguien positivo tus objetivos para que te ayude a identificar opciones o te anime cuando te falte energía.
- **No seas perfecto.** Habrá días en los que te encontrarás mal, estarás en crisis o simplemente no podrás afrontarlo. Si para ti eso representa un gran problema, tal vez tires la toalla; pero si no es así, volverás al buen camino y todo irá bien.

El poder de una motivación real
Entre 2007 y 2014, Amy Wrzesniewski y Barry Schwartz hicieron un seguimiento a los cadetes de la academia militar de West Point de un curso difícil que tenía una alta tasa de abandono. Los estudiantes dieron tanto motivos «internos» (querían ponerse en forma) como «externos» (querían complacer a su familia) para hacer el curso. Los cadetes cuya motivación era «convertirse en oficial del ejército» tenían una probabilidad un 20 % mayor de lograrlo. Si tienes una buena razón para querer algo, es más difícil que lo dejes a medias.

> Cuando no hay **compromiso**, tenemos solo **promesas** y **esperanzas**, pero **no planes**.
>
> **Peter Drucker**
> Gurú ejecutivo estadounidense

TU DIARIO PERSONAL

La vida es un sinfín de altibajos diarios, y no hay nada como tener datos concretos para hacerse una buena imagen general. Lleva un diario y, cuando acabe el día, hazte estas preguntas:

Valores	Éxitos	Obstáculos
Progreso	¿Qué creo que he conseguido?	¿Ha habido algo que haya alterado mi productividad?
Sentido	¿Qué ha aportado hoy mi trabajo al mundo?	¿He hecho algo de lo que me arrepienta?
Reputación	¿Qué he hecho que pueda aprovechar para tener más crédito?	Si he quedado mal al hacer algo, ¿cómo puedo subsanarlo?
Apoyo de otros	¿Quién ha sido un buen mentor, aliado o me ha ayudado hoy?	¿Hay alguna relación que tenga que mejorar?
Apoyo a otros	¿He sido respetuoso, he escuchado y ofrecido ayuda si se me ha pedido?	¿Tengo que corregir a alguien?
Tiempo	¿He aprovechado bien el tiempo?	¿He hecho algo que me ha hecho perder el tiempo?
Solución de problemas	¿Qué retos he superado para mi propia satisfacción?	¿Qué problemas añado a mi lista de pendientes? (ver pp. 28-29)
Prioridades a largo plazo	¿Qué destrezas, conexiones o recursos he conseguido hoy?	¿Qué hago para mejorar? ¿Cómo lo hago?
Vida personal	¿Ha pasado algo fuera del trabajo que ha hecho concentrarme mejor?	¿Los problemas personales impiden que me concentre?
Felicidad	¿Qué me ha hecho disfrutar hoy?	¿Qué debería dejar de hacer o de tener?

MANTENER LA RUTINA
PRESTA ATENCIÓN A LO NECESARIO

Si llevas a un animal al límite, se desplomará. No importa lo inteligentes que seamos, seguimos siendo animales que vivimos y respiramos: no olvides nunca que debes llevar un ritmo que puedas mantener.

Todos somos diferentes, y algunos nos cansamos más fácilmente. Al atender nuestras obligaciones diarias, no debemos olvidarnos de nosotros mismos.

Tensa tu fuerza de voluntad

Resistir a las tentaciones, sobrellevar las tareas desagradables e ignorar las distracciones es algo que todos debemos hacer, pero si tenemos que hacer varias de estas cosas a la vez, nuestra fuerza de voluntad se debilita. Se conoce como «agotamiento del ego». El psicólogo Roy Baumeister descubrió que las personas a las que se pedía no comer chocolate sino rábanos abandonaban antes al resolver acertijos imposibles, y aquellos a los que se pedía suprimir sus emociones eran peores con los anagramas. La fuerza de voluntad resulta ser un recurso limitado.

No hay regla sin excepción

Pero esta teoría debe tomarse con precaución. Estudios posteriores han encontrado errores en los datos, y han visto que las creencias influyen en la fuerza de voluntad: los que creían en el agotamiento del ego se retiraron antes que los que no. En otro estudio de 2012, de los psicólogos Michael Inzlicht y Brandon J. Schmeichel, se observó que los sujetos sufrían menos agotamiento cuando se les decía que el estudio ayudaría a desarrollar terapias para el Alzheimer. De momento, las pruebas generan controversia, pero sugieren que, si no se indica lo contrario, la motivación afecta mucho a nuestros niveles de energía. Si tienes que realizar una tarea ardua, tu mejor estrategia será encontrar un motivo para creer que será beneficiosa.

Q LAS CUATRO DIMENSIONES DE LA ENERGÍA

Quédate con un consejo del especialista en productividad David Allen y el presidente ejecutivo del proyecto The Energy, Tony Schwartz: piensa en tu energía en cuatro dimensiones. Es arriesgado que intentemos funcionar como máquinas, rápidamente y sin interrupciones: las personas rendimos mejor con periodos de actividad seguidos de periodos de descanso. Trabajar a toda pastilla suele ser menos eficiente de lo que parece.

Emocional
Cultiva emociones positivas e intenta, en la medida de lo posible, que tus compañeros de trabajo también lo hagan, especialmente si eres su superior.

Mental
Debes ser capaz de controlar tu atención, tanto concentrándote en lo que tienes delante como cambiando con facilidad de una tarea a otra.

Física
Necesitas dormir, alimentarte bien y descansar. Cada persona requiere una cantidad distinta de estas necesidades: sé realista y dedícales tiempo.

Espiritual
Trabajas mejor cuando sientes que lo que haces tiene un propósito real (no necesariamente un fin religioso, sino algo que te llene).

✓ EL NIVEL ADECUADO

Los expertos han encontrado una relación directa entre tener hambre y estar enfadado. Cuando nuestro nivel de glucosa en sangre disminuye demasiado, los sistemas liberan más adrenalina, la hormona de «luchar o huir», y más neuropéptido Y, que estimula la agresividad. Si quieres tener buenas relaciones con tus compañeros de trabajo, ¡desayuna!

¿CUÁNTO DEBES DORMIR?

Olvídate de los superhumanos que supuestamente duermen tres horas cada noche; la mayoría necesitamos muchas más. La Fundación Nacional del Sueño de Estados Unidos recomienda lo siguiente (puedes necesitar algo más o algo menos):

Edad	Horas recomendadas por noche	Límites que pueden ser apropiados para ti
14-17	8-10	7-11
18-25	7-9	6-11
26-64	7-9	6-10
65 o más	7-8	5-9

APRENDER DE LOS ERRORES
LA PERSPECTIVA DE LAS COSAS

Si consideras que el éxito es importante, te sentará mal que algo no salga como esperes. Para ser unos expertos, tenemos que entender que los errores forman parte del proceso y que, por tanto, hay que contar con ellos.

Todos cometemos errores, y de hecho, más a menudo de lo que creemos. Entonces, ¿por qué nos sorprendemos tanto cuando descubrimos que hemos hecho algo mal?

Ciegos ante los errores

Kathryn Schulz, autora de *En defensa del error: un ensayo sobre el arte de equivocarse*, ha reflexionado mucho sobre por qué lo primero que pensamos es que siempre lo hacemos bien. Ella observa que desde muy jóvenes aprendemos que los que lo hacen mal es porque no han estudiado para el examen, no son listos o son traviesos. En resumen: son lo que no queremos ser.

Schulz también destaca que, aunque descubrir que estamos equivocados sienta mal, hasta que no nos damos cuenta *nos parece que lo hacemos bien*. Esto pasa porque cuando lo hacemos mal, en general, no *sabemos* que lo hacemos mal. A veces estamos tan centrados en algo que no vemos lo evidente (ver el «Test de atención selectiva», en la página siguiente); es lo que se conoce como «ceguera ante el error».

Para triunfar y ser feliz, lo mejor es olvidarse del estereotipo de que

> Una obra de arte **nunca se termina**. **Se abandona**.
>
> **Leonardo da Vinci**
> (también atribuida al novelista E.M. Forster y al poeta Paul Valéry)

Q LA PARADOJA DEL ARQUERO

¿Hace falta apuntar al centro de la diana? No necesariamente. El tiro con arco es un buen ejemplo para ilustrar la importancia de los fallos iniciales. Las flechas se doblan, lo que se traduce en un cambio de trayectoria en el aire. Los tiradores tienen en cuenta la dureza de la flecha para calcular el desvío del tiro. Y aquí viene la «paradoja del arquero»: para un tiro perfecto, hay que apuntar un poco *desviado* del centro de la diana.

A veces la única manera de ver cómo van las cosas es tirar flechas y fijarse en cómo vuelan. Considera los errores como tiros de prueba: mira dónde acaban tus esfuerzos, y así podrás predecir dónde apuntar la próxima vez.

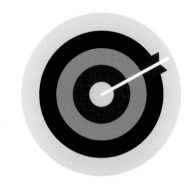

el único que comete errores es el «chico malo». Todos nos equivocamos: lo único es que no nos damos cuenta, o la gente no se atreve a decírnoslo. Pero equivocarse no es el fin del mundo: como recuerda Schulz, es bueno que te recuerden la imperfección, puede ser una gran inspiración creativa.

Triunfo frente a dominio

¿Dirías que eres perfeccionista (ver pp. 160-161)? A veces tenemos que aceptar cosas «pasables» y que no cubren nuestras expectativas, lo que suele ser tan frustrante como aceptar un error. Pero ¿nos tiene que afectar ese instante de mediocridad? En una conocida charla TED, la historiadora del arte Sarah Lewis describe cómo los tiradores de arco practican más y más para dominar la «paradoja del arquero» (ver arriba), según la cual, para hacer diana, se tiene que apuntar un poco desviado. Según ella, aquí reside la diferencia entre los conceptos de triunfo y dominio: triunfar consiste en hacer diana, mientras que para dominar algo es necesario hacerlo más de una vez; y para llegar a ello, hay que haber fallado muchas veces.

Muchos grandes artistas, añade Lewis, no apreciaban algunas de sus obras de arte más valiosas: la «casi victoria» que no satisface al autor forma parte del aprendizaje. Poder juzgar negativamente tu obra es señal de un mayor dominio, ya que significa que desarrollas conocimientos (ver pp. 62-63).

A nadie le gusta hacerlo mal ni notar que no lo está dando todo. Pero tómatelo con calma: los mayores triunfadores también cometen errores.

Q TEST DE ATENCIÓN SELECTIVA

En 1999, Christopher Chabris y Daniel Simons, ambos psicólogos de la Universidad de Harvard, mostraron un vídeo a voluntarios en el que se veía a dos equipos de tres personas moviéndose en un espacio reducido: un equipo iba de blanco y el otro de negro. Cada equipo tenía una pelota de baloncesto que sus miembros se iban pasando.

Se pidió a los voluntarios que contaran los pases de pelota del equipo blanco en un minuto de juego. Durante el mismo, alguien disfrazado de gorila entraba por la derecha, pasaba entre los jugadores, se paraba en medio del plano para golpearse el pecho y acababa saliendo por la izquierda.

La mitad de los voluntarios estaban tan concentrados en su tarea de contar los pases que no vieron al gorila *ni por asomo*. Este ejemplo se ha convertido en un clásico de la atención selectiva: cuando estamos ante un reto, es muy fácil que se nos escape algo obvio.

CAPÍTULO 2
EMPIEZA POR TI

LA PSICOLOGÍA POSITIVA Y EL PODER DE LAS CREENCIAS

SATISFACCIÓN COMPLETA
LA IMAGEN DE CONJUNTO

Cuando pensamos en triunfar, es fácil que nos centremos demasiado en la carrera profesional. Disfrutar del trabajo forma parte de ello, pero también tenemos que cubrir nuestras necesidades en un sentido más amplio.

Hay cosas que necesitamos para sentir que triunfamos. Es probable que primero pienses en muchas cosas que te gustaría evitar: no quieres tener problemas económicos, ni acabar solo, ni dedicarte a algo aburrido y con pocas opciones de desarrollo. Eso es por nuestra tendencia innata hacia la negatividad: tendemos a prestar más atención y a aprender más de experiencias e información negativas que de positivas. Es así como nuestro cerebro evolucionó para facilitarnos la supervivencia básica: si no ves que se acerca el león, probablemente no vivirás para contarlo a tus nietos. Sin embargo, esta tendencia no es demasiado útil en el mundo actual, pues de hecho, disminuye nuestra capacidad para experimentar el bienestar.

Psicología positiva
El psicólogo estadounidense Martin Seligman es uno de los pioneros de la «psicología positiva». Antes de que apareciera la psicología positiva, la investigación y la práctica en psicología se centraban en áreas relacionadas con la disfunción: depresión, neurosis, ansiedad y todas las tendencias mentales y conductivas que causaban «dolor o sufrimiento» a las personas, familiares o la comunidad.

»

> **El bienestar** es un **derecho natural**.
>
> **Martin Seligman**
> Psicólogo y fundador de la psicología positiva

50-80

Las personas **más satisfechas** con sus **relaciones amorosas** a los 50 resultan ser las **más sanas y felices** a los 80. Esto **predice mejor la vejez** que algunos indicadores de salud, como los niveles de colesterol.

LOS CINCO ELEMENTOS DEL BIENESTAR

Una herramienta útil en psicología positiva es el modelo de los cinco elementos del bienestar (o PERMA, por sus siglas en inglés). La felicidad, dice Martin Seligman, no es solo una emoción: hay cinco factores que contribuyen a ella:

P	Emociones positivas	Optimismo, placer, amor, alegría, diversión: cualquier emoción agradable o que nos haga buenas personas.
E	Compromiso	Entrar en un estado de «flujo de conciencia» y quedar inmersos en algo que capta toda nuestra atención.
R	Relaciones	Vínculos amorosos, cercanos y de confianza con otras personas.
M	Sentido	Sentido del propósito que vaya más allá del beneficio personal: sentir que se es parte de algo más importante.
A	Logro	La satisfacción de conseguir objetivos; incluso los logros más modestos nos hacen sentir bien.

Q LOS BENEFICIOS DEL MODELO PERMA

La teoría del modelo PERMA (ver «Los cinco elementos del bienestar», arriba) es un principio clave. Cada uno de los cinco aspectos de la felicidad son cosas que buscamos siempre: son valiosas en sí mismas o intrínsecamente gratificantes.

✔ **Las emociones positivas**, fugaces por naturaleza, nos convierten en personas más abiertas, resistentes, creativas y observadoras, incluso más sanas físicamente.

✔ **El compromiso** viene cuando nos sentimos seguros de nuestras habilidades. Es una sensación muy agradable perfeccionar estas habilidades para la propia diversión, y no como obligación. Cuanto más conozcas tus fortalezas, más rápidamente entrarás en el flujo de conciencia.

✔ **Las relaciones** son esenciales e incluyen relaciones con amigos, familiares, parejas, compañeros y la comunidad. Sin otras personas, de nada sirve triunfar.

✔ **El propósito** da satisfacción, confianza y solidez. A veces haces algo que consideras importante y a veces necesitas encontrar el significado de lo que estás haciendo, pero lo acabas aprendiendo.

✔ **El logro** es algo por lo que se preocupan todos los que quieren triunfar. La psicología positiva sugiere que la perseverancia es crucial para tener éxito, pero en realidad el resto de los aspectos del PERMA lo hacen más fácil. Si estás cansado, solo o triste, es difícil enfrentarse a los retos; si te sientes bien, es mucho más fácil.

Todos queremos triunfar porque pensamos que eso nos dará la felicidad, pero es bueno recordar que puede resultar que sea al revés, de manera que el hecho de ser felices también puede ayudarnos a triunfar.

😊 ¿CUÁN FELIZ ERES?

Un estudio australiano de 2014 hizo una serie de preguntas a estudiantes voluntarios para comprobar sus puntuaciones en el PERMA (o los cinco elementos del bienestar). Responde y comprueba tu resultado. La vida cambia, así que puede que des respuestas más positivas en algunas áreas y no tanto en otras, y que dentro de un año veas que ha cambiado el equilibrio. Probablemente, verás que triunfas más si cuentas con algunas experiencias buenas en cada aspecto, así que, si tienes la sensación de que te falta algo, estas preguntas te ayudarán a ver lo que necesitas desarrollar:

Sentido

- Por lo general, ¿piensas que lo que haces en la vida tiene sentido y merece la pena?
- ¿Piensas que tu vida tiene un propósito?

Relaciones

- ¿Tus relaciones te ayudan y te resultan gratificantes?
- ¿Contribuyes activamente a dar felicidad y bienestar a otras personas?
- Cuando ocurre algo bueno, ¿tienes personas a tu lado con las que compartir la noticia?
- ¿Tienes amigos que te importen de verdad?
- ¿Hay alguien que se preocupe por ti y que te quiera?
- Cuando tienes un problema ¿hay alguien ahí contigo?

Emociones positivas

- ¿Cuán a menudo te sientes feliz?
- ¿Cuán a menudo te sientes activo?
- ¿Cuán a menudo te sientes encantado?
- ¿Cuán a menudo te sientes tranquilo?
- ¿Cuán a menudo te sientes orgulloso?
- ¿Cuán a menudo te sientes osado?
- ¿Cuán a menudo te sientes animado?

Compromiso

- ¿Pierdes la noción del tiempo cuando lees o aprendes algo nuevo?
- ¿Cuán a menudo te concentras totalmente en lo que estás haciendo?
- Cuando ves un paisaje bonito, ¿lo disfrutas tanto que pierdes la noción del tiempo?
- ¿Cuán a menudo te sientes interesado en algo?
- ¿Cuán a menudo te sientes alerta por algo?

Logro

- ¿Terminas todo lo que empiezas?
- Cuando tienes un plan, ¿lo sigues?
- ¿Te consideras un gran trabajador?
- La mayoría de los días, ¿sientes que has logrado algo?
- Durante las dos últimas semanas, ¿te has sentido bien por haber terminado algo que era difícil?

Tradicionalmente, la psicología se centraba más en eliminar los síntomas y las causas del sufrimiento que en aquellas cosas que forman una vida plena que «merezca la pena». Seligman se centra en lo que él denomina «bienestar»: una sensación global de salud emocional y felicidad que hace que un ser humano triunfe de verdad.

El valor del logro

Si estás decidido a tener éxito, la parte de «logro» de los cinco elementos del bienestar (o PERMA, en sus siglas en inglés) significa mucho para ti (ver también «Éxito frente a logro», abajo). La Fundación de Psicología Positiva observa que, junto a un sentido del orgullo, el logro también nos puede aportar otras cosas:

1 El logro crea una estructura positiva en nuestra memoria. Los días en los que no pasa casi nada suelen borrarse de nuestra memoria, casi sin dejar rastro en nuestras finitas y valiosas vidas. Si, por otro lado, dedicamos tiempo a objetivos específicos, entonces esos días son parte de un modelo que recordaremos con satisfacción durante los años siguientes. Básicamente, el logro es poder mirar atrás y sentirse bien, lo que nos ayuda a construir un rico banco de memoria.

2 El logro fomenta la gratitud. Muy pocas personas pueden lograr cosas sin la ayuda de nadie. Las investigaciones confirman que los que se suelen sentir agradecidos disfrutan de una salud mental y calidad de vida mejores. La felicidad se alimenta agradeciendo a las personas y cosas que te han ayudado a conseguir algo que tú has realizado.

3 El logro nos hace tener un grado mayor de confianza en el futuro. Siempre hay un nuevo reto que superar, e incluso la persona más fuerte y optimista tiene momentos en los que duda a la hora de intentar superar algún bache. Tener experiencia superando obstáculos es una de las mejores maneras de potenciar nuestra confianza y de creer que podemos superarlos a medida que estos vayan surgiendo en el futuro.

MEJOR QUE BIEN

El fundador de la psicología positiva, Martin Seligman, argumenta que, casi siempre, la disciplina de la psicología se ha centrado en la enfermedad mental y la infelicidad, al objeto de llevar a las personas al «nivel cero»: no estar enfermo. La psicología positiva se desarrolló con la idea de tratar la otra parte de la ecuación: ¿qué nos lleva *más allá* del nivel de base hacia un estado de verdadero bienestar? Es decir, ¿cómo prosperamos activamente para no quedarnos con el «ya está bien así»?

Prosperar

Nivel de base

Fracasar

⚲ ÉXITO FRENTE A LOGRO

¿Quién decide si has triunfado? La psicóloga positiva Patty O'Grady identifica esta diferencia clave:

- **El éxito** es cuando cumplimos con un estándar impuesto por otros.

- **El logro** es cuando alcanzamos un objetivo de valor para nosotros.

Buena parte de la sociedad actual se centra en el éxito: aprobar el examen, ganar el partido, bordar la entrevista. Un motivo es que son fáciles de medir: sacas un excelente o no, marcas un gol o no, te dan el trabajo o no te lo dan. Pero, precisamente por ese motivo, tales medidas pueden resultar reductoras o insatisfactorias: dependen de las ideas que tienen los demás sobre cómo medir el éxito, no de las tuyas. Lo que resulta realmente gratificante es hacer algo para cumplir un objetivo importante para ti, ya sea personal, profesional, artístico, técnico, o algo que sea significativo para ti. Esto suele implicar triunfos valorados de manera externa, pero la recompensa real es tu propia autoaprobación, y la capacidad de desarrollarte plenamente como persona. Tal como afirma O'Grady: «El éxito es un producto derivado del logro».

HÁBITOS POSITIVOS
MANERAS DE SER Y PENSAR

El triunfo, la felicidad y la sensación de logro están vinculados. Tus opiniones y tus acciones marcan la diferencia: te animan a tener una vida más plena cultivando una actitud mental y hábitos positivos.

B uscar la felicidad forma parte de la naturaleza humana, pero ¿qué nos hace felices? ¿Cómo enfocamos la vida para crear satisfacción y felicidad y poder conseguir objetivos importantes?

¿Posesiones o experiencias?
Al contrario de lo esperado, dada la relevancia en nuestra cultura de las posesiones materiales, «tener cosas» no nos hace felices (aunque nos sintamos «bien» cuando compramos algo). Según un estudio, de una duración de 20 años, del psicólogo Thomas D. Gilovich de la Universidad de Cornell, los objetos materiales tienen inconvenientes, porque:

- **Nos acostumbramos.** Cuando pasa la novedad, somos la misma persona con iguales problemas, sentimientos y necesidades.
- **Las expectativas cambian.** Tu coche nuevo es fantástico comparado con el viejo, pero acabarás comparándolo con coches *mejores*.
- **Nos comparamos con otros.** Siempre hay alguien que tiene mejores cosas que nosotros.

Esto se denomina «adaptación»: cuando cambian las circunstancias, nos ajustamos rápidamente a ellas. Pero lo que no pierde brillo son las experiencias satisfactorias y memorables porque:

- **No las comparamos como los objetos.** Puedes comparar objetos pero no sirve de nada comparar experiencias: su valor tiene un impacto constante en tu felicidad
- **Las experiencias forman parte de nuestra identidad,** tanto en nuestra propia percepción como en la de otros.

CINCO MANERAS DE MEJORAR TU BIENESTAR

En 2005, Martin Seligman y su equipo de investigación dio una tarea a cinco grupos de personas para realizarla durante una semana. Se observó que los ejercicios aumentaban el bienestar de los participantes:

Al acabar cada día, anota tres cosas buenas que te hayan pasado; incluye las causas.

Envía una carta a aquella persona a la que nunca le diste las gracias como se merecía.

Escribe sobre un momento en el que te sentías bien.

Identifica y utiliza tus cinco fortalezas personales (ver pp. 76-77) más a menudo.

Utiliza una de tus fortalezas personales de una manera nueva.

■ **Disfrutamos pensando en ellas.** En general, cuando ahorras para comprarte algo, experimentas cierta impaciencia; cuando estás a la espera de un día festivo, sientes emoción. La investigación demuestra que las experiencias tienen un impacto sostenido en la felicidad a corto y a largo plazo, y también en la sensación de triunfo.

Entrena el cerebro

La neurociencia ha demostrado la «plasticidad» del cerebro, que es capaz de reprogramarse, incluso en la edad adulta. Cambiar de hábitos mentales es duro, pero considera el esfuerzo para cambiar la manera de pensar igual que haces ejercicio físico para mejorar el cuerpo.

ES MEJOR DAR QUE RECIBIR

El psicólogo Shawn Achor descubrió que el máximo indicador de si alguien es capaz de sostener el nivel de felicidad en periodos de presión es contar con un buen apoyo social. Sorprendentemente, ¡incluso es *mejor* apoyar a otras personas!

Los trabajadores que apoyan a sus colegas están…

10 veces más **comprometidos con su trabajo** y tienen un…

40% más de opciones de **ascenso**.

CUIDA TU ESTADO DE ÁNIMO

El experto en felicidad Shawn Achor aporta maneras de subirte el ánimo:

■ Anota tres cosas por las que estés agradecido.

■ Envía un mensaje positivo a alguien que te importe.

■ Medita durante un par de minutos.

■ Haz 10 minutos de ejercicio.

■ Dedica un par de minutos a escribir sobre la experiencia más gratificante de las últimas 24 horas.

■ Encuéntrate con alguien de tu red social.

Este último punto es el mejor para subir el ánimo; aunque estés «muy ocupado», encuentra tiempo para estar con amigos, familia y colegas.

YO AUTÉNTICO Y REAL

EL VALOR DE LA MIRADA INTERIOR

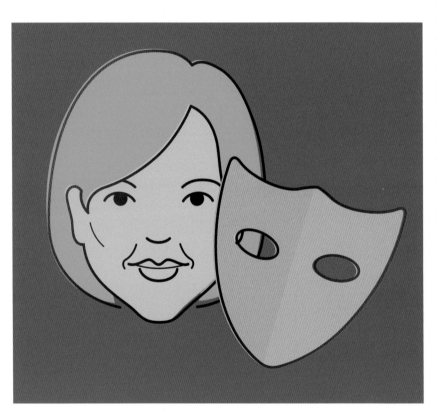

En el centro de nuestro ser reside nuestra propia imagen, y el camino hacia el triunfo implica reflexionar sobre cómo nos percibimos. ¿Cómo cultivamos la percepción de uno mismo de manera precisa y útil?

La imagen que tenemos de nosotros mismos puede ayudarnos o bien ponernos las cosas más difíciles, ya que juzgamos nuestras opciones basándonos en nuestra autopercepción. El autoconocimiento preciso es una destreza que va mejorando con la práctica, que vamos afinando con el paso del tiempo y la reflexión.

Siéntete bien

Confiar en nuestras fortalezas y talentos tiene ventajas: en un estudio de 2010 realizado en Estados Unidos, se observó que los universitarios que identificaban y analizaban mejor sus fortalezas también eran mejores aprovechando los éxitos pasados y gestionando el apoyo social en general; también tendían a gozar de mayor bienestar y autoestima. Conocer tus fortalezas, sobre todo para utilizarlas para conseguir lo que te interesa y apasiona, es una gran ventaja: sabes qué herramientas tienes a mano.

El problema es nuestra propensión a obviar las propias fortalezas. Por ejemplo, si creemos que el coraje es importante, quizá consideramos que está bien ser valiente solo en determinadas circunstancias. Si acabamos demostrando valentía

> No se puede estar **cómodo** sin *la propia* **aprobación**.
>
> **Mark Twain**
> Novelista

❓ REFLEXIONA

Reflexiona sobre estas preguntas. Tus respuestas pueden indicarte dónde están tus fortalezas:

- **Cuando hay personas con fortalezas diferentes** a las tuyas, ¿qué haces, las ignoras o tratas de aprender de ellas? ¿Hay alguna «fortaleza» que no te guste? ¿Qué cualidades no tienes tú, pero aprecias en otros?

- **¿Qué te da energía** y qué te cansa y agota?

- **¿Hay alguien en tu vida** que te ayude a potenciar tus fortalezas?

en algún momento, pensamos que nuestra conducta es lo «habitual». Lo que parece que es «lo que se tenía que hacer» podría ser una pista de lo mejor de ti mismo.

¿En qué consiste una «fortaleza» personal?

La psicología positiva define fortaleza como la combinación de aptitud innata, conocimiento y destrezas que crea una excelencia potencial, siempre y cuando estas cualidades se cultiven. Así, debemos identificar nuestros talentos, integrarlos en nuestra propia imagen y modificar nuestra conducta en consecuencia.

Parte de este cambio de conducta implica dejar de centrarse en lo negativo. Cuando queremos lograr algo, es fácil fijarnos en lo que no nos gusta de nuestra vida e intentar cambiarlo, pero algunos estudios

❓ EN EL LUGAR DE TRABAJO

¿Tienes algún colega en cuya opinión confíes? Formúlale estas preguntas y sus respuestas te indicarán maneras de mejorar:

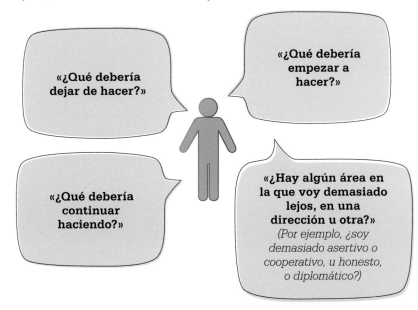

«¿Qué debería dejar de hacer?»

«¿Qué debería empezar a hacer?»

«¿Qué debería continuar haciendo?»

«¿Hay algún área en la que voy demasiado lejos, en una dirección u otra?»
(*Por ejemplo, ¿soy demasiado asertivo o cooperativo, u honesto, o diplomático?*)

UTILÍZALAS BIEN

Tener fortalezas está bien, pero no siempre tienes que utilizarlas al máximo. *Journal of Positive Psychology* destaca que es más útil ajustarnos a cada situación y ser conscientes del contexto en el que estamos: no tenemos que aplicar la misma cantidad de fuerza en cada ocasión. Cuando emplees tus fortalezas, pregúntate si podrías potenciarlas más (o incluso, al contrario, minimizarlas) según lo que te dé mayor ventaja o te interese más.

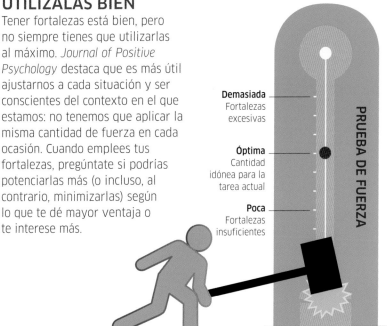

Demasiada
Fortalezas excesivas

Óptima
Cantidad idónea para la tarea actual

Poca
Fortalezas insuficientes

PRUEBA DE FUERZA

»

sugieren que es más productivo centrarse en valorar lo que hacemos bien, y hacerlo más a menudo. Los que lo hacen así se sienten más comprometidos y motivados.

Los amigos y parientes de confianza pueden valorarnos desde «dentro» y desde «fuera»: como tendemos a acercarnos a los que comparten nuestras pasiones, los amigos nos ayudan a potenciar las fortalezas; mientras que los familiares, a quienes no siempre les gustan nuestras elecciones, pueden

¿QUÉ ES LA MEDITACIÓN?

La meditación es una práctica dinámica y una gran herramienta. Dos palabras tradicionales para definirla son:

- **Bhävana** (sánscrito), que significa «cultivar» o «hacer crecer».

- **Sgoms** (tibetano), que significa «el desarrollo del conocimiento» (conciencia e introspección).

Cuando meditas, entrenas tu mente y ganas comodidad con estados mentales más beneficiosos para ti.

ofrecernos visiones más realistas. Sentirnos bien con nosotros mismos es uno de los factores principales de la motivación. Las personas motivadas acaban las cosas y mantienen el ritmo de producción mucho más tiempo que las desmotivadas: valoras más tus aspectos buenos y los de los demás, el camino hacia el triunfo es mucho más fácil.

Conciencia plena

Los budistas creen que tener una visión fija de nosotros nos limita; la investigación apoya la idea de que tenemos «múltiples yoes», que aparecen en diferentes contextos. Se está investigando mucho la eficacia de la «conciencia plena», un estado mental cultivado durante la meditación (ver pp. 68-71). La conciencia plena se fija en el momento actual, no tiene prejuicios y no te hace reaccionar a cada pensamiento y experiencia que tengas.

Los psicólogos hablan del marco «S-ART» (acrónimo inglés para autoconciencia, autorregulación y autotrascendencia): esto se traduce en que con la práctica se desarrolla un estado de autoconciencia que ayuda a gestionar las emociones e ir más allá de las necesidades para ver las cosas con perspectiva y relacionarse mejor con los otros.

Los cuatro puntos clave de la conciencia plena:

- Esfuerzo equilibrado y dirigido.
- Distinción clara de las cosas.
- Conciencia despierta.
- Ecuanimidad: observar imparcialmente, en lugar de dejarse dominar por deseos e insatisfacciones.

CONCIENCIA PLENA

Si eres demasiado rígido en cuanto al tipo persona que eres, siempre puedes reflexio sobre cómo ampliar horizontes.

PENSAMIENTO NEGATIVO

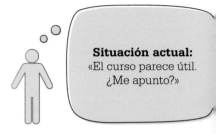

Situación actual:
«El curso parece útil. ¿Me apunto?»

PENSAMIENTO POSITIVO

Situación actual:
«El curso parece útil. ¿Me apunto?»

Es decir, para ser plenamente conscientes es necesario concentrarnos en el ahora, verlo tal como es, ser consciente de cómo nos sentimos y aceptar que el ahora es así, y quedarnos aquí, en lugar de querer pensar en el pasado o el futuro.

Emociones incómodas

¿Cómo nos afectan las cosas? Nuestra propia percepción limita la capacidad de actuar, y cuanto más etiquetemos actos, interacciones y resultados, más vulnerables seremos

Si te quedas en el momento presente e identificas cómo te sientes, no «desconectarás» y continuarás siendo constructivo.

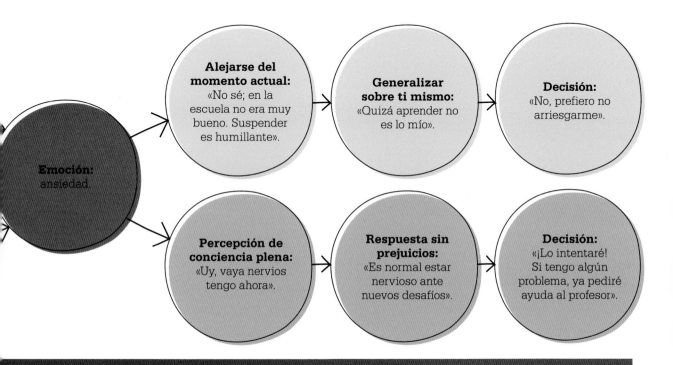

Emoción: ansiedad.

Alejarse del momento actual: «No sé; en la escuela no era muy bueno. Suspender es humillante».

Generalizar sobre ti mismo: «Quizá aprender no es lo mío».

Decisión: «No, prefiero no arriesgarme».

Percepción de conciencia plena: «Uy, vaya nervios tengo ahora».

Respuesta sin prejuicios: «Es normal estar nervioso ante nuevos desafíos».

Decisión: «¡Lo intentaré! Si tengo algún problema, ya pediré ayuda al profesor».

ante los prejuicios. Los recuerdos del pasado interfieren en qué creemos que somos capaces de hacer ahora, igual que generalizar nuestra experiencia.

Todos hemos sufrido algún suceso desagradable que nos trae recuerdos y pensamientos incómodos; la respuesta natural es intentar alejar esa sensación. Pero eso no sirve de mucho: cuanto menos conscientes seamos, más probable es que tengamos pensamientos erróneos. La memoria es asociativa, y si experimentamos una emoción negativa, el cerebro empieza a recordar otras experiencias negativas, y acabamos atrapados en una espiral. Lo más útil entonces es reconocer que hemos sentido algo negativo y tomárnoslo tal como es, como un momento incómodo que nos afecta de manera temporal y que acabará pasando, pero nada más.

El principio de la coherencia

Tenemos la gran necesidad psicológica de percibirnos como seres estables y racionales, y nos causa problemas hacer o decir cosas que no se ajustan con nuestra propia imagen; la tentación es racionalizarlo para ser coherentes con nuestras ideas y acciones anteriores. Es mejor aceptar la incoherencia en la naturaleza humana y reconocer estas «aberraciones» en lugar de apartarlas.

Cuanto más claros tengas tus aspectos positivos y más amable y paciente seas con tus errores, más cómodo te sentirás en el camino hacia el éxito.

INTELIGENCIA EMOCIONAL
PENSAR CON LOS SENTIMIENTOS

Intentar triunfar sin saber lo que sentimos es como intentar encontrar una salida a tientas. El éxito, en todos los aspectos de nuestra vida, depende de cómo entendamos los sentimientos propios y ajenos.

A veces es fácil centrarse en las partes «externas» del triunfo: qué nota he sacado, quiénes son mis contactos, qué puedo mostrar de mí mismo. Pero si queremos gestionarlo bien, tenemos que entender nuestros sentimientos y los de las personas que nos rodean.

Percepción emocional
El concepto de «inteligencia emocional» ha influido cada vez más desde su primer uso en los años noventa. El psicólogo Daniel Goleman define la inteligencia emocional como la capacidad de:
- Controlar tus sentimientos y los ajenos.
- Etiquetar con precisión esos sentimientos.
- Usar esta información para guiar tus pensamientos y acciones.

Esto significa que necesitamos sintonizar con nuestros sentimientos y el contenido emocional de las interacciones con otros, y hacer juicios sólidos a partir de estas percepciones, algo que no resulta fácil para todo el mundo. Lo bueno es que la inteligencia emocional es algo que podemos aprender.

38 %

En los institutos de Estados Unidos que siguieron un **programa** para **enseñar la inteligencia emocional**, el 38 % de los estudiantes **mejoró** su nota media.

Mayor eficacia
Desarrollar tu inteligencia emocional te puede hacer más interesante de cara a las empresas. El profesor y formador de psicología positiva Ronen Habib explica que, en un congreso con altos cargos de recursos humanos de grandes empresas, como Google y Facebook, se concluyó que las aptitudes más buscadas en los trabajadores eran: saber trabajar en equipo; la creatividad; tener buen conocimiento del área de trabajo; perseverancia ante la adversidad y saber gestionar el tiempo.

Observaron que estas cualidades eran escasas. No se enseñan en las escuelas, por lo que tenemos que aprenderlas solos. Si cuentas con estas cualidades, tienes ventaja ante la competencia. Trabajar hábilmente en equipo, por ejemplo, requiere una inteligencia emocional desarrollada.

Cultivar la conciencia
Mira dentro de ti para saber si lo que sientes, piensas y crees afecta a tus acciones y elecciones. Puede que no sea fácil, especialmente si

Q DESTREZAS TRANSVERSALES

De acuerdo con el psicólogo Daniel Goleman, las personas con una inteligencia emocional sólida son más capaces de hacer lo siguiente:

Motivar a los demás

Tolerar la incertidumbre

Gestionar conflictos

Comunicarse con eficacia

Lidiar con los altibajos inevitables de la vida

Ayudar a los demás a sentirse menos estresados

Construir relaciones duraderas

---

ello te confronta con nuevas ideas. Hay distintos estudios que sugieren que, cuando nos enfrentamos a situaciones o a conceptos que nos resultan desconocidos, tendemos a sentir ansiedad y a confiar en experiencias pasadas, más que a intentar trabajar para crear nuevas situaciones. Intenta no volver a antiguos hábitos, ya que las mejoras implican aprender nuevas habilidades y respuestas.

Existen las emociones difíciles, y es mejor reconocerlas que ignorarlas o evitarlas. Intenta trabajar una diferente cada vez. Puede ser incómodo a corto plazo, pero cultivar nuestra conciencia emocional valdrá mucho la pena.

CONSEGUIR EL EQUILIBRIO EMOCIONAL

Según los psicólogos Daniel Goleman y David McClelland, conocerse a uno mismo implica reconocer nuestras propias emociones y regular las respuestas. Esto nos puede ayudar como individuos y cuando formamos parte de un grupo:

AUTOCONOCIMIENTO

BENEFICIOS PARA UNO MISMO

Identificación
Conocerse y confiar en uno mismo

Regulación
Autocontrol, integridad, adaptabilidad e iniciativa

BENEFICIOS DENTRO DE UN GRUPO

Identificación
Empatía y capacidad para cooperar

Regulación
Influencia, capacidad para llegar a acuerdos y liderazgo

EL ESPEJO LATERAL

VERTE COMO LOS DEMÁS TE VEN

La conciencia de uno mismo es esencial para crecer y tener éxito. La mejor manera de saber cómo te perciben los demás es simplemente preguntando y escuchando, lo que es, sin duda, una valiosa habilidad.

Lo mejor para ver cómo lo estamos haciendo es que nos lo digan. Para ello hay que ser fuerte, ya que a veces se reciben críticas con poco tacto o sensibilidad. Al fin y al cabo, todos tienen sus miedos, emociones, tendencias, suposiciones y expectativas, e interpretamos sus acciones a través de nuestras propias percepciones. Un estudio canadiense de 2010 llegó a la conclusión de que escuchamos menos las críticas que están en desacuerdo con nuestra propia imagen, y prestamos mayor atención a aquellas otras que no minan nuestra confianza. Cuando buscamos que nos den una opinión honesta, realmente queremos sinceridad y apoyo.

Aprender a escuchar

¿Es posible conseguirlo? Realmente no es sencillo. La investigación demuestra que, cuando se trata de recibir una crítica, nos dejamos arrastrar por dos amplias categorías de influencia: la «cognición caliente» y la «cognición fría» (ver el recuadro «Pensamiento caliente y frío», en la página siguiente). La primera se basa en las emociones, y puede ser problemática si nos influyen demasiado los sentimientos y no escuchamos. La segunda tiene más relación con el modo en el que nuestra atención, memoria y juicio afectan la lógica, como por ejemplo el sesgo de confirmación (ver p. 75).

No siempre es cómodo recibir una crítica, pero es de gran ayuda. La ciencia propone buscar a quienes sepan darla de una manera útil, e intentemos ser conscientes de nuestras propias reacciones (que nunca son tan acertadas como desearíamos).

PENSAMIENTO CALIENTE Y FRÍO

Somos propensos a pensar tanto de manera «caliente» (emocional) como «fría» (lógica): esto es la cognición caliente y la cognición fría. Cuando escuchamos a los demás, es útil saber que tanto la emoción *como* la lógica nos pueden confundir:

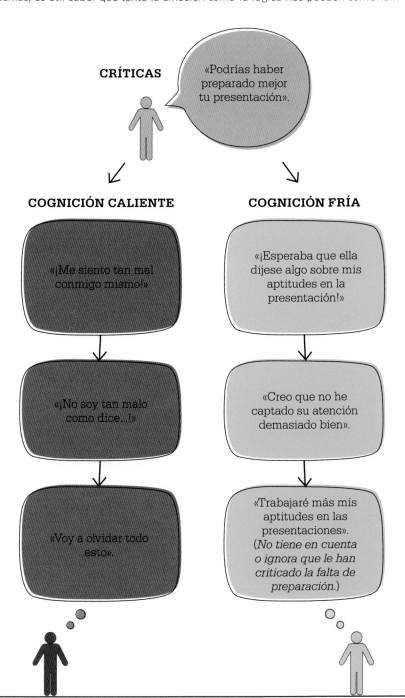

CRÍTICAS

«Podrías haber preparado mejor tu presentación».

COGNICIÓN CALIENTE

«¡Me siento tan mal conmigo mismo!»

«¡No soy tan malo como dice...!»

«Voy a olvidar todo esto».

COGNICIÓN FRÍA

«¡Esperaba que ella dijese algo sobre mis aptitudes en la presentación!»

«Creo que no he captado su atención demasiado bien».

«Trabajaré más mis aptitudes en las presentaciones». (*No tiene en cuenta o ignora que le han criticado la falta de preparación.*)

Q EL TÚ INFLUYENTE

Sabemos que damos una buena impresión cuando empezamos a influir sobre otros. Esto significa que nos comunicamos con claridad, y quienes están a nuestro alrededor pueden ver cómo somos y, a su vez, aprenden. El autor sobre psicología positiva Travis Bradberry identifica los rasgos de las personas influyentes:

1 Tienen sus propias ideas y se rigen por hechos y no por tendencias.

2 Cuestionan el *statu quo* y desafían las convenciones sin llegar a ser hostiles.

3 Inspiran el debate: les interesa tanto explorar nuevas ideas que lo contagian a los demás.

4 Establecen y promueven conexiones compartiendo información y presentando a las personas.

5 Se centran en el punto principal de la cuestión y lo comunican a los demás.

6 Saben que no son infalibles y aceptan los desacuerdos.

7 Son proactivos; ven qué pasará y dejan que los demás lo sepan para que se puedan preparar.

8 Responden más que reaccionan, es decir, no tienen salidas de tono, sino que intentan conservar las relaciones incluso cuando reciben críticas.

9 Creen en el poder que tienen las personas para cambiar cosas.

BUSCA DENTRO DE TI
APRENDE A CONOCERTE

Conocerse a sí mismo es de las cosas más importantes en nuestra vida, pero también una de las más difíciles. Siempre existen ángulos muertos, pero lo bueno es que hay varias maneras de ahondar en nuestra conciencia.

Piensas que eres quien mejor juzga tus habilidades (al fin y al cabo, eres el único que ve todo lo que haces). Pero, en la práctica, es algo más complicado. Las pruebas sugieren que nos falta precisión, y el motivo es que tendemos a juzgarnos según nuestras intenciones, mientras que los demás solo ven nuestras acciones y el impacto final.

Ángulos muertos invisibles

Los psicólogos estadounidenses Justin Kruger y David Dunning publicaron en 1999 un artículo sobre lo que ahora se conoce como el «efecto Dunning-Kruger». Resumiendo, lo que hallaron fue que comprender que necesitas ser bueno en algo y comprender que necesitas evaluar tus propias habilidades en esa área es básicamente lo mismo. Es decir, si no eres muy ducho en algo, *probablemente no te des cuenta de ello*. De hecho, por debajo de un cierto nivel de competencia, normalmente sobrestimamos nuestras habilidades porque somos demasiado incompetentes para advertir lo incompetentes que somos (ver «El efecto Dunning-Kruger», página siguiente). No tiene por qué ser arrogancia: solo es que, cuando aprendemos algo nuevo, quizá aún no sabemos lo complejo que es.

¿Queremos precisión?

Cuando se trata de conocerse a uno mismo, solemos querer cosas opuestas. Por un lado, queremos una evaluación precisa de nuestra persona. Teniendo esto en cuenta, solemos quedarnos en mediciones objetivas, como qué hacemos en un examen y en la empresa, cómo nos comparamos con otros, qué hemos hecho en el pasado, etc. Por otro lado, también queremos una evaluación positiva. Los estudios sugieren que los que tienen perspectivas ligeramente exageradas sobre lo buenos que son tienden a ser más felices y populares. Así que, para la mayoría, existe una tensión entre querer la información directa y querer sentir que nos respetan y ven que nuestras intenciones son buenas.

MEMORIA SELECTIVA

4:1

Respondemos mejor a los halagos, pero **recordamos más las críticas**. Si nos preguntan por acontecimientos emocionales importantes, recordamos **cuatro episodios infelices** por cada **uno positivo**.

EL EFECTO DUNNING-KRUGER

En un artículo de impacto, David Dunning y Justin Kruger investigaron los límites del autoconocimiento. Mostraron que los que no dominan una habilidad generalmente no *saben* que no la dominan porque no se dan cuenta de qué implicaría dominarla. En el estudio, se pidió a los participantes que evaluasen sus capacidades y luego se les sometió a una serie de pruebas:

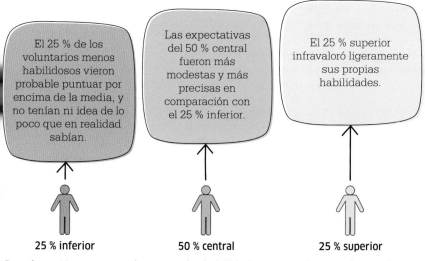

El 25 % de los voluntarios menos habilidosos vieron probable puntuar por encima de la media, y no tenían ni idea de lo poco que en realidad sabían.

Las expectativas del 50 % central fueron más modestas y más precisas en comparación con el 25 % inferior.

El 25 % superior infravaloró ligeramente sus propias habilidades.

25 % inferior　　**50 % central**　　**25 % superior**

Dunning y Kruger especularon que las habilidades necesarias para hacer algo y las necesarias para juzgar el propio rendimiento se solapan mucho, y que es más probable que la gente capaz sea más autocrítica.

AVERIGUA CUÁLES SON TUS HABILIDADES

Una vez que recabes las críticas de los demás (ver «Recopilar críticas útiles» a la derecha), fíjate en comentarios que corroboran atributos o comportamientos similares. La información puede ser parecida al siguiente ejemplo. En este ejemplo, la habilidad de la persona es que sabe «mantener la cabeza fría»:

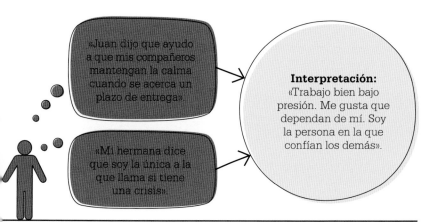

«Juan dijo que ayudo a que mis compañeros mantengan la calma cuando se acerca un plazo de entrega».

«Mi hermana dice que soy la única a la que llama si tiene una crisis».

Interpretación: «Trabajo bien bajo presión. Me gusta que dependan de mí. Soy la persona en la que confían los demás».

✓ RECOPILAR CRÍTICAS ÚTILES

Al autoevaluarnos, necesitamos ser lo más específicos y concretos posible. Nos evaluamos mejor cuando un reto es:

- **Objetivo.** Hay una respuesta clara, que puede ser evaluada y entendida.

- **Familiar.** Al evaluar una habilidad, es útil tener conocimientos sobre ella.

- **De poca complejidad.** Para que siga siendo fácil, si hace falta, divídelo en tareas más pequeñas.

Busca la opinión de los demás (la opinión positiva, ya que tendemos a exagerar las críticas). Un estudio de 2005 de *Harvard Business Review* sugiere lo siguiente:

- **Identifica personas de confianza**, incluyendo colegas, amigos y compañeros, si es posible, y pídeles que evalúen honestamente tus fortalezas. Preguntar por correo electrónico es una buena manera de guardar y organizar la información.

- **Reconoce patrones.** Identifica errores que repites de diferentes maneras.

- **Crea un autorretrato.** Combina lo que dice la gente con cómo te ves tú mismo para obtener una imagen más clara de tu yo más positivo.

- **Adapta tus planes / trabajo** para construir sobre la base de tus fortalezas.

LA FUERZA DEL CORAJE

DESARROLLAR LA RESILIENCIA

Siempre hay días en los que estamos desanimados o cansados y en los que nos cuesta cumplir todo lo que nos hemos comprometido a hacer. El éxito está formado por decisiones y acciones a corto y a largo plazo.

Seguro que en algún momento has oído que alguien tiene «coraje» o «determinación». Es algo que los psicólogos vinculan con la manera con que algunos mantienen sus esfuerzos a lo largo del tiempo, incluso cuando se encuentran con obstáculos.

La ciencia de darlo todo

¿Qué es la resiliencia? La psicóloga Carol Dweck, pionera de la «mentalidad creciente» (ver p. 26), la describe como cualquier respuesta constructiva, ya sea de conducta, actitud o emoción, ante un reto. Los resilientes se enfrentan a los obstáculos igual que las otras personas, pero perciben la situación como un reto, no como una derrota, y son conscientes de lo que pueden hacer diferente en otra ocasión. En un estudio de 2002, un equipo de investigadores dijo (correctamente) a estudiantes de la Universidad de Stanford que el cerebro era maleable y desarrollaba nuevas conexiones cuando debía enfrentarse a nuevos retos. Estos estudiantes superaron de manera significativa a aquellos compañeros que se les había dicho que la inteligencia se fijaba en la etapa de la infancia y ya no era posible mejorarla.

Dweck sugiere que considerarnos capaces de desarrollarnos y aprender tiende a hacernos más aptos a sobrevivir a la vergüenza social, gestionar conflictos, obtener la ayuda necesaria y dominar cosas nuevas. Si estás pasando una mala racha, no te olvides de que la experiencia te ha brindado la oportunidad de descubrir algo nuevo de ti mismo o de la propia situación.

Pase lo que pase, encontrar maneras de adaptarte y mantener la confianza es esencial para triunfar.

Encuentra la determinación

Una gran investigadora de la determinación es la psicóloga estadounidense Angela Lee Duckworth. Estudia cualidades sobre cómo continuar avanzando a pesar de los obstáculos y evitar distracciones: la adaptabilidad es buena, pero si cambias de intereses tan a menudo que no acabas nada, tampoco avanzas. Afirma que tienes que ser flexible, pero que «también debes lograr ser bueno en alguna cosa», encontrar una «pasión a largo plazo» que te resulte gratificante; si la encuentras, te sentirás motivado a seguir trabajando en ello.

Para ser resiliente necesitas tener una actitud mental positiva («puedo aprender y mejorar») y un objetivo claro a largo plazo. Céntrate en algo que te importe, y tu avidez de aprender más sobre lo que te interesa te ayudará a triunfar.

Q LA JORNADA DEL TAXISTA

Angela Lee Duckworth, autora de *Grit*, descubrió que los taxistas suelen conducir menos los días más lucrativos. Cuando llueve, la gente va más en taxi, pero los taxistas suelen irse a casa *antes* cuando llueve, porque han hecho más carreras, ya han hecho la caja habitual del día y dejan de trabajar. Si eres ambicioso, busca periodos de «lluvia», que son los momentos de continuar trabajando duro y no de volver a casa a descansar.

«LO QUE HICE» FRENTE A «LO QUE SOY»

Los que se recuperan son capaces de asumir responsabilidades, pero no se toman las decepciones a pecho. Considera estas dos diferentes actitudes:

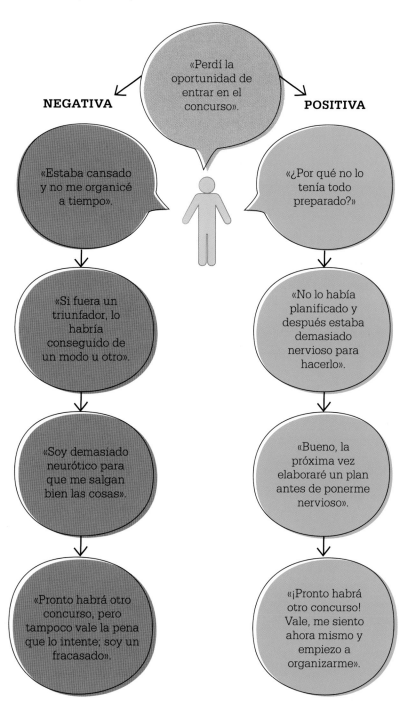

PARA TRIUNFAR
SE REQUIERE SENTIDO DE
AUTOEFICACIA Y LUCHAR
CON RESILIENCIA
PARA SUPERAR LOS INEVITABLES
OBSTÁCULOS E INJUSTICIAS DE LA VIDA

ALBERT BANDURA, PSICÓLOGO Y AUTOR DE LA TEORÍA
DEL APRENDIZAJE SOCIAL

TRANQUILIDAD DE ESPÍRITU

CONCIENCIA PLENA, MEDITACIÓN, CLARIDAD Y CONFIANZA

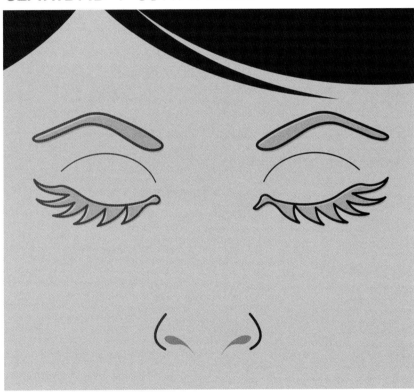

Si te comprometes a seguir un camino concreto, tienes que sentirte bien haciendo lo que haces y también debes saber por qué lo haces. Si cultivas la conciencia plena, te darás cuenta de que es más fácil ver el «porqué».

La conciencia plena (o *mindfulness*) tiene una larga tradición en algunas religiones y prácticas espirituales, y estudios recientes han demostrado que puede resultarnos muy beneficiosa. La conciencia plena es útil en cualquier momento, pero una de las mejores maneras de practicarla es a través de la meditación, que puedes incorporar en tu día a día.

¿Qué tiene que ver la meditación con el éxito? Cada vez hay más pruebas que indican que es muy útil para ayudarnos a desarrollar la autoconciencia, la autoestima y la capacidad de aceptar y recuperarse de las inevitables vicisitudes de la vida. Los médicos y psicólogos cada vez están más interesados en lo que la Organización Mundial de la Salud define como «un estado de completo bienestar físico, mental y social, y no solamente ausencia de afecciones o enfermedades», y en ese modelo, la meditación se considera un «comportamiento de salud».

Elige tu método

Existen diferentes maneras de meditar; aquí detallamos dos de las más comunes (ver «Meditación de conciencia plena» y «Meditación del amor universal», página siguiente). Experimenta con los diferentes tipos de meditación; por ejemplo, si tienes problemas para estar sentado unos minutos o encontrar tiempo, quizá será más fácil introducir la meditación caminando en tu día a día. Si quieres investigar más, en internet encontrarás muchos ejercicios, visualizaciones y prácticas para probar y decidir cuál se ajusta mejor a tu estilo.

MEDITACIÓN DE CONCIENCIA PLENA

La conciencia plena es un estado mental de tranquilidad y libre de prejuicios que nos permite observar con calma y precisión, lo que nos puede ser muy útil cuando estamos ante una decisión difícil o un imprevisto. Esta es la meditación clásica que te ayudará a mejorar esta destreza:

1 Busca un sitio tranquilo y siéntate de manera cómoda. No es necesario el silencio absoluto; una parte de la práctica es lograr que el ruido de fondo no te moleste.

2 Cierra los ojos, relájate y observa tu cuerpo. Siente los pies dentro de los zapatos, el tacto de la silla contra el cuerpo, la temperatura del aire en la piel. Solo siéntelo, no tienes que hacer nada más.

3 No te preocupes si tu mente deambula, porque *deambulará*; esto no significa que lo hagas mal. Si aparecen pensamientos, reconoce que están ahí, nada más. No los sigas; no luches contra ellos; deja que vengan y se vayan. Esta es una de las experiencias clave de la conciencia plena: experimenta pensamientos y sensaciones, pero no reacciones ante ellos, para cultivar así la conciencia emocional y la resiliencia.

4 Siente tu respiración. ¿Sientes el frío y el calor del aliento debajo de la nariz, cómo sube y baja el pecho, el paso del aire por la garganta? Concéntrate en eso, deja que las distracciones vengan y pasen de largo, evita que interfieran. No cambies el ritmo de tu respiración si no quieres: solo siéntelo.

5 Quédate sentado entre 5 y 10 minutos. Cuando a ti te parezca bien, vuelve a observar todo tu cuerpo; así estarás más centrado y serás más consciente cuando abras los ojos de nuevo.

6 Acaba la meditación y felicítate. No hay una manera «correcta» de meditar: no importa que hayas estado concentrado o distraído, lo importante es que haya sido un ejercicio satisfactorio.

> Practicar la conciencia plena es **estar totalmente comprometidos** en cada momento con el presente... e incorporar una orientación de **calma**, **conciencia plena** y **ecuanimidad** aquí y **ahora**.
>
> **Jon Kabat-Zinn**
> Científico, escritor y maestro de meditación

 # MEDITACIÓN DEL AMOR UNIVERSAL

La vida incluye inevitablemente momentos de frustración y, a menudo, los conflictos con otros nos cohíben. Para cultivar una actitud más positiva, sigue esta meditación tradicional:

1 Siéntate cómodamente, relájate y experimenta las sensaciones del cuerpo. Presta especial atención al «centro del corazón», el área alrededor del pecho y el plexo solar.

2 Potencia una sensación de bondad y compasión hacia ti mismo. Repite frases en silencio, como por ejemplo: «Estoy bien», «Estoy feliz», «Estoy sano y feliz» y «Vivo en paz y felicidad».

3 Después piensa en alguien que admires. Dirige tu sensación de bondad hacia esa persona, y deséale que esté bien, feliz, sano y contento.

4 Dirige tu amor y bondad hacia alguien que te sea indiferente. Deséale que sea feliz y esté sano.

5 Piensa en alguien cuya relación contigo sea complicada (pero no en alguien que odies, pues eso podría distraerte), y dirige tu amor y tu bondad hacia esa persona.

6 Amplía tu sensación de buenos deseos y hazla extensiva a todo el mundo.

BUSCA TIEMPO PARA MEDITAR

Hoy en día llevamos una vida muy ajetreada. ¿De dónde saco tiempo para meditar? Primero: no te hace falta mucho tiempo, con 20 minutos tienes bastante. Y si no tienes tanto tiempo, una breve meditación es mejor que nada. Segundo: optimicemos el tiempo. La psicóloga de la salud Linda Wasmer Andrews recomienda las siguientes horas del día:

Lo primero al despertarse
Si te despiertas con la cabeza a todo gas, quizá empezar el día relajándote es lo que te hace falta.

Durante el almuerzo
Es un buen momento para romper la rutina y te sentirás más tranquilo y creativo el resto del día.

Al acabar la jornada laboral
Así las tareas diarias y el tiempo de ocio quedan separados, lo que te ayuda a aprovechar al máximo la vida.

En momentos puntuales de estrés
Aunque el tiempo apremie, dedica unos momentos a centrarte, y serás más productivo.

Zzz...
No se recomienda meditar en la cama justo antes de ir a dormir, pues nuestra mente puede confundir la meditación con el sueño.

≫ Los cuatro principios

Un estudio de 2013 para *The Journal of Positive Psychology* llegó a la conclusión de que quienes meditan tienen una autoestima más alta si desarrollan las cuatro facetas clave de la conciencia plena:

1 **No reactividad.** Notas lo que notas, pero no actúas impelido por esa sensación.

2 **Conciencia.** Eres consciente de lo que sientes; no ocultas los sentimientos.

3 **Etiqueta y expresión.** Puedes describir con precisión tus sentimientos.

4 **Experiencia sin prejuicios.** Sabes qué pasa, pero no lo consideras «bueno» o «malo»: simplemente es lo que es.

Conciencia plena en acción

Un estudio realizado por la Academy of Management de Estados Unidos en 2008 observó que las personas que practicaban la conciencia plena tenían un impacto positivo en el lugar de trabajo. Estas personas resultaban ser:

- Más conscientes de qué pasaba en el trabajo, captaban detalles y señales sociales sutiles.
- Más cooperadoras con sus colegas.
- Más flexibles y espontáneas.
- Más abiertas.
- Más realistas en relación con sus objetivos.
- Más empáticas y atentas; menos egoístas.
- Menos materialistas.
- Menos dependientes de la opinión ajena.
- Más capaces de dar sentido a su vida aparte del trabajo.
- Más capaces de mantener la calma ante el estrés.
- Más felices en el trabajo.
- Más versátiles.

50 %

MÁS BUENA VOLUNTAD

En un estudio de la Universidad de Harvard se observó que quienes **meditaban habitualmente** mostraban **bondad y compasión** un 50 % más a menudo que quienes no lo hacían.

✿ BENEFICIOS PARA LA SALUD

Los estudios indican que la meditación mejora la salud física. Puede:

- Ayudarnos a mantener buenos hábitos de ejercicio.
- Reducir conductas de riesgo, como consumo excesivo de alcohol y estupefacientes.
- Mejorar el funcionamiento del sistema inmunitario.
- Aumentar nuestra capacidad para soportar el malestar.
- Reducir la inflamación a nivel celular.
- Desarrollar el autocontrol.
- Aumentar el grosor cortical de las áreas cerebrales relacionadas con la atención y la concentración.
- Más abiertas a creer que una situación nueva es un reto y no una amenaza.

Todo ello indica que estas personas son más sanas y felices y mejores colaboradoras: grandes ventajas en nuestro camino hacia el éxito.

❓ EXCUSAS PARA EVITAR LA CONCIENCIA PLENA

Si no te ves probando la conciencia plena, ¿puedes identificar los motivos para negarte? Aquí tienes las objeciones habituales identificadas en un estudio de 2011:

No puedo parar de pensar.

Me molesta el silencio.

Es imposible estar sentado tanto tiempo para meditar.

Prefiero hacer algo de provecho.

La meditación me aburre.

Sentarse y no hacer nada es perder el tiempo.

No sé mucho sobre meditación.

Ya medito cuando rezo.

No tengo un sitio tranquilo donde poder meditar.

No tengo tiempo.

Nunca estoy ni un momento a solas.

No sabría si lo estaría haciendo bien o no.

Me preocupa que la meditación entre en conflicto con mi fe.

Mi familia pensaría que es raro.

Me sentiría raro meditando.

No creo que la meditación pueda ayudarme.

Me pregunto si la meditación me perjudicará.

Los investigadores observaron que estas excusas cumplían a la perfección su cometido: desanimar. Si quieres probar la meditación pero hay algo que te incomoda, reflexiona sobre cuál de estas objeciones te suena. Si dejas de creer en ella, aunque sea solo por poco tiempo, te quedará espacio en tu vida para experimentar.

ENCUENTRA TU PASIÓN

COMPROMISO, PROPÓSITO Y SENTIDO

¿Qué es lo que te apasiona hacer en la vida? Todos tenemos nuestra idea sobre lo que es importante, pero, para sentirnos totalmente satisfechos, debemos centrar nuestra energía en algo productivo y con sentido.

Cuando hacemos algo que tiene sentido para nosotros, nos sentimos centrados y comprometidos de forma constante. La motivación nos da energía, y la pasión focaliza esa energía. Pero ¿qué nos motiva realmente?

Extrínseco frente a intrínseco

Una serie de experimentos realizados por el psicólogo Sam Glucksberg dieron resultados inesperados. A partir del «problema de la vela» de Karl Duncker (ver «Cómo nos limitan las expectativas», página siguiente), Glucksberg realizó la misma prueba en dos grupos. A un grupo les dijo que el propósito de la investigación era establecer cuánto tiempo tardaban en solucionar el problema. Al otro grupo les dijo que, si lo solucionaban antes que los otros, recibirían una compensación económica. El grupo con el incentivo lo resolvía antes si las chinchetas se dejaban *fuera* de la caja; pero si estaban *dentro* y el problema requería pensamiento lateral, tardaban tres minutos y medio más que el grupo que pensaba que iba a descubrir algo interesante. Es un buen ejemplo para diferenciar entre motivación extrínseca e

EXPERIMENTO DIFÍCIL

Pregúntate: «Si me tocara la lotería, ¿continuaría haciendo lo que hago ahora?». Si la respuesta es «sí», probablemente es que disfrutas con lo que haces y lo consideras importante. Si es «no», indica que probablemente no estás siguiendo tu pasión.

Q CÓMO NOS LIMITAN LAS EXPECTATIVAS

Los hallazgos del experimento más conocido del psicólogo alemán Kark Duncker, el «problema de la vela», se publicaron en 1945. En dicha investigación, cada voluntario se quedaba a solas en una habitación con una vela, una caja de cerillas y otra de chinchetas. Tenía que encontrar una manera de fijar la vela en una pared para que la cera no goteara en la mesa. **No funcionaba clavar la vela a la pared con una chincheta,** ni encender la vela y pegarla a la pared con la cera derretida. Al final, la mayoría se percataba de que necesitaba usar la caja: clavaba la caja a la pared con las chinchetas y colocaba la vela dentro. **Si las chinchetas** estaban *fuera* de la caja, la solución llegaba rápidamente,

pero si estaban *dentro*, se tardaba más en dar con la solución. Esto se debe al sesgo cognitivo de la «fijación funcional». La función aparente de la caja (contenedor) no dejaba ver que se podía utilizar para solucionar el problema.

¿Moraleja? Solucionar un problema a menudo requiere pensar en nuevos usos de recursos y oportunidades. Así se triunfa a largo plazo y se construye la confianza para encontrar soluciones y tomar decisiones difíciles.

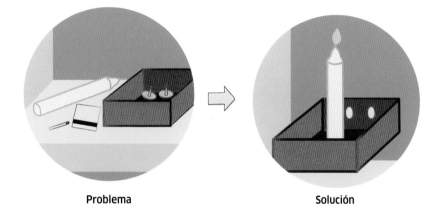

Problema   Solución

intrínseca: las recompensas extrínsecas nos mueven a resolver tareas simples, pero para resolver tareas complejas necesitamos una inspiración intrínseca. El compromiso, el significado y el propósito mantienen nuestra motivación intrínseca.

En la vida real

Scout Dinsmore, el fundador de la comunidad virtual «Live Your Legend», recomienda:

- Conocer tus verdaderas fortalezas (ver pp. 76-77).
- Tener en cuenta lo que te motiva: reconocimiento, dominio, conexión con los demás...
- Pensar en lo que te gusta hacer y en lo que no te gusta.

Unifícalo todo y tendrás información para actuar en consecuencia.

✓ CONSTRUYE TU PROPIO TRABAJO

¿Qué pasa si tienes un trabajo que no te motiva, pero no puedes dejarlo? Los psicólogos Amy Wrzesniewski, Justin M. Berg y Jane E. Dutton recomiendan un proceso llamado «construcción del trabajo»: quédate donde estás, pero empieza a hacer las cosas de otro modo. Identifican tres maneras para lograrlo:

- **Tareas**. ¿Qué quieres hacer más? Supongamos que te gusta enseñar: ofrécete a tutorizar voluntariamente a tus colegas más jóvenes. De esta manera, muestras y desarrollas tus propias aptitudes docentes, lo que no pasará desapercibido.

- **Relaciones**. Piensa en los colegas que pueden ayudarte a establecer las aptitudes que intentas cultivar. Busca mentores, aliados y personas de las que aprender.

- **Percepciones**. Reorganiza mentalmente los elementos de tu trabajo para poder centrarte en los más significativos.

Nuestro trabajo nos moldea, pero nosotros también podemos moldearlo (al menos un poco) si somos lo bastante proactivos. Ten claro cómo quieres desarrollarte y crea situaciones en las que sea posible crecer.

CUANDO APARECEN LOS DESACUERDOS
LA ARMONÍA DEL CONFLICTO

Independientemente de la pasión que pongas en algo, siempre habrá quien no vea las cosas como tú. No te frustres: para y reflexiona. Otro punto de vista puede suponer una gran oportunidad.

Está claro que con apoyos y ánimos prosperamos más, mientras que un exceso de crítica nos frena (ver pp. 62-63). Dicho lo cual, existe una diferencia entre crítica y desacuerdo. La crítica puede herirte, pero el desacuerdo, en un contexto adecuado, te ayuda a sobresalir.

¿Dónde está la verdad?

Algunos de los mejores avances de la historia han surgido gracias a desacuerdos. La clave está en crear un ambiente en el que nadie se tome el desacuerdo personalmente: no nos centramos en *quién tiene* la razón, sino en *qué está* bien. Defendiendo cada uno nuestros diferentes puntos de vista estamos trabajando juntos para llegar a la conclusión adecuada. Así el desacuerdo se convierte en colaboración.

La asesora empresarial Margaret Heffernan relata una historia sobre desacuerdo constructivo. En la década de 1950, la sociedad británica sufría un grave problema: cada vez se diagnosticaban más casos de niños con cáncer. La científica Alice Stewart recogió

85%

El de los **ejecutivos europeos y norteamericanos** tienen **inquietudes en el trabajo** que no comentan para **evitar el conflicto**.

muchos datos y llegó a la conclusión de que las radiografías del útero causaban el cáncer. La comunidad médica de la época se mostró muy reacia a esta idea. Aun así, Stewart encontró un colaborador perfecto: el estadístico George Kneale. Su postura era «tengo que demostrar que la doctora. Stewart no tiene razón». Como Kneale trabajó sin descanso para encontrar los puntos flacos de la teoría de Stewart, juntos lograron demostraron la robustez de las afirmaciones de la doctora, y salvaron así cientos de vidas.

Sesgo de confirmación

Aquí vale la pena recordar un concepto psicológico, el «sesgo de confirmación»: para probar nuestras ideas buscamos indicios que las apoyen y obviamos buscar pruebas que puedan contradecirlas. Aunque intentemos ser equitativos en un tema neutral, cuando estamos emocionalmente implicados en algo, podemos:

- **Sobrevalorar las pruebas** que apoyen lo que ya creemos e infravalorar las que indiquen lo contrario.
- **Buscar solo** (o sobre todo) pruebas que apoyen nuestras tesis y no pruebas que las rebatan.
- **Ver aquello que estamos buscando**, incluso encontrar patrones que no están ahí.

Todos lo hacemos a veces. Pero si encuentras socios que rebatan tus ideas y te centras en que puedes aprender y mejorar tus propuestas, tus relaciones y prácticas laborales, el desacuerdo te ayudará a triunfar de maneras poco imaginables.

CREAR CONFLICTO POSITIVO

El desacuerdo no tiene por qué ser negativo. Cuando hemos invertido mucho tiempo y energía en desarrollar nuestras ideas, es fácil tomarse personalmente las críticas; pero también vale la pena recordar que critican tus ideas, no a ti. Cuando recibas críticas, reflexiona en lo que se ha dicho y formúlate estas preguntas:

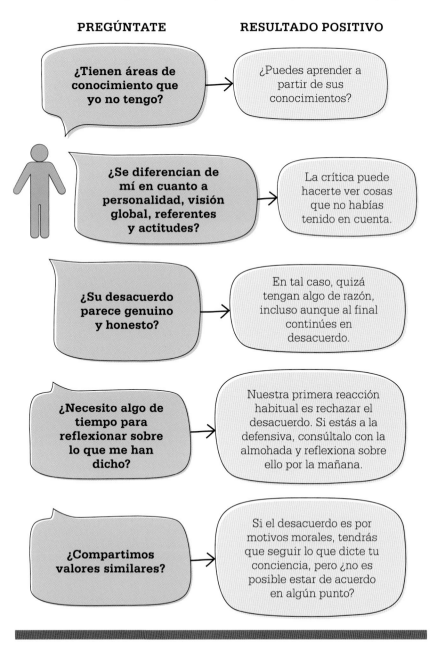

EVALÚA TUS FORTALEZAS
SÉ CONSCIENTE DE CÓMO ERES

Saber quién eres es esencial cuando persigues el éxito, pero ¿qué tipo de persona eres? Recientes investigaciones han creado un sistema que aclara el modelo de fortalezas que nos hace únicos a cada uno.

Para triunfar debes entender la combinación exclusiva de fortalezas que forman la esencia de tu carácter. Los psicólogos han empezado a estudiar este concepto con más detalle.

Sistema de clasificación VIA

A principios del siglo XXI, un estudio de tres años con 55 destacados científicos del VIA Institute on Character exploró los rasgos positivos del carácter. Se elaboró la «clasificación VIA de fortalezas y virtudes del carácter». Se ha escrito mucho sobre ese sistema desde entonces; especialmente, en 2004, los psicólogos positivos Christopher Peterson y Martin Seligman publicaron un libro titulado *Manual de virtudes y fortalezas del carácter*, cuyo sistema identifica 24 rasgos clave, considerados éticamente buenos, divididos en seis grandes categorías. Todos poseemos una combinación única de fortalezas y virtudes: somos más fuertes en algunos aspectos y más débiles en otros, lo que contribuye a perfilar nuestra singularidad. Si eres capaz de identificar tus fortalezas y aprovecharlas para alcanzar tus objetivos, tienes más posibilidades de sentir que algo «te llama» y no que haces un trabajo o cualquier otra cosa.

Haz la prueba

Si quieres conocerte bien, realiza el cuestionario del VIA Institute on Character (ver p. 215). O también puedes descubrir los rasgos de tu carácter en la «Clasificación VIA de fortalezas del carácter», de la página siguiente. ¿Con cuáles de esas fortalezas te identificas? ¿Cuáles admiras más en otros?

❓ TEN EN CUENTA LAS VIRTUDES

Ser lo mejor que podamos implica algo de disciplina. Tiffany Shlain, del Instituto Moxie, una productora que hace películas sobre conciencia social y cambio, sigue este proceso. Cuando vayas a hacer algo, para un momento y pregúntate:

- ¿Refleja lo que soy?
- ¿Refleja lo que quiero ser?

64 %
TRABAJAR FORTALEZAS

Según un estudio de 2015 del VIA Institute on Character, casi dos tercios de los **trabajadores de Estados Unidos** creían que **el triunfo dependía de trabajar sus fortalezas**, en lugar de fijarse en sus debilidades.

LA CLASIFICACIÓN VIA DE FORTALEZAS DEL CARÁCTER

El VIA Institute on Character ha ideado un marco para ayudar a identificar las mejores cualidades de uno mismo. Existen diferentes enfoques, pero lo más probable es que tus cinco o seis rasgos principales sean tus «fortalezas personales». El sistema VIA es una buena manera de identificarlos cuando tengas que describir tus cualidades y aspiraciones principales y también cuando precises encontrar aliados que piensen como tú o personas cuyas diferencias te equilibren:

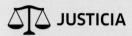 ## JUSTICIA

Trabajo en equipo. Ser leal; trabajar bien en equipo; sentido del deber.

Equidad. Dar oportunidad a todos los demás; no tener prejuicios; tratar a la gente con justicia.

Liderazgo. Finalizar los proyectos; animar; mantener buenas relaciones.

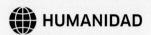 ## HUMANIDAD

Amor. Valorar a los demás y ser cercano, amar y dejarse amar.

Amabilidad. Ser generoso, atento, útil y compasivo.

Inteligencia social. Ser consciente de los sentimientos del prójimo y saber tratar a las personas.

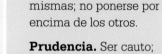 ## TEMPLANZA

Perdón. Aceptar que nadie es perfecto; no ser vengativo.

Humildad. Dejar que tus acciones hablen por sí mismas; no ponerse por encima de los otros.

Prudencia. Ser cauto; planear por adelantado; no hacer cosas de las que después te arrepentirás.

Autorregulación. Tener disciplina y controlar los propios sentimientos y deseos.

 ## SABIDURÍA Y CONOCIMIENTO

Creatividad. Tener ingenio y originalidad.

Curiosidad. Estar abierto a la experiencia; interesarse por el mundo.

Juicio. Ser capaz de pensar con criterio; considerar las cosas con equidad y sin prejuicios.

Deseo de aprender. Ser curioso y sistemático a la hora de aumentar tu conocimiento y capacidades.

Perspectiva. Dar consejos sabios; poder ver el mundo con sentido.

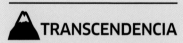 ## TRANSCENDENCIA

Apreciación de la belleza y la excelencia. Ser capaz de maravillarte y valorar la grandeza de la vida y del mundo.

Gratitud. Dedicar tiempo a ser agradecido.

Esperanza. Esperar lo mejor del futuro y trabajar para lograrlo.

Humor. Hacer bromas, ver el lado cómico de las cosas y hacer reír a otros.

Espiritualidad. Saber cuál es tu lugar dentro del orden universal.

 ## CORAJE

Valor. Ser valiente ante las amenazas, los retos y el sufrimiento; defender lo que es justo.

Perseverancia. Trabajar duro y acabar lo que se empieza.

Integridad. Vivir de forma auténtica y sincera; ser genuino y responsable.

Vitalidad. Vivir la vida al máximo; enfocarlo todo con energía y entusiasmo.

INNATO O ADQUIRIDO

¿HAY QUIEN HA NACIDO PARA TRIUNFAR?

Los psicólogos hablan de cultivar fortalezas; los líderes hablan de trabajar duro. ¿Dónde está el equilibrio entre la aptitud natural y la mejora personal? La mejor opción es apreciar el valor que ambas nos brindan.

La frase «la práctica lleva a la perfección» es un buen punto de partida para triunfar. Pero ¿qué podemos hacer cuando se trata de talento natural frente a trabajo duro?

¿10 000 horas?

Quizá te suene la teoría de que para ser bueno en algo debes practicarlo 10 000 horas. El psicólogo sueco K. Anders Ericsson propuso esta idea por primera vez y se popularizó en 2008 gracias al libro *Fuera de serie* de Malcolm Gladwell. Pero, de hecho, los datos indican que las cosas son un poco más complicadas.

El propio Ericsson declaró en 2012 que no podía negar la importancia de la genética, pero que aún no había hallado datos que lo probaran. También destacó que 10 000 horas es un promedio y que la práctica tiene que ser exclusiva, intensa y sistemática. Mientras tanto, otros estudios han contrastado sus hallazgos. En un análisis de 2014 de varios estudios independientes se concluyó que la práctica, de media sumaba tan solo el 12 % del dominio de la destreza y el posterior triunfo.

> En general, la **inteligencia** y el **rendimiento académico** están muy relacionados con nuestro **origen social**.
>
> **Oliver James**
> Psicólogo

Gemelos musicales

Un estudio de 2014 de Miriam Mosey, neurocientífica sueca, observó el talento musical, una de las capacidades clave que estudiaba Ericsson, en más de 1000 parejas de gemelos. La práctica supuso una diferencia sorprendentemente baja en aspectos básicos como el sentido del tono y el ritmo (un gemelo practicaba más de 20 000 horas más que su hermano, sin que pudieran apreciarse diferencias importantes). Mosey añadió que la práctica mejoraba los aspectos técnicos, pero que los estudios con gemelos indican la naturaleza al mismo tiempo innata y adquirida de la inteligencia musical.

El poder del flujo

¿Cómo hacemos bien las cosas? Ni los genes ni la práctica lo son todo: separados, no nos llevarán al éxito. Lo más productivo es encontrar un espacio mental para experimentar la sensación de «flujo».

El «flujo de conciencia» forma parte del esquema de felicidad PERMA (ver pp. 48-51). Un interesante estudio estadounidense de 2013 distingue entre el «placer» y el «compromiso»: cuando buscamos el placer queremos gratificarnos, mientras que al comprometernos desconectamos porque nos absorbe lo que hacemos; eso es el «flujo». También es clave para triunfar: el estudio halló que los que buscaban más el placer que el compromiso tenían más probabilidades de distraerse, mientras que el resto tenía una mayor determinación (ver pp. 64-65), más persistencia y buscaba mayores logros.

 ## ¿NACIDO PARA SER FELIZ?

El psicólogo positivo Martin Seligman plantea encapsular en una ecuación nuestro nivel general de felicidad (parte fundamental para maximizar nuestro potencial):

$$F = R + C + V$$

F de felicidad: tu nivel constante de felicidad, determinado por la combinación de tres factores.

R de rango: la disposición biológica hacia el buen o mal humor, responsable de entre un 40 y un 50 % de tu nivel de felicidad, actúa como el «timonel emocional». Tus elecciones influyen sobre el estado emocional que toma el control: el positivo o el negativo.

C de circunstancias: si vives en una democracia rica, tienes una buena red de apoyo social y puedes evitar o minimizar las situaciones y los sentimientos negativos.

V de variables voluntarias: es decir, el conjunto de las acciones, elecciones y decisiones que tomas cada día y que tienen una influencia directa en el grado de tu felicidad.

El psicólogo positivo Martin Seligman calcula que el talento y la práctica son igualmente importantes para el desarrollo de nuestras capacidades, pero también distingue entre «talento», innato e involuntario, y «fortalezas», maneras sanas de creer que podemos aprender. La práctica nunca nos llevará a la perfección de algo en lo que no tenemos aptitud alguna; en tal caso, la solución será encontrar colaboradores de confianza que puedan equilibrarnos (ver pp. 74-75). Cuando debas conseguir resultados importantes para ti, comprometerte con pasión y encontrar el flujo marcará la diferencia y te permitirá mantener la inercia. Al hacerlo así, tendrás la oportunidad de poder desarrollar tus capacidades en su grado máximo.

 ## TUS FORTALEZAS A PRUEBA

Muchos elementos definen las fortalezas. Con ellas:

- **Te sientes auténtico:** «Esto me encanta de verdad». Para empezar, no tienes que ser bueno en lo que haces: buscas continuar mejorando.

- **Te emocionan** incluso los avances más pequeños. ¿Estudias a los que hacen algo bien para poder mejorar también tu destreza en ese aspecto?

- **Busca la opinión.** Cuando te concentras en progresar, preguntas la opinión de otros siempre que tienes oportunidad.

- **Te da energía** y entusiasmo utilizar tus capacidades.

CAPÍTULO 3
POTENCIA TU ACTITUD

EJERCITA EL PENSAMIENTO Y EXPLOTA TUS DESTREZAS

DERROTA EL NEGATIVISMO
EL PODER DEL PENSAMIENTO OPTIMISTA

¿Puede nuestra forma de pensar ayudarnos a alcanzar el éxito? La dedicación, la destreza y la suerte tienen un papel importante en la consecución del éxito, pero los estudios indican que los hábitos mentales positivos son esenciales.

El camino hacia el éxito es emocionalmente muy exigente: habrá golpes y frustraciones, y también momentos de alegría y satisfacción. Una actitud positiva te ayudará en momentos difíciles; además, los estudios sobre bienestar físico demuestran que los optimistas tienen un mejor sistema inmunitario y viven más. Los psicólogos también afirman que los optimistas suelen ser más felices y persistentes, tienden a afrontar mejor los problemas, a tener una mayor red de amigos y más éxito en general. La buena noticia es que el optimismo puede cultivarse con la práctica.

Cinco pasos hacia el optimismo

Durante los últimos 20 años la psicología positiva ha formulado un plan con los 5 puntos que utilizan los educadores para ofrecer una perspectiva positiva a los alumnos. Si quieres mejorar tu optimismo, prueba lo siguiente:

1 **Identifica y prioriza los objetivos principales.** Fíjate en el panorama general. Habrá objetivos «micro» y «macro»; decide cuáles son los más importantes.

2 **Divídelos en pasos.** Esto es especialmente útil con objetivos a largo plazo. La idea no es conseguirlo todo a la primera: necesitas diversos hitos, que puedes celebrar como triunfos cuando los superes.

3 **Hay más de una manera de conseguir un objetivo.** Los estudios demuestran que los estudiantes pesimistas sufren para superar los obstáculos pasados, por eso la flexibilidad es crucial.

DISTORSIONES COGNITIVAS

La terapia cognitivo-conductual dice que somos vulnerables a «distorsiones cognitivas», como se ilustra aquí, lo que mina nuestro optimismo. Combate estos pensamientos identificándolos y cuestionándolos cuando aparezcan (ver «Aclara la mente», abajo):

Sobregeneralización
Suponer que si algo te pasa una vez, siempre te pasarán estas cosas.

Personalización
Culparte a ti mismo cuando las cosas salen mal.

Pensamiento de todo o nada
Si no eres siempre perfecto, eres un desastre absoluto.

Razonamiento emocional
Creer que tus sentimientos son hechos objetivos.

Filtro mental
Fijarse en un detalle negativo y descartar el contexto más amplio (y más positivo).

Descarte de lo positivo
Ignorar las buenas noticias y las opiniones positivas.

Etiquetas, buenas y malas
Creer que una única acción define a una persona.

Maximizar y minimizar
Las malas noticias son una catástrofe; las buenas noticias parecen menos importantes.

Salto a las conclusiones
Especialmente, «leer el pensamiento» (suponer que sabes qué piensan los otros) y «predecir el futuro» (prever desastres).

Condicionales
Crear normas para motivarte y acabar sintiéndote peor.

4 Cuenta las historias de tu triunfo, y escucha las de otros. Busca oportunidades para recordarte que se pueden superar las adversidades.

5 Continúa fresco y positivo. La autocompasión es el fin del optimismo: mantén tu discurso interno positivo, ríete de tus errores y disfruta todo lo que puedas.

Aclara la mente

La terapia cognitivo-conductual te enseña cómo ser más optimista cuando tienes pensamientos negativos (ver «Distorsiones cognitivas», arriba). Si te atrapan estos pensamientos, prueba lo siguiente:

- Identifica el pensamiento que te molesta.
- Pregúntate qué credibilidad le das. Asígnale un porcentaje hipotético para poder medirla.
- Pregúntate si hay distorsiones cognitivas.
- Considera explicaciones alternativas. No tienes que creértelas totalmente; solo reflexiona.

- Fíjate en las pruebas con toda la calma posible. ¿Da credibilidad a tu pensamiento problemático? ¿Hay alguna prueba más clara?
- Vuelve a preguntarte cuánto te crees el pensamiento negativo. La respuesta no tiene que ser «nada»; si has bajado de, por ejemplo, el 85 al 45 %, ya es una mejora importante.

Las ventajas de esta estrategia a largo plazo son enormes, desde una mejor salud mental a una mayor concentración y resiliencia: rasgos ideales para una vida de éxito.

APRENDE A CONFIAR EN TI
TÉCNICAS PARA GANAR CONFIANZA

A veces parece que a las personas con confianza les va mejor la vida. Es una profecía que se cumple sola: sentirse seguro de ti mismo y tener fe en ti mismo anima a los demás a creer en ti.

Es verdad que algunos tienen más confianza natural que otros, pero no es motivo de desesperación que te asalten las dudas. Considera la confianza como un componente necesario en tus planes para triunfar, y date permiso para trabajarla.

Práctica, práctica, práctica
Empieza prestando atención a cómo «te hablas» a ti mismo. ¿Dedicas mucho tiempo a pensar en preocupaciones o a criticarte? En caso afirmativo, corta por lo sano: sustituye el discurso interior negativo por uno positivo. El gran entrenador deportivo Ivan Joseph, por ejemplo, recomienda escribirte una carta con todos tus logros y leerla de vez en cuando. La repetición es crucial: es fácil olvidarte de tus puntos buenos si solo piensas en ellos a veces.

Simultáneamente, practica el hacer cosas que te pongan nervioso. Salir de tu zona de confort solo mejora con la familiarización. Empieza

> **La salud** es la posesión más valiosa. **La alegría**, el mayor de los tesoros. **La confianza**, el **mayor amigo**.
>
> **Lao-Tse**
> Filósofo taoísta

apuntando bajo; imagínate como un funambulista caminando por la cuerda floja a un par de palmos del suelo. La vertiginosa sensación de ansiedad continuará presente, porque a todos nos da miedo caer, pero tras aprender con una «caída» más o menos segura, tendrás más equilibrio cuando pruebes algo más arriesgado.

Poco a poco

Tener confianza siempre en todo parece una tarea ardua. Si no estás seguro de cómo puedes aumentar tu confianza, divide este proceso en partes: haz una lista con las cosas en las que querrías tener *más confianza*. Así tendrás una imagen más detallada: imagínate algunas situaciones específicas fuera de tu zona de confort (pero no demasiado alejadas) y hazlas; si puedes, repite este ejercicio cada día. Empieza poco a poco y trabájalo de manera periódica, y verás cómo con el paso del tiempo tienes más confianza natural que antes.

 ## MEJORA LA CONFIANZA EN TI MISMO

Anota tus pensamientos sobre los puntos siguientes en una hoja de papel:

1. Pregúntate qué es lo que te da más miedo. ¿El abandono? ¿La humillación? ¿La dependencia? Reflexiona sobre qué posición ocupan estos miedos en tus planes para triunfar.

2. Elabora una lista de motivos que justifiquen estos miedos. Las experiencias vitales, incluidas las malas, te han hecho como eres, y estos miedos son producto de esas experiencias. No eches la culpa a otros ni a ti mismo: el objetivo es hacer las paces con el pasado y continuar avanzando.

3. Piensa en experiencias positivas que te hayan ayudado en la vida, como cualquier ayuda que hayas recibido, orgullo que hayas notado por tus propias acciones o nuevas destrezas que domines.

4. Crea un plan para aprovechar estas técnicas y poder mejorar con ellas en el futuro.

5. Reflexiona sobre maneras que lo dificultarán: obstáculos que te desanimarán, cargas que es difícil dejar atrás. Recuerda que todo forma parte del proceso y piensa en maneras de mostrarte compasión en esos momentos.

TU POSTURA

La psicóloga social Amy Cuddy hizo sentar o estar de pie en una postura concreta a sus voluntarios, sin revelarles que eran posturas de «mucho poder» o «poco poder». Tras dos minutos, cada grupo mostró cambios hormonales en el nivel de testosterona (la hormona que aumenta con la confianza en hombres y mujeres) y el cortisol (la hormona del «estrés»). ¿Cuál es el mensaje? «Fingirlo hasta conseguirlo».

POSTURA DE MUCHO PODER

20%
de aumento de testosterona

25%
menos de cortisol

Resultado:
más calma; mayor asertividad

POSTURA DE POCO PODER

10%
de reducción de testosterona

15%
más de cortisol

Resultado:
Más nervioso; menos capaz de expresarse

EL VALOR DEL OCIO

MANTENTE FRESCO Y DINÁMICO

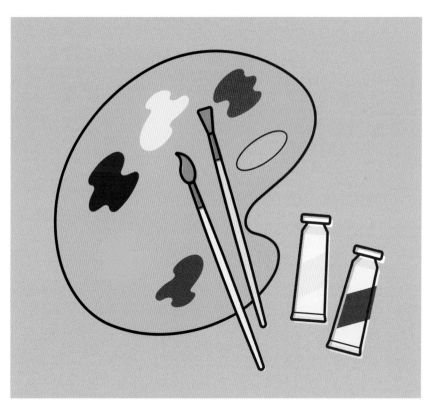

Para continuar concentrado en tus objetivos a largo plazo, el equilibro es esencial. Las pruebas indican que una cantidad razonable de aficiones y días libres aumentan tu resiliencia y las posibilidades de tener éxito.

Si tus objetivos vitales implican trabajar duro para conseguirlos, asegúrate de programar momentos de desconexión: son esenciales para mantener la energía a largo plazo. Cuando te centres en lo que quieres conseguir, no cometas el error de descuidarte a ti, a tu familia y a amigos, y dejar de hacer las actividades de ocio que te gustan. Los resultados de las investigaciones sugieren que un buen uso del tiempo libre supone un gran beneficio para la salud mental y física.

¿Qué cuenta como ocio?

¿El tiempo de ocio es solo cuando no estás trabajando? Esa es una manera de verlo; los psicólogos lo denominan la definición residual del tiempo libre: algo de lo que, en una economía competitiva, no siempre hay mucha oferta. Por eso muchos queremos triunfar en lo que nos motiva: puestos a trabajar tanto, que sea algo con lo que disfrutemos.

También hay otras maneras de clasificar las cosas que hacemos en nuestro tiempo libre: algunos investigadores distinguen entre ocio activo y pasivo, y otros entre ocio serio y casual. Existe una diferencia entre mirar la tele y jugar al tenis o unirse a un grupo artístico: algunos pasatiempos nos permiten desconectar, mientras que otros requieren más compromiso. En general, las investigaciones indican que lo más provechoso es participar en actividades de ocio activo. A todos nos va bien descansar de vez en cuando, pero las aficiones activas aportan más beneficios: nos dan la sensación

✿ LOS BENEFICIOS DEL OCIO

El tiempo de ocio, además de ser divertido, puede ser terapéutico. La psicóloga estadounidense Linda Caldwell identifica maneras en las que nos ayuda el ocio:

■ Nos aporta sentido o interés, y quizá supone un buen reto personal.

■ Nos pone en contacto con nuestra red social y amistades.

■ Aumenta la sensación de autoeficacia (ver pp. 102-103) y competencia.

■ Nos da un sentido de control y elección personal.

■ Nos ayuda a tranquilizarnos o a olvidar problemas cotidianos.

Estos elementos son buenos para la salud mental, lo que supone que nos será más fácil volver a centrarnos en nuestros objetivos. Divertirte te da estabilidad y equilibrio, así que puedes hacerlo con la conciencia bien tranquila; además, sé plenamente consciente de lo que haces durante tu tiempo libre, para tener la energía necesaria para continuar avanzando.

de éxito y dominio, lo que potencia nuestro buen humor.

El ocio incluye todo tipo de actividades; el elemento clave es lo que los psicólogos resumen como «libertad percibida», es decir, ya sean actividades tranquilas y relajadas o activas y emocionantes, lo importante es que descanses y desconectes porque es tu elección.

Q A TODO EL MUNDO LE GUSTA...

En un estudio de 2013 realizado en 33 países se observó que unas actividades aumentan la felicidad de manera universal. Los investigadores advirtieron que aquellas actividades que más satisfacían eran las que reforzaban al individuo o mejoraban sus relaciones con los demás. Las opciones más habituales fueron:

Q EXPERIENCIAS ABSORBENTES

En nuestro tiempo libre miramos películas y la tele, leemos, escuchamos la radio y jugamos; ¿qué obtenemos a cambio? Los investigadores estadounidenses Robin Hunicke, Marc LeBlanc y Robert Zubek propusieron en 2004 una teoría basada en videojuegos, pero aplicable a otras formas culturales. Propusieron ocho maneras de disfrutar algo y los diferentes motivos por los que determinadas experiencias nos absorben. ¿Por qué te gustan tus pasatiempos preferidos? Tus respuestas te brindarán interesantes percepciones:

■ **Descubrimiento.** Explorar territorios nuevos.

■ **Sensación.** Disfrutar de un espectáculo o de la mecánica de un juego.

■ **Fantasía.** Ficción; el placer de estar en la piel de otros.

■ **Narrativa.** El placer de seguir una historia.

■ **Desafío.** La satisfacción de superar obstáculos.

■ **Amistad.** La diversión de jugar con otros.

■ **Expresión.** Autodescubrirse e identificarse.

■ **Sumisión/abnegación.** Sentarse y desconectar.

CÓMODO EN TU PROPIA PIEL

LA IMPORTANCIA DE UNA IMAGEN CORPORAL SANA

Una imagen corporal sana forma parte del éxito. Sentirte cómodo en tu propia piel te da más calidad de vida, y es más probable que también te haga más atractivo ante los demás.

No importan tus logros, es difícil sentirte triunfador si no te sientes cómodo con tu aspecto físico. Por supuesto, puedes hacer ejercicio y vigilar tu dieta, pero también es buena idea empezar a aceptar y aprender a disfrutar de tu cuerpo aquí y ahora, sea como sea. Reflexionar sobre cómo nos relacionamos con nuestro cuerpo puede revelarnos muchas cosas.

Imagen corporal positiva

La investigación ha hallado que una imagen corporal positiva aporta diversas conductas sanas, como:

- Niveles superiores de bienestar psicológico y social.
- Mayor capacidad de afrontar los problemas.
- Mejor vida sexual.
- Alimentación intuitiva (es decir, comer cantidades adecuadas cuando se tiene hambre, y no atiborrarse o no comer nada).

Cuando te sientes bien con tu cuerpo eres más capaz de captar sus señales, lo que se traduce en conductas más positivas.

Vístete para triunfar

Vestirse resulta a veces un poco problemático cuando no confías plenamente en tu imagen. El concepto de «cognición investida» te puede ser útil en ese momento.

En una serie de experimentos realizados en la Universidad Northwestern de Illinois, Estados Unidos, cuyos resultados se publicaron en 2012 en *Journal of Experimental Social Psychology*, se observó que nuestra indumentaria tiene un significado simbólico e

Q ¡A BAILAR!

La psicóloga de la salud israelí Tal Shafir observa que nuestra postura física retroalimenta el cerebro, lo que se traduce en emociones. Así, supone que una postura abatida nos hace sentir tristes, mientras que una postura de confianza nos anima; por ejemplo, se ha demostrado que bailar mejora más el ánimo que encorvarse sobre una bici. Los movimientos clave que nos animan según Shafir son:

- **Estirar el cuerpo hacia arriba y horizontalmente,** como al estirarse, saltar y levantar los brazos.
- **Ligereza.** Caminar o moverse dando saltitos en cada paso.
- **Movimientos repetitivos.** Bailar es especialmente bueno en este sentido.

Nunca he querido ser como las modelos de las revistas. Yo **represento** a la **mayoría de las mujeres**, y estoy **orgullosa** de ello.

Adele
Cantautora

nfluye en nuestro nivel de éxito para completar una tarea. La investigación preliminar observó que la típica bata de laboratorio que llevan científicos y médicos se asocia a ser atento y prudente.

En el experimento, se mostró una bata de laboratorio a los voluntarios, quienes tenían la opción de ponérsela o no; antes, a algunos se les decía que era una bata de médico y a otros que era una bata de pintor. A continuación, los voluntarios participaban en una prueba. Los que llevaban la «bata de médico» lo hicieron mejor que nadie: vestir como médicos les impelió a actuar con más atención y concentrarse más (los niveles de atención no aumentaron entre aquellos a los que les dijo que sus batas eran de pintor). Los investigadores concluyeron que la influencia del atuendo depende del significado simbólico vinculado a la ropa y el acto de llevarla.

Determinadas indumentarias hacen que afloren las cualidades positivas asociadas a los profesionales que las utilizan. Al elegir la ropa, quizá es mejor preocuparse menos por el aspecto y pensar más en elegir la indumentaria de lo que queremos ser.

Formar parte del mundo

En una sociedad llena de imágenes de una perfección física imposible, es fácil creer que no hay lugar para nosotros. En vez de considerar que tu cuerpo es un accesorio, es más sano pensar en él como una herramienta: tenga el aspecto que tenga, te llevará a tus objetivos. La confianza, el dinamismo y la acción están dentro de la piel, y son las cualidades que te harán triunfar.

QUIERE A TU CUERPO

La psicóloga positiva Kate Hefferon afirma que quienes están cómodos con su cuerpo suelen tener mejor salud física y emocional. Sugiere un conjunto combinado de técnicas para que avancemos en la dirección adecuada:

Actividad física: céntrate en cómo el ejercicio y una buena dieta te hacen sentir y no en cómo influyen en tu imagen.

Comprender los medios: descubre cómo los publicistas alimentan nuestra inseguridad para convertirnos en consumidores más sugestionables.

El mito de la belleza: observa cómo los ideales irreales limitan a hombres y mujeres en la sociedad actual.

Mayor autoestima: trabaja para gustarte y aceptarte como persona valiosa, independientemente de tu aspecto.

CONTROLA TUS EMOCIONES
LLEVAR LAS RIENDAS DE TU VIDA

Perseguir tus sueños con pasión estimula muchos sentimientos, desde la emoción por las posibilidades que tenemos a nuestro alcance hasta la frustración por los obstáculos que podemos encontrar en el camino.

Las emociones nos aportan energía y son una fuente de información vital que debe atenderse y entenderse. Las investigaciones recientes en inteligencia emocional demuestran la relación entre ser consciente de las emociones propias y ajenas y la capacidad de alcanzar objetivos. Entender y gestionar las emociones es crucial para tener éxito.

Crear el equilibrio
Por lo general, preferimos evitar los sentimientos incómodos, pero esta no es la manera más eficaz o productiva de gestionarlos. La vida traerá frustración y enfado, con independencia de que seamos personas exitosas o no, así que tenemos que aprender a afrontar estos inevitables altibajos. Si experimentas una emoción

dolorosa, es mejor reflexionar con calma sobre ella, como aconseja Lori Deschene, la popular autora y fundadora del blog *Tiny Buddha*. Debemos aceptar que ahora duele, pero que la sensación pasará.

Mientras tanto, podemos «crear situaciones con sensaciones positivas»: si hay algo que te hace feliz, busca momentos para hacerlo de manera habitual. En nuestra vida necesitamos ambas sensaciones.

Gestiona tus emociones
Aunque nos guste creer que somos objetivos, el cerebro es muy bueno amoldando la realidad a nuestras

EL DESCODIFICADOR DE EMOCIONES
¿Tienes problemas para identificar las emociones? La psicóloga Darlene Mininni, autora de *The Emotional Toolkit*, recomienda examinar lo que experimentas y preguntarte qué mensaje te están enviando tus sentimientos.

Emoción	Sensación	Pregúntate
Ansiedad	Músculos rígidos, corazón desbocado	«¿De qué tengo miedo?»
Tristeza	Cansado, pesado, quizá lloroso	«¿Qué he perdido?»
Ira	Tensión, dientes apretados, cambios de temperatura	«¿De qué tipo de ataque he sido víctima?»
Felicidad	Ligereza, risa, sonrisas	«¿Qué he ganado?»

expectativas. Fíjate, por ejemplo, en la soledad. Un estudio del 2000 realizado a un grupo de más de 2500 estudiantes de la Universidad Estatal de Ohio no halló diferencias reales en el capital social de los estudiantes que decían estar solos y los que no: sus opiniones, estatus socioeconómico y éxito académico eran similares; todos pertenecían a algún grupo y tenían compañeros de habitación. La diferencia residía en cómo quien decía estar solo construía su yo en relación con los demás»: era más probable que achacara a otros sus problemas de relaciones, y se percibía como una víctima que ya hacía todo cuanto podía.

El estudio no se fijó en si afectaba la percepción que tenían los demás (aunque es muy posible que estos actuaran con menos calidez respecto a alguien que les culpara siempre de cualquier conflicto), pero es una buena advertencia. La etiqueta que nos ponemos y que ponemos a nuestras relaciones puede hacerse realidad, incluso aunque las pruebas externas indiquen todo lo contrario.

Maneras de avanzar

¿Qué harás cuando te enfrentes a una situación emocionalmente compleja? Primero, asegúrate de identificar qué sientes (ver «El descodificador de emociones», página anterior). Segundo, considera posibles respuestas y elecciones que puedes hacer (ver «Tomar el control», derecha). Nuestras emociones son nuestras y, aunque a veces sean complicadas, cuanto más nos responsabilicemos de ellas, mejor nos irá.

TOMAR EL CONTROL

¿Podemos ser más proactivos en cómo gestionamos nuestras emociones? Según James Gross, especialista en regulación emocional de la Universidad de Stanford, podemos ver las respuestas emocionales como parte de un proceso: Si tomamos decisiones buenas antes, tendremos mejores resultados. En cualquier situación siempre hay oportunidades para cambiar nuestras acciones, el centro de atención, el enfoque de la situación y la respuesta. Imagina que te han invitado a un festival de cortos, situación ideal para ampliar tus contactos, pero uno de los cortos es de un antiguo colaborador con el que discutiste. ¿Qué opciones tienes?

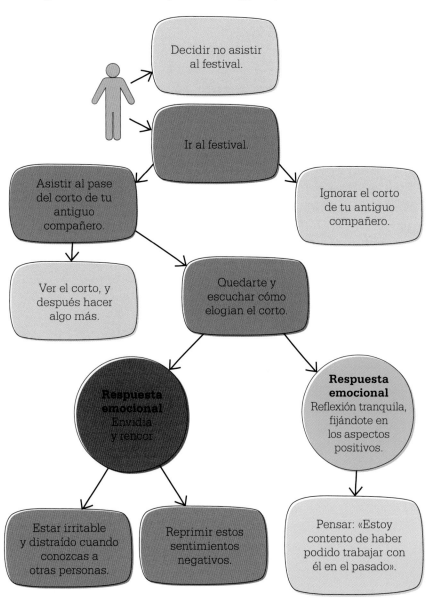

PUEDES VOLVER A LO SEGURO O AVANZAR POR LA SENDA DEL CRECIMIENTO. CRECER SIGNIFICA ELEGIR UNA Y OTRA VEZ; EL MIEDO HAY QUE SUPERARLO UNA Y OTRA VEZ

ABRAHAM MASLOW, PSICÓLOGO CONOCIDO POR SUS TEORÍAS SOBRE LA AUTORREALIZACIÓN

EL ARTE DEL AUTOCONTRO

RESISTIR LA TENTACIÓN

Lograr objetivos a largo plazo requiere persistencia, lo que a menudo significa retrasar la gratificación a corto plazo. ¿Cómo decir «no» a recompensas inmediatas si estas entran en conflicto con planes más ambiciosos?

Todos tenemos muchos objetivos que deseamos alcanzar, y que identificamos con el éxito. Por desgracia hay muchas distracciones que pueden hacer que nos centremos en intereses inmediatos («Quiero un coche nuevo») y no en los objetivos a largo plazo («Quiero pagar mis préstamos para ahorrar y poder comprarme una casa»). Los sentimientos que desencadena el deseo de cumplir los deseos a corto plazo (conducir un buen coche) y a largo plazo (la inversión inmobiliaria) nos provocan sensaciones potentes que afectan nuestras elecciones.

El dilema aparece cuando las prioridades a largo plazo entran en conflicto con otros deseos, menos importantes para nosotros en conjunto, pero más fáciles y más divertidos a corto plazo.

Tomar decisiones

Un estudio de 2014 llevado a cabo por los psicólogos estadounidenses Angela Lee Duckworth y James Gross argumenta que en parte se trata de una cuestión de jerarquías. No tenemos un solo objetivo: tenemos grandes objetivos globales y otros más pequeños, que suelen ser más prácticos y concretos. Los problemas empiezan cuando chocan unos y otros. Entonces debemos decidir qué objetivo a largo plazo es más importante (ver «La jerarquía de los objetivos», página siguiente). Para tomar una decisión, es útil poder distinguir entre prioridades y ver qué es una tentación a corto plazo.

Resistirse a la nube

Walter Mischel, de la Universidad de Stanford, realizó la «prueba de la nube» en la década de 1960. En la prueba,

se ofreció una nube de azúcar a un grupo de niños de cuatro años, a los que se dejó solos prometiéndoles que si no se la comían hasta la vuelta del investigador, en 15 minutos, podrían comerse esa nube y otra más. Este estudio siguió a esos niños tiempo después y halló que los que habían resistido la tentación eran los que conseguían mejores resultados académicos, tenían mejor salud y una mejor vida en general. Estos hallazgos inspiraron una serie de estudios centrados en comprender la dinámica del autocontrol y la respuesta ante distintas situaciones.

La prueba de la nube a prueba

En 2013, un grupo de investigadores estadounidenses llevó a cabo otro experimento para poner a prueba la teoría de la nube. En la segunda prueba, se daban las mismas opciones (comer una nube al momento o resistir la tentación y comer dos más tarde), pero con una diferencia. Antes de las nubes, se les prometieron ceras y pegatinas. Se dijo a los niños que, si se

speraban antes de empezar a
utilizar las ceras y las pegatinas, los
investigadores volverían con otras
mejores. En algunos casos, los niños
recibieron mejor material pero, en
otros, no recibieron nada.

¿El resultado? El grupo del «ambiente
seguro», en el que las promesas se
cumplieron, resistió la tentación de
comerse la nube *cuatro veces más*
que los niños que experimentaron
un «ambiente no seguro», en el que
no se había cumplido la promesa.
Los investigadores supusieron que
la prueba de la nube era más una
forma de medir la confianza del
niño en según qué circunstancias:
para los que tenían razones para
creer en una promesa, resistirse a
comer la nube fue mucho más fácil.

> Si tenemos la **capacidad** para saber **discriminar** cuándo hacemos algo o no lo hacemos… y cuando esperamos algo o no lo **esperamos**, dejamos de ser **víctimas** de nuestros **deseos**.
>
> **Walter Mischel**
> Psicólogo y creador de la «prueba de la nube»

Quizá el secreto del autocontrol es
que este está más directamente
relacionado con la inteligencia
emocional (ver pp. 58-59) y con la
capacidad para entender el impacto
de tus emociones en tus respuestas
y tus comportamientos. El psicólogo
Daniel Goleman identifica la
autorregulación como uno de los
elementos de la inteligencia
emocional: esto significa que no
tomas decisiones sin pensar, de
manera impulsiva, sino que eres
capaz de retrasar la gratificación
para conseguir algo mejor. La próxima
vez que debas reforzar tu fuerza de
voluntad, escucha lo que te dicen
tanto tu mente como tu corazón.

LA JERARQUÍA DE LOS OBJETIVOS

Incluso cuando aspiras a lograr algo concreto que eclipsa al resto de tus intereses, es útil
pensar en términos de objetivos múltiples. Un enfoque es considerar los objetivos a largo,
medio y corto plazo; así, tus objetivos a largo plazo pueden ser tan amplios como necesites,
y puedes mantener objetivos prácticos a corto plazo. Dibuja un gráfico y mira si tus objetivos
a corto plazo entran en conflicto entre ellos; por ejemplo, ¿relacionarte con clientes en un
congreso entra en conflicto con el tiempo que dedicas a tus amigos y a tu familia? Si lo puedes
exponer así, será más fácil decidir qué objetivos a corto y medio plazo se complementan mejor
con tus objetivos a largo plazo y, por lo tanto, priorizar tus decisiones.

Éxito profesional	Realización personal		Objetivos globales a largo plazo
Triunfar en la profesión que hayas elegido	Llevar una vida social feliz	Establecer una relación sentimental a largo plazo	Objetivos a medio plazo que ayudan a un objetivo mayor
Relacionarte con otros profesionales / Encontrar mentores en tu campo	Pasar tiempo con amigos / Estar disponible y ayudar	Participar en actividades sociales para conocer gente / Unirse a una web de citas	Objetivos a corto plazo que ayudan a lograr tus metas a medio y largo plazo

¿DÓNDE ESTÁ EL LÍMITE?
CÓMO EL ESTRÉS MINA EL ÉXITO

Motivarse para superar los obstáculos ayuda, presionarse a sí mismo hasta el límite no. Tienes que tener cuidado: el estrés crónico tendrá consecuencias negativas para ti... y tus posibilidades de tener éxito también se resentirán.

E l estrés es lo que aparece cuando sientes que lo que te exige la vida es más de lo que puedes soportar. A veces el estrés es útil y te da la fuerza y la concentración necesarias para tener éxito (ver pp. 100-101). Pero el estrés también tiene dos caras: ¿aguantas porque sabes que el esfuerzo a corto plazo aportará beneficios a largo plazo, o es que el sufrimiento a corto plazo ya se ha convertido en una obligación? En otras palabras: ¿cuánto es demasiado estrés?

Los peligros del estrés
Ya sabemos que el estrés es una sensación incómoda, lo que no siempre reconocemos es que puede ser perjudicial. La tensión crónica afecta de muchas maneras la química, la estructura e incluso el tamaño mismo del cerebro (ver

«Cómo afecta el estrés al cerebro», página siguiente). El estrés crónico no solo aumenta el riesgo de sufrir enfermedades, sino que también reduce la motivación y, literalmente, la inteligencia. Tenemos el cuerpo diseñado para responder

72 %

DE ESTRÉS ECONÓMICO
Según la encuesta «Estrés en América» de 2014, realizada por la Asociación Americana de Psicología, el 72 % de los encuestados declaró haber estado **estresado por causa del dinero** en algún momento de su vida.

automáticamente ante amenazas, lo que tiene sentido si debes escapar de un oso, porque por instinto actúas más rápido, pero si alguna vez te has quedado mudo en una entrevista o encallado en una presentación, ya sabes que hay momentos en que te perjudica. El estrés intenso sencillamente es el responsable de que realices peor las tareas que deberías hacer bien para triunfar. Cuando piensas que también aumenta las probabilidades de sufrir una enfermedad mental, lo que puede incapacitar hasta al más brillante, sabes que es hora de controlarlo.

¿Qué puedes hacer?
La pregunta importante es: cuando notas que no puedes más, ¿qué es lo que causa esa la sensación?, ¿la situación misma o tu fe en tus propias capacidades para continuar? Las dos respuestas son posibles, y ninguna es incorrecta, pero cada una requiere una solución diferente.

Si vives en una situación de estrés crónico, revisa tus planes:

ESTRÉS LABORAL

Una encuesta de Towers Watson, una empresa de recursos humanos, hecha en 2014 observó que el

57 %

de los **trabajadores que estaban muy estresados** declaró sentirse **desmotivado**, en contraposición al

10 %

de los trabajadores **poco estresados**.

puedes aguantar un periodo estresante con un final definido, pero nunca triunfarás si antes te quemas.

Si no puedes cambiar la situación, hay maneras de moderar los niveles de estrés (ver pp. 98-99). Estas sugerencias no incluyen pastillas mágicas, pero puedes probarlas para ver si te funcionan.

La vida del triunfador incluye un nivel de estrés tolerable a largo plazo. Quizá eres más fuerte de lo que crees, pero también es sensato fiarte en tus instintos y actuar cuando sea necesario.

Q CÓMO AFECTA EL ESTRÉS AL CEREBRO

El estrés cambia físicamente el cerebro de diferentes maneras:

- Se crea demasiada «materia blanca» (mielina), que forma la vaina aislante que permite a los nervios enviar señales con eficacia en un cerebro sano. Cuando se produce en exceso, aísla demasiado y frena la conectividad entre las partes del cerebro.

- Se frena la proteína FNDC (factor neurotrófico derivado del cerebro), responsable del desarrollo y diferenciación de las neuronas nuevas, lo que altera el funcionamiento del cerebro y aumenta el riesgo de enfermedad mental, demencia y Alzheimer.

- Caen los niveles de dopamina y serotonina, hormonas asociadas a la felicidad y el bienestar. En casos leves, causa un estado constante de desánimo; en casos más extremos aumenta el riesgo de enfermedad mental y adicción.

- Las células inmunitarias del cerebro (microglías) se activan en exceso y causan inflamación.

- El tálamo, que ayuda a crear la respuesta al miedo, está siempre sobreactivado.

- La corteza sensitiva envía señales de miedo más potentes al cuerpo y crea así síntomas físicos, como tensión muscular, molestias estomacales y desasosiego.

- Se encoge el hipocampo, lo que reduce el autocontrol, la memoria y la regulación emocional.

- La hipófisis estimula las glándulas endocrinas del tronco, que liberan más cortisol, la «hormona del estrés».

El cerebro es un órgano físico, cuídalo. Si estás muy estresado, recuerda que descansar no es un signo de debilidad: tiene sentido desde el punto de vista médico y es mucho mejor para ti a largo plazo.

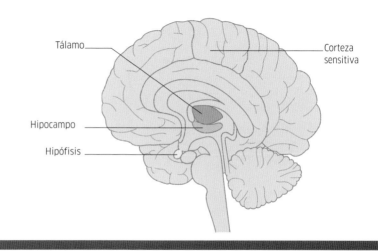

Tálamo

Corteza sensitiva

Hipocampo

Hipófisis

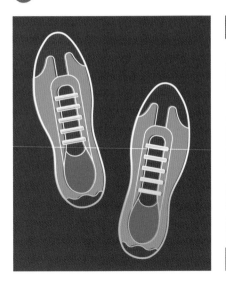

GESTIONAR EL ESTRÉS

RESPONDER A LA PRESIÓN DE MANERA PRODUCTIVA

Triunfar implica trabajar duro y apuntar alto, no desviarte bajo presión y asegurarte de que tus hábitos, mentales y físicos, te hacen permanecer sereno y con la situación bajo control.

El estrés es algo inevitable en la vida. En una cantidad moderada, puede ser bueno (ver pp. 100-101), pero el secreto está en cómo respondemos a las situaciones que vivimos, y esto es lo que determinará si es algo que podemos soportar y puede acabar sacando lo mejor de nosotros.

Pensar ordenadamente

Es tentador generalizar demasiado y pensar «¡Todo en mi vida es estresante!», y a veces realmente puede dar esa sensación. No obstante, más que rendirte a la sensación de agobio, intenta identificar y controlar las cosas que te causan más ansiedad: céntrate en algo específico. Elabora una lista y observa dónde podrías reducir o eliminar algunas fuentes de estrés en tu vida. Después formula un plan para tratar situaciones y personas que sabes que desencadenan una respuesta estresante en ti a fin de favorecer tu capacidad para reaccionar con eficacia cuando se den estas circunstancias. Recuerda que siempre puedes elegir cómo responder.

Una buena manera de controlar la presión del día a día es hacer listas. Prioriza los quehaceres más importantes o urgentes, y disfruta de la satisfacción de tacharlos cuando ya estén completados. Si te parece que nunca acabas lo que tienes que hacer, pon en práctica técnicas de gestión del tiempo para mejorar la eficiencia (ver pp. 124-125).

Acepta lo inevitable

¿Qué *no* puedes controlar? Ser proactivo en aquellas cosas que puedes cambiar será útil, pero intentar cambiar cosas inamovibles crea una sensación que los psicólogos llaman «indefensión aprendida».

Se han hecho estudios en personas y animales que demuestran que intentar hacer lo que no es posible reduce la iniciativa y causa depresión. Así que no te prepares para esperar el fracaso: céntrate en aquello en lo que *puedes* influir y cambiar.

El poder de la naturaleza

Incluso si tienes que quedarte en casa muchas horas, casi todos los días, es una buena idea pasar al menos algún tiempo fuera. Los

> La **mejor arma** contra el estrés es la capacidad de **elegir un pensamiento** en lugar de otro.
>
> **William James**
> Psicólogo

MANERAS MÁS COMUNES DE ALIVIAR EL ESTRÉS

Una encuesta de 2015 sobre el estrés y el bienestar, realizada por la Sociedad Australiana de Psicología, reveló distintas maneras de combatir el estrés. La columna de «prevalencia» muestra el porcentaje de encuestados que realizaron cada actividad, mientras que la de «eficacia» indica sus estimaciones sobre lo útiles que encontraban esas actividades, lo que ofrece opiniones interesantes sobre cómo lograr reducir los niveles de estrés:

Manera de gestionar el estrés	Prevalencia	Eficacia
Ver la televisión o una película	85 %	73 %
Centrarse en lo positivo	81 %	79 %
Pasar tiempo con amigos y familiares	81 %	83 %
Escuchar música	80 %	80 %
Leer	75 %	78 %
Ajustar las expectativas	73 %	75 %
Hacer algo activo	69 %	81 %
Evitar personas o situaciones estresantes	65 %	70 %
Dedicar tiempo a una afición	64 %	80 %
Irse de compras	57 %	64 %
Dormir más	54 %	60 %
Visitar redes sociales	46 %	52 %
Jugar a videojuegos	32 %	67 %
Hacer algo espiritual	30 %	78 %

APOYO EMOCIONAL

Si tienes amigos o familiares que te brindan su ayuda, acéptala sin miedo. Una encuesta estadounidense de 2015 halló que, mientras que las personas sin apoyo emocional puntuaban sus niveles de estrés en 6,2 en una escala del 1 al 10, las que *sí* lo tenían puntuaban el nivel de estrés en solo 4,8. También tenían el doble de posibilidades de sentirse capaces de cambiar su estilo de vida.

Personas sin apoyo emocional:

NIVEL DE ESTRÉS

6,2/10

Un **21 %** no hacía cambios positivos de estilo de vida, por culpa del estrés.

Personas con apoyo emocional:

NIVEL DE ESTRÉS

4,8/10

Un **10 %** no hacía cambios positivos de estilo de vida, por culpa del estrés.

ambientes agradables como parques y zonas verdes hacen que olvidemos las preocupaciones, y la exposición a la luz solar nos ayuda a producir vitamina D, que no solo es buena para la salud física: los estudios sugieren que aumenta los niveles de serotonina, la «hormona de la felicidad». Un paseo por el parque te animará bioquímicamente.

Mejorar el entorno también es beneficioso. Según un estudio de la Universidad Estatal de Washington de 1996, los voluntarios de un laboratorio informático mostraron una respuesta al estrés más baja tras introducir plantas en el espacio laboral (eran más productivos y la tensión arterial disminuía). Tener un pequeño huerto en casa te puede ayudar a relajarte.

EN LA ZONA ADECUADA
LOGRA QUE EL ESTRÉS TRABAJE PARA TI

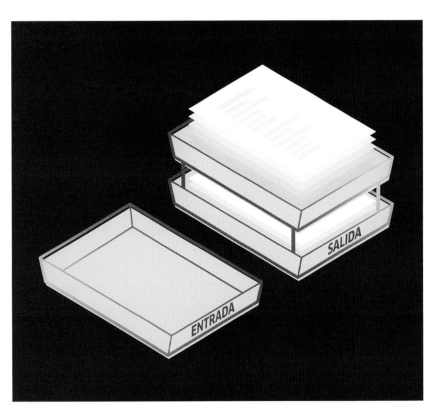

El estrés crónico es malo para la salud y el rendimiento, sin embargo, una cantidad adecuada de estrés te ayuda a centrarte y a trabajar a un nivel óptimo. El grado ideal es cuando estás comprometido y eres productivo.

Sufrir una presión y un estrés constantes es perjudicial (ver pp. 96-97). No obstante, un estudio de 8 años con 30 000 adultos estadounidenses halló que, aunque el estrés reducía la esperanza de vida, solo lo hacía si los individuos lo consideraban perjudicial para la salud. El estrés ataca a quienes consideran que les perjudica; en cambio, los que estaban estresados pero no *angustiados*, lo superaban mucho mejor. ¿Cómo se traduce esto?

Transforma el estrés
La «mala atribución de la activación» puede ser la respuesta (ver «¿Es estrés lo que sientes?», en la página siguiente). Las emociones producen sensaciones físicas, pero podemos experimentar sensaciones similares con emociones diferentes, y muy a menudo es bastante fácil confundir la causa de los sentimientos que experimentamos. Lo que para una persona es un estrés doloroso, para otra puede ser un reto emocionante.

Un estudio de Alison Wood Brook publicado en 2014 en *Journal of Experimental Psychology* demostró que, en lugar de intentar conservar la calma en situaciones de estrés, era mejor transformar el estrés en entusiasmo, con un discurso interior positivo (por ejemplo, diciéndote «¡Me entusiasma!») y viendo la situación que produce ese estrés como una oportunidad y no como una amenaza.

Quédate en el punto justo
Determinados tipos de estrés nos superan, independientemente de la actitud positiva que quieras tener ante ellos. El grado exacto varía

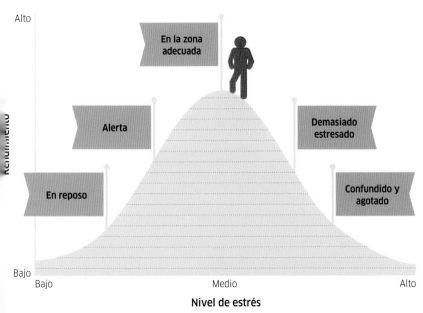

RENDIMIENTO ÓPTIMO

La ley de la activación Yerkes-Dodson sugiere la existencia de un nivel óptimo de estrés en el que rendimos al máximo: cuando estamos «en la zona adecuada» y funcionamos de manera productiva. Por norma, las actividades puramente físicas requieren niveles más elevados de activación, ya que el estrés pone al cuerpo en modo «lucha o huida», necesario cuando estamos, por ejemplo, en una carrera corta. Para una actividad puramente intelectual, como leer un libro, el nivel de estrés tiene que ser bajo para estar «en la zona adecuada». El gráfico siguiente muestra la «zona» de una actividad que combina actividad física y mental, como una carrera de orientación, donde un nivel medio de estrés nos lleva por el buen camino. Cuando decidas cuánto es demasiado estrés, piensa en el tipo de tarea que desempeñas para tenerlo en cuenta.

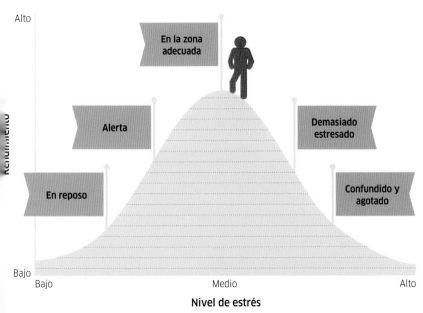

LOGRAR EL EQUILIBRIO PRODUCTIVO

¿ES ESTRÉS LO QUE SIENTES?

Un experimento realizado en Canadá en 1974 por los psicólogos Donald Dutton y Arthur Aron demostró cómo malinterpretamos el origen del estrés. Una investigadora pidió a transeúntes masculinos que cruzaban un puente estable y seguro y a otros que iban por un puente inestable que le rellenaran un cuestionario. Después les dio su número de teléfono para que la llamaran ante cualquier duda. Los que habían cruzado el puente menos estable tenían más probabilidades de llamar. ¿Por qué? Fueron conscientes del temblor de piernas, la respiración agitada y los nervios en el estómago, pero lo atribuían a la atracción hacia la mujer y no al miedo del puente. Esta «atribución errónea de la activación» aparece cuando no sabemos identificar bien el origen de las sensaciones. Pregúntate a menudo si lo que sientes es miedo, estrés o agitación, para poder reaccionar adecuadamente a las circunstancias del momento.

según el reto, en lo que la psicología conoce como «la ley de la activación Yerkes-Dodson» (ver «Rendimiento óptimo», arriba):

- **Si no estás estresado en absoluto,** no estarás lo bastante alerta para rendir bien.
- **Si estás bajo la presión apropiada,** estarás «en la zona adecuada» y rendirás al máximo.
- **Si estás demasiado estresado,** rendirás menos.

En lugar de eliminar todo el estrés, lo que tienes que hacer es evitar el *exceso* de estrés.

Prevenir el estrés evitable

¿Cómo evitar los niveles excesivos de estrés? El neurocientífico Daniel Levitin recomienda hacer un análisis *pre mortem*: debes considerar qué podría ir mal en cualquier situación y evitarlo o reducirlo o pensar de antemano cuáles van a ser tus

acciones. El estrés afecta al hipocampo, la parte del cerebro asociada a la memoria, lo que puede confundirte. Levitin aconseja almacenar información importante en sitios que siempre puedas recuperar (por ejemplo, en soporte digital o en la nube) para no tener que confiar solo en tu memoria. La anticipación no lo soluciona todo, pero te puede ayudar mucho en una situación de presión.

EL ENEMIGO EN CASA

COMBATE LAS ACTITUDES DERROTISTAS

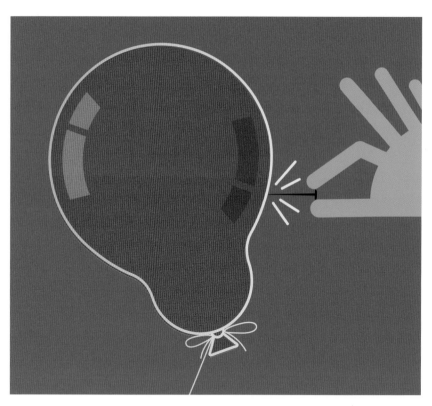

Muchos hemos oído una voz interior que nos dice que no servimos, que nunca lograremos lo que queremos y que nada de lo que tenemos vale la pena. Es momento de eliminar estos pensamientos y su lastre negativo.

Si nuestra voz interior suele ser negativa y perjudicial para nuestra confianza, creará barreras que no nos dejarán actuar para mejorar destrezas y capacidades y, por lo tanto, nos impedirá avanzar.

Considérate capaz de todo

Para disipar estos pensamientos inútiles, tenemos que desarrollar una consciencia potente de «autoeficacia», la sensación de que somos capaces y competentes, y de que podemos aprender nuevas aptitudes y enfoques que contribuyan a nuestra capacidad de cumplir objetivos (ver «Autoeficacia», en la página siguiente). La autoeficacia no es un rasgo global, ya que muy pocos nos sentimos igual de capaces en cualquier área. Pero si sigues tu pasión, debes construir una sensación de autoeficacia en las áreas pertinentes.

Reenfoca tus respuestas

Si tienes tendencia a subestimarte, fíjate en cómo enfocas los acontecimientos, es decir, cómo te los explicas a ti mismo. Si no te sientes competente, reenfoca tus respuestas. Por ejemplo, si crees que una reunión ha ido mal, considéralo como una experiencia para aprender e identificar dónde fallaste al prepararla y qué vas a hacer mejor en la siguiente reunión que prepares. Estos pensamientos tienen que ser habituales, así que potencia el hábito de enfocar las cosas de manera positiva y aumenta tu sensación de autoeficacia centrándote en lo que aprendes y en las destrezas que consigues.

¿ESTÁ TODO EN LA MENTE?

La teoría del aprendizaje social propone que hay tres cosas que generan los pensamientos negativos, que son los factores personales, conductuales y ambientales, que interactúan entre sí. Los aspectos personales y conductuales están en buena medida bajo tu control, pero si las circunstancias generales son frustrantes, quizá debas esforzarte para realizar algunos cambios.

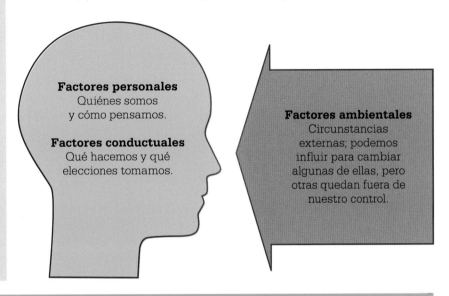

Factores personales
Quiénes somos
y cómo pensamos.

Factores conductuales
Qué hacemos y qué
elecciones tomamos.

Factores ambientales
Circunstancias
externas; podemos
influir para cambiar
algunas de ellas, pero
otras quedan fuera de
nuestro control.

⊘ PERDÓNATE A TI MISMO

Casi nadie es afable, atlético o inmune a la crítica absolutamente siempre. Si tu yo interior te hace sentir mal, recuerda los puntos siguientes:

- **Evita comparaciones odiosas.** Aparca la revista del corazón y deja de fijarte en tus amigos «mejores». El viaje que haces es tuyo, y eso es lo que importa.

- **Acepta tu vulnerabilidad.** Concéntrate en el progreso que has hecho y los objetivos importantes para ti. Olvídate de tus errores y puntos flacos: apiádate de ti.

- **Tú vas primero.** Todos buscamos la aprobación de otros, pero da prioridad a tu propia conciencia y normas, ya que son vitales para tu ego.

⌕ AUTOEFICACIA

Los psicólogos denominan «autoeficacia» a la creencia de que somos personas capaces de poder realizar todo lo que nos proponemos hacer; la autoeficacia está compuesta por cuatro factores principales:

1 Experiencias de dominio. Trabajar duro y lograr un resultado concreto nos ayuda a mejorar destrezas y alimenta la sensación de que podemos conseguir los objetivos que nos propongamos. La fe en nosotros crece si en algún momento nos hemos esforzado y persistido para superar los obstáculos.

2 Modelo social. Nos influye lo que vemos a nuestro alrededor. Mirar y aprender de otros que son capaces de mostrarnos cómo enfocar un problema o responder una situación difícil es importante. Entender que a veces tenemos que «ver» cómo los demás tratan un problema similar al que nos enfrentamos nos ayuda a desarrollar nuevas destrezas y enfoques que no habíamos tenido en cuenta.

3 Persuasión social. Buscar la opinión y la percepción sobre lo que estamos haciendo puede mejorar mucho nuestra autoeficacia.

Otras perspectivas nos ayudan a calibrar mejor qué cosas estamos haciendo bien y qué otras cosas debemos mejorar, y evitan que nos sobrevaloremos o infravaloremos en una situación concreta.

4 Procesos de elección. Ante cada situación debes intentar ser lo más optimista posible, ya sea porque puedes aprender y mejorar o porque puedes elegir una opción diferente para avanzar hacia tus objetivos y los resultados que persigues. Recuerda que puedes modificar o cambiar tus objetivos en cualquier momento.

EL SÍNDROME DEL IMPOSTOR

ACEPTA TUS PROPIAS CAPACIDADES

¿Has estado alguna vez en una sala llena de personas exitosas y te has dicho interiormente: «Yo no debería estar aquí. Se darán cuenta pronto»? Si es así, debes saber que no eres el único, ni mucho menos.

Muchas personas con éxito tienen estándares altos, lo que significa que podríamos juzgarnos duramente si nosotros no los alcanzamos. Si tenemos estándares altos y una autoestima poco sólida, podemos experimentar el «síndrome del impostor»: sentir que nuestro éxito es fortuito y que, tarde o temprano, otras personas (expertos reales, no como nosotros) lo descubrirán.

¿Quién lo sufre?

Irónicamente, los más vulnerables al síndrome del impostor suelen estar cualificados y preparados y tienen un éxito por lo menos razonable. Como es lógico, tenemos que alcanzar cierto nivel antes de preocuparnos por habernos excedido y, cuanto más arriba lleguemos, más miedo nos dará caer.

La experiencia se estudió al principio como un fenómeno femenino. Se utilizó por primera vez el término en un artículo de Pauline Clance y Suzanne Imes de 1978 publicado en la revista *Psychotherapy Theory, Research and Practice*, titulado «The Impostor Phenomenon in High Achieving Women». En una cultura en la que a veces se juzga a las mujeres por hablar demasiado u obedecer poco (ver pp. 36-37), no

> Siempre temo que la **policía** del **talento** venga a **detenerme**.
>
> **Mike Myers**
> Actor y cómico

es sorprendente que muchas no se sientan preparadas para afirmar que, sí, que están seguras de tener la capacidad y el talento necesarios para ocupar un alto cargo.

Los hombres tampoco se escapan. La experta en síndrome del impostor Valerie Young observa que cada vez más hombres asisten a sus talleres, y que, entre los estudiantes graduados a los que se realizó una encuesta sobre si eran propensos a sentirse impostores, la proporción entre hombres y mujeres se situó en un 50:50.

Debemos entender que es esencial pensar que siempre hay algo que aprender (en tal caso, lo máximo que nos puede pasar es que alguien vea que aún no lo sabemos todo). No tenemos que pretender saberlo todo, tenemos que fijarnos en cómo podemos desarrollarnos y crecer.

❓ ¿TE HAS SENTIDO ALGUNA VEZ COMO UN FARSANTE?

¿En qué medida coincides con las afirmaciones siguientes? Cuanto más te reconozcas en ellas, más probable será que seas susceptible de sufrir el síndrome del impostor. ¡Quizá pueda tranquilizarte saber que incluso las personas con mayor talento y éxito sienten lo mismo a menudo!

	✔	✖
■ Admiro a las personas que han logrado lo que yo deseo, pero no creo que yo esté a su nivel.		
■ Creo que muchos de mis triunfos han sido cuestión de suerte.		
■ Me siento tonto o incómodo cuando describo mis éxitos.		
■ Cuando estoy con otras personas de mi campo, tiendo a pensar que ellas se merecen su lugar más que yo.		
■ Me preocupa que la gente se dé cuenta de lo poco que sé.		
■ Cuando recibo elogios, me parece que son injustificados.		
■ No creo que mis éxitos duren.		
■ Siento que las cosas en las que he triunfado realmente no demuestran nada.		

✅ DESTIERRA CUALQUIER DUDA

No compares tu interior con el exterior de los demás. Cuando experimentamos el síndrome del impostor, estamos comparando nuestras ansiedades interiores con las fachadas tranquilas de los demás. Al hacerlo, nos olvidamos de que todos se pueden sentir tan incómodos como nosotros, y de que también podrían estar preocupados sobre cómo estar a nuestro nivel, igual que hacemos nosotros con ellos.

Recuerda que nadie es perfecto. Un buen mentor es de gran ayuda, pero si lo vemos como alguien brillante e inalcanzable, acabamos sintiéndonos peor porque podemos pensar que nunca alcanzaremos su nivel. Un estudio de las sociólogas estadounidenses Jessica L. Collett y Jade Avelis halló que un número significativo de mujeres estudiantes creía que nunca sería como sus mentoras, y la economista Kate Bahn observó en *The Chronicle of Higher Education* que, al aceptar el consejo de los «hiperexitosos», quienes somos «moderadamente exitosos» podemos sentirnos también incómodos. Los modelos de rol ayudan, pero solo mientras los veamos como personas parecidas a nosotros.

A veces nos equivocamos. Si no has cometido errores es porque nunca has arriesgado y probado nuevos enfoques o hecho las cosas de otra manera. Amplía horizontes y busca maneras de «experimentar» que provoquen errores para que puedas aprender de ellos.

¿QUIERES GANAR O TEMES PERDER?
CUANDO EL MIEDO AL FRACASO TE IMPIDE AVANZAR

El miedo a hacer mal las cosas tiene mucho impacto en nuestras acciones y elecciones, y puede impedirnos progresar. El primer paso para superar estos miedos es redefinir tu propia concepción del fracaso.

Nadie quiere fracasar, claro está. No obstante, existe una diferencia entre el miedo al fracaso porque será la frustración de nuestros planes, y el miedo al fracaso en sí mismo. A veces nuestra motivación es activa: hacemos algo porque queremos o para lograr un resultado. Sin embargo, a veces nuestra motivación es evasiva: hacemos algo porque tenemos miedo de lo que pasará si no lo hacemos.

Aprovecha el miedo
El miedo al fracaso no siempre es malo. Un estudio holandés y estadounidense de 2015 publicado en *Journal of Business Venturing* halló que muchos emprendedores triunfadores citaban el miedo a fracasar como uno de los máximos incentivos. La diferencia aparecía en lo que los psicólogos consideran el «baremo interior» del triunfo: los que habían sufrido y superado el miedo eran los más ambiciosos: con miedo a «fracasar» por no progresar en sus empresas, aprovecharon este miedo para animarse aún más.

¿Y qué pasa con los que nos bloqueamos solo con pensar en quedarnos atrás? Una cosa es decidir no arriesgarse porque es muy probable fracasar, y otra bien distinta es que el miedo a fracasar *aumenta* la probabilidad de que pase. La mala noticia es que tendemos a hacerlo mal cuando estamos nerviosos. Una investigación canadiense de 2010 halló que los estudiantes con un especial miedo al fracaso también eran los más procrastinadores. Otros estudios han observado que las preocupaciones nos perjudican: si tienes cefaleas, trastornos estomacales recurrentes o te cuesta concentrarte, ha llegado el momento de analizar tus miedos.

Aprende a no tomártelo como algo personal
Si algo falla, es normal sentirse triste o decepcionado, o incluso enfadarse. Pero la clave para triunfar es entender y aceptar que estas son reacciones subjetivas ante un hecho y no una medida objetiva del tipo de persona que eres. La decepción y la frustración acabarán pasando, y si consigues que esos sentimientos no te atrapen, desaparecerán más rápido. Es normal sentirte mal si falla algo, pero eso no significa que *tú* seas malo.

> **Apóyate en el fracaso**. Úsalo como un **trampolín**.
>
> **Johnny Cash**
> Músico

Q ¿QUÉ TE DA MIEDO?

El miedo a fracasar se experimenta de diferentes formas. Un estudio internacional de 2016, publicado en *Journal of Business Venturing*, identificó varios temas principales para expresar las preocupaciones. ¿Reconoces alguna de estas dudas o mecanismos para afrontarlas en ti? En tal caso, el miedo a fracasar quizá inhibe tus decisiones:

ANGUSTIAS MENTALES

Capacidad personal
«¿Soy lo bastante bueno?»

Estima social
«¿Perjudicará a mi reputación?»

Costes de la oportunidad
«¿Conservaré una conciliación laboral y personal decente?»

TENSIÓN EMOCIONAL

Infelicidad
«¡Esto me estresa!»

RESPUESTAS CONDUCTIVAS

Inhibición
«Hay que ser cauto».

Motivación
«Tendré que volver a intentarlo».

Represión
«Ahora no puedo pensar en esto».

Si la mera idea de fracasar te aterroriza, puede ser una señal de que debes reforzar tu capacidad de autoaceptación. Todos fracasamos en alguna ocasión; progresarás más si aprendes de la experiencia y te fijas en cómo hacer las cosas de manera diferente en el futuro.

INSEGURIDAD PERSISTENTE

¿El miedo al fracaso copa tus pensamientos? Todos tenemos momentos de duda, pero fíjate en determinadas suposiciones. Si te identificas con alguna de las ideas de la columna de la izquierda, acuérdate de que hay otras maneras más productivas de reflexionar sobre las cosas:

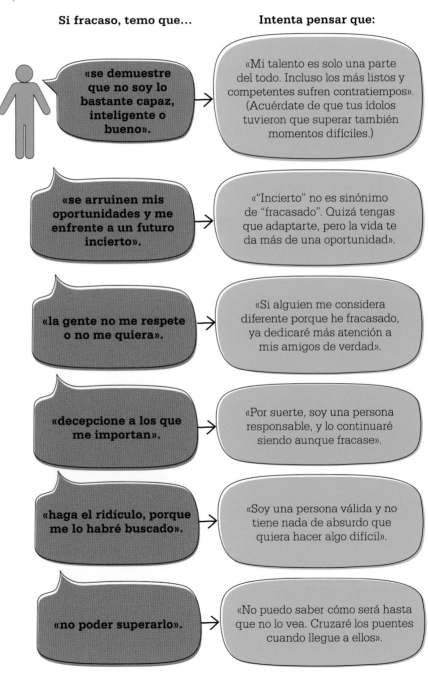

Si fracaso, temo que…

«se demuestre que no soy lo bastante capaz, inteligente o bueno».

«se arruinen mis oportunidades y me enfrente a un futuro incierto».

«la gente no me respete o no me quiera».

«decepcione a los que me importan».

«haga el ridículo, porque me lo habré buscado».

«no poder superarlo».

Intenta pensar que:

«Mi talento es solo una parte del todo. Incluso los más listos y competentes sufren contratiempos». (Acuérdate de que tus ídolos tuvieron que superar también momentos difíciles.)

«"Incierto" no es sinónimo de "fracasado". Quizá tengas que adaptarte, pero la vida te da más de una oportunidad».

«Si alguien me considera diferente porque he fracasado, ya dedicaré más atención a mis amigos de verdad».

«Por suerte, soy una persona responsable, y lo continuaré siendo aunque fracase».

«Soy una persona válida y no tiene nada de absurdo que quiera hacer algo difícil».

«No puedo saber cómo será hasta que no lo vea. Cruzaré los puentes cuando llegue a ellos».

AFRONTAR EL FRACASO
CAMBIA TU PUNTO DE VISTA

Con independencia del talento que tengas y las ganas que pongas, a veces aparece el fracaso. Reconoce que si no arriesgas y fracasas quizá no te pongas en una situación que te permita mejorar.

Si apuntas alto, corres el inevitable riesgo de quedarte corto, quizá una vez tras otra. Casi nadie consigue un triunfo absoluto al primer intento, y aunque todos lo sepamos, eso no nos impide decepcionarnos, frustrarnos, avergonzarnos y desanimarnos cuando nos pasa a nosotros. ¿Durante cuánto tiempo podemos experimentar estas sensaciones, continuar concentrados y aprender qué es importante en cada fracaso?

¿Medio lleno o medio vacío?
A todos nos suena el paradigma del «vaso medio lleno o medio vacío»: algunos psicólogos lo denominan «marco de ganancias» (medio lleno) o «marco de pérdidas» (medio vacío). Parece ser que los humanos estamos programados para prestar una mayor atención a lo negativo (marco de pérdidas) que a lo positivo (marco de ganancias). Así, por ejemplo, la psicóloga social Alison Ledgerwood ha observado que nuestro cerebro tiene que esforzarse para ver el lado positivo en lugar del negativo de las cosas (ver «Calcular el coste», de la página siguiente).

Además, es más fácil pasar de un marco de ganancias a uno de pérdidas que al contrario. Para demostrar esta teoría, Ledgerwood presentó la misma información a dos grupos, pero de manera diferente: a un grupo le dijo que una intervención quirúrgica tenía una tasa de éxito del 70 %, y al otro que tenía una tasa de fracaso del 30 %. Como era de esperar, el primer grupo valoró positivamente la intervención, y el segundo, negativamente. Pero cuando se recordó a los miembros del primer grupo que una tasa del 70 % de éxito equivalía a una tasa del 30 % de fracaso, el grupo cambió de parecer y pasó a considerar la intervención negativa. Se recordó lo mismo al segundo grupo, pero este se mantuvo en su valoración negativa inicial.

La conclusión a la que llegó Ledgerwood es que tenemos que hacer un esfuerzo para cambiar de perspectiva; por ejemplo, explicando más experiencias positivas y evitando cualquier elemento de negatividad innecesaria.

Acepta la vulnerabilidad

Se supone que los triunfadores son personas duras. No obstante, la investigadora Brené Brown opina lo contrario: para llevar una vida plena, debemos aceptar que la vulnerabilidad forma parte de nosotros. A todos nos da miedo que nos rechacen por no ser bastante buenos, y este miedo nos frena. Tras miles de entrevistas durante seis años, Brown halló que las vidas más felices y exitosas eran las de las personas que eran, según ella, «entusiastas»: aceptaban la vulnerabilidad como parte necesaria de la vida. Como el cerebro está diseñado para procesar las pérdidas mejor que las ganancias, es difícil ver los fracasos como oportunidades positivas. Pero como destaca Brown, la vulnerabilidad está en la base misma de la innovación y de la creatividad: sin riesgo, nada cambia. Según ella, debemos «atrevernos a ser imperfectos» y aceptar que la vulnerabilidad forma parte de la naturaleza humana.

CALCULAR EL COSTE

La psicóloga social Alison Ledgerwood realizó un experimento en el que se preguntó a los participantes que se imaginaran una enfermedad con 600 víctimas, y después se les formuló una de las dos siguientes preguntas. Si se les preguntaba «Si se salvan 100 vidas, ¿cuántas se pierden?», tardaban una media de 7 segundos en responder. Si se les preguntaba «Si se pierden 100 vidas, ¿cuántas se salvan?», tardaban más, unos 11 segundos, lo que confirma la hipótesis de nuestro sesgo natural hacia la información negativa y no hacia la positiva.

Tiempo de cálculo del marco de pérdida: 7 segundos

Tiempo de cálculo del marco de ganancia: 11 segundos

SUEÑO INCÓMODO

La investigadora Brené Brown observa que, por miedo a sentirnos vulnerables, podemos adormecer las emociones: por desgracia, eso afecta *a todas* nuestras emociones, no solo a las que queremos eliminar. Así creamos una espiral que necesitamos romper (abajo). Pasar y tener malos ratos es la contrapartida de disfrutar de los buenos.

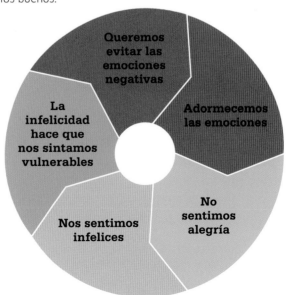

EL GANADOR ASUSTADO

ENFRENTARSE AL MIEDO A TRIUNFAR

¿Te ha preocupado alguna vez qué pasaría si realmente alcanzaras tu objetivo? Si es así, merece la pena que consideres qué significa triunfar para ti y qué puede haber en el origen de tus miedos.

Puede que estés comprometido al máximo en conseguir los objetivos que valoras y aun así continúes estando nervioso. Nuestras aspiraciones están sujetas a los cambios y a la suerte, y a medida en que nos acercamos a cumplir resultados que nos apasionan, empezamos a notar aprensión.

¿Emoción… o estrés?

La «mala atribución de la activación» (ver pp. 100-101) puede ser un problema si estás acostumbrado a preocuparte por si alcanzarás tu objetivo. Cuando nos acercamos a este, nuestros sistemas empiezan a «activarse», se ponen alerta y se estimulan. Idealmente, esta sensación debería ser de emoción, pero si antes has sufrido presiones negativas o decepciones, el cerebro considerará que es miedo o tensión. Si descubres que te pones nervioso cuando se acerca algo bueno, acuérdate de que, aunque todavía no estés acostumbrado a triunfar, es posible que esa sensación de inquietud sea una señal positiva (ver «Busca las diferencias», en la página siguiente).

Antiguas expectativas

Muchos queremos que la comunidad nos acepte, lo que es un deseo natural y sano. Pero toda comunidad tiene expectativas, y estas no siempre encajan con nuestras ambiciones personales. Cuanto más te diferencien tus objetivos de las personas que te rodean, mayor precio social te tocará pagar y tendrás que centrarte más en satisfacerte a ti mismo que a los demás. Los psicólogos han hallado que el miedo a triunfar tiende a inhibir nuestra

¿TIENES MIEDO AL TRIUNFO?

En 2001, las psicólogas estadounidenses Dawn Deeter-Schmelz y Rosemary Ramsey empezaron a estudiar el miedo al triunfo. Presentaron un compendio de afirmaciones a voluntarios y observaron que determinadas afirmaciones indicaban claramente si el sujeto temía o no al triunfo. ¿Cuál de los siguientes dos grupos de afirmaciones se acerca más a tus creencias?

CON MIEDO A TRIUNFAR

- «A veces el precio de triunfar es mayor que su recompensa».
- «Cuando llegas a la cumbre tienes que luchar siempre para continuar ahí».
- «Los demás consideran que los triunfadores son altivos y arrogantes».
- «La conducta empeora tras conseguir el triunfo».

SIN MIEDO A TRIUNFAR

- «Espero que los demás aprecien todo mi potencial».
- «El éxito significa que los demás te respeten».
- «Cuando estás en la cumbre, todos se fijan en ti».
- «Ser el mejor te abre todas las puertas».

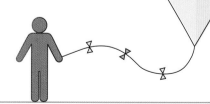

iniciativa y nuestra creatividad de la misma manera que lo hace el miedo a fracasar (ver pp. 106-107). Muchos hemos oído hablar de la «soledad de la cumbre», y no queremos estar solos ni aislados, nos da miedo despuntar ante las expectativas de otros y que nos rechacen por ello. Pero inhibirte también es fracasar: como observa el prestigioso entrenador de baloncesto John Wooden, el triunfo es la paz mental que aparece tras «saber que te has esforzado para dar lo máximo de ti mismo»; al final también te

arrepentirás de no poner en juego todo tu potencial. Solo tú sabes qué te funciona, pero vale la pena que te preguntes qué expectativas deberías tener (ver «¿Tienes miedo al triunfo?», arriba). Es útil distinguir entre aquellos objetivos que representen tus ambiciones auténticas y aquellos otros que impliquen quedarte en tu zona de confort social. Los cambios a veces aportan un mundo nuevo y diferente, pero que puede ser mejor, así que es mejor ser consciente de ello y atreverse a triunfar.

✎ BUSCA LAS DIFERENCIAS

¿Puedes diferenciar entre entusiasmo y miedo? Trazar la diferencia entre un recuerdo estresante y otro emocionante es una buena manera de entrenarte para buscar las diferencias si te pones nervioso cuando estás a punto de triunfar. La psicóloga de traumas Susanne Babbel recomienda el ejercicio siguiente:

- Piensa en un recuerdo emocionante y triunfal de cuando eras joven. Mantenlo durante cinco minutos, prestando atención a las emociones y sensaciones que evoca.
- Recupera otro recuerdo de emoción y triunfo más reciente. Una vez más, piensa en él durante cinco minutos y observa cómo te hace sentir.
- Piensa en un recuerdo incómodo. No elijas un trauma real (o como mínimo, sin el apoyo de un profesional cualificado), sino algo que simplemente no fuera una buena experiencia. Fíjate en cómo te sientes.
- Vuelve a tu triunfo reciente y reflexiona: ¿Se parece o no se parece a tu mal recuerdo?

CAPÍTULO 4
DESTREZAS DE ÉXITO

GUÍA COTIDIANA PARA SER EFICAZ

APRENDE A SER FLEXIBLE
EL ARTE DE LA RESISTENCIA

Ante la adversidad, es mejor doblarse que romperse. En la vida aparecen cosas inesperadas y, tanto si son sorpresas grandes como pequeñas, las posibilidades de que triunfes son mayores si sabes gestionarlas.

Ya no vivimos en un mundo en el que puedas ir siempre a tu aire. La tecnología avanza rápidamente y, con ella, los métodos de trabajo. La economía global retumba en cualquier rincón del planeta. Las culturas se mezclan y se influyen entre sí más que nunca, e internet implica que muchos veamos y reaccionemos a lo que dicen y hacen los demás. Algunos nos sentimos más cómodos con los cambios, pero la capacidad para responder de una manera constructiva contribuye a que crezcamos y triunfemos. Para que sea más fácil, debemos confiar en adaptarnos a los cambios futuros.

Oportunidades a la vista
La forma positiva de ver los cambios es considerarlos una oportunidad: ahora estás ante un reto para hallar una nueva solución. Ser abierto y receptivo a nuevas circunstancias son atributos que vale la pena cultivar. Investigadores de la Universidad Bradford del Reino Unido han identificado varias destrezas relacionadas con la flexibilidad:

1 **Flexibilidad intelectual.** Tener una mentalidad abierta para absorber nueva información y aprovecharla. Llegar al equilibrio de los detalles y la visión global.

2 **Ser receptivo.** Hay que aceptar el cambio más que resistirse a él, y estar preparado para aprender nuevas maneras de cumplir objetivos.

3 **Creatividad.** Voluntad para intentarlo, improvisar y arriesgarse a cometer errores para conseguir los objetivos.

4 **Ajuste.** Cambiar los métodos y los estilos de trabajo cuando la situación lo requiere.

5 **Hacer que funcione.** Si una solución no funciona, no hay que insistir, sino buscar otra.

6 **Aportar nuevas ideas.** Piensa en maneras nuevas para que los cambios sean más efectivos.

Los investigadores coinciden en que, con estos rasgos, cualquier candidato resulta más atractivo para una empresa, sea cual sea su situación laboral, así que hay que practicarlos. También son útiles para demostrar lo que vales a una posible nueva empresa. La universidad recomienda la técnica STAR (ver «Exhibe tus destrezas» en la página siguiente) para saber cómo mostrarte de la mejor manera

> El **viento** solo dobla el **junco**, pero hace caer al **roble**.
>
> **Proverbio**

Ver la otra cara

Cuando trabajamos en equipo, la flexibilidad es esencial. Un buen método para ser flexible en el trabajo es ser consciente de un error psicológico común: el error fundamental de atribución. Es decir, cuando somos nosotros los que cometemos un error, creemos que es porque algo se nos ha escapado, pero, cuando otra persona lo comete, entendemos que es por un defecto en su carácter o personalidad. Por ejemplo: «No presenté el informe porque tardé más en mi investigación de lo que había previsto» o «No presentó el informe porque es desorganizado e irresponsable». Para ser flexible, sé consciente de que todos somos propensos a hacer estos razonamientos: intenta ponerte en la piel de los demás. Eso te convertirá en mejor colaborador y hará que los errores ajenos te estresen menos.

Cuatro formas de ser flexible

Un estudio de 2015 de la Universidad de Miami señaló que la flexibilidad cognitiva (la capacidad para cambiar los pensamientos y adaptarte al entorno) se basa en cuatro puntos:

Atención. La capacidad para saber detectar qué es relevante y qué no lo es.

Buena memoria. Conservar los datos en tu mente.

Inhibición. Ser capaz de controlar tus reacciones inmediatas.

Cambio. Ser capaz de cambiar tu foco de atención para pasar de una tarea a otra.

Q ADAPTA TUS MÉTODOS

A veces se nos anima a seguir una única solución estándar para superar las dificultades, pero aquí también es mejor ser flexible. Un estudio de 2011 de la Universidad de Stanford hizo que una serie de voluntarios viviese experiencias con distintos grados de intensidad. Ante las opciones de la «distracción» o la «revaluación» (es decir, analizar con detalle y reinterpretar) para superar estas situaciones, la mayoría prefirió la distracción en momentos más intensos y la reevaluación en los moderados. Nuestra tendencia natural es cambiar de estrategia porque no hay una manera «correcta» de encajar algo. Prepárate para seguir tus instintos.

EXHIBE TUS DESTREZAS

Ser capaz de mostrar que eres flexible y versátil te convierte en más atractivo ante empresas potenciales. La Universidad de Bradford, en el Reino Unido, recomienda la técnica STAR. Su consejo es presentar los contratiempos vividos como parte de una historia que cuentes con confianza:

Paso	Qué hacer	Ejemplo
S Situación	Define lo que pasó y tu posición	«Dejé mi antiguo trabajo para empezar en una nueva empresa, pero, justo cuando iba a empezar, no llegó la financiación y el negocio se vino abajo».
T Tarea	Identifica lo que necesitabas hacer	«Necesitaba encontrar trabajo rápidamente para llegar a fin de mes, pero no quería dar un paso atrás en mi carrera».
A Acción	Describe lo que hiciste para arreglar la situación	«Empecé un trabajo temporal que no era de mi campo, así que decidí que emplearía mi tiempo libre para formarme en destrezas técnicas, ya que es en lo que estoy interesado».
R Resultado	Muestra los resultados	«Entonces pude solicitar trabajos que requerían más experiencia técnica, y ahora estoy subiendo poco a poco y estoy en el campo adecuado».

FABRICA TU SUERTE

EL ARTE DE LA OPORTUNIDAD

Cuando un esfuerzo no te da la recompensa que esperabas, puede ser tentador echarle la culpa a la mala suerte. Sin embargo, es poco probable que quienes logran el éxito a lo largo del tiempo se hayan beneficiado de dosis de buena suerte continuada; es más probable que hayan asumido que su proyecto tendría altibajos.

Para aprovechar la buena suerte cuando aparezca, debes mantener una cierta actitud. Lo principal es estar abierto a las múltiples opciones que ofrece la vida, a los giros que se producen entre causa y efecto.

> **La oportunidad** toca a la puerta **a menudo,** pero a veces muy flojo. Si seguimos **ciegamente** nuestras **metas**, perderemos **posibilidades** inesperadas.
>
> **Stephen Shapiro**
> Autor, asesor y
> conferenciante

Mientras unos ven la suerte como la clave del éxito, otros la ven como la causa del fracaso. Una visión más equilibrada es que buena y mala suerte tienen su papel; la clave es ser positivo e identificar las oportunidades.

Saber identificar el potencial de una determinada oportunidad nos anima a mantener una actitud positiva, lo que nos ayudará a conseguir un éxito duradero a lo largo del tiempo, incluso si algunas de las oportunidades concretas que se nos presentan acaban sin llegar a buen puerto.

Sé abierto y receptivo

La psicóloga estadounidense Carol Sansone lo deja claro: «Lo que parece suerte –escribe– realmente es el resultado de percepciones, rasgos de la personalidad, elecciones y acciones. Y todo ello lo controlas tú». Se ha demostrado que, entre los que se benefician principalmente de la suerte, hay un número elevado de extrovertidos. Estos disfrutan de una red más amplia de encuentros fortuitos simplemente porque siempre conocen a nuevas personas; también suelen tener muchos contactos.

Es útil tener curiosidad por experiencias que nunca hayas tenido, así como por otras personas, especialmente las que estén fuera de tu rango de experiencia. Iniciar conversaciones y ver adónde llevan te expone a nuevas perspectivas.

El deseo de experimentar también es crucial. Si, por naturaleza, ya eres precavido y te preocupa demasiado lo desconocido, podrías bloquear oportunidades para triunfar antes de que estas puedan llegar a desarrollarse. Disfruta de »

10 %

El psicólogo Richard Wiseman cree que **solo el 10 % de la vida** es el resultado de la **casualidad**, ya que la suerte en realidad es el resultado de lo que hacemos en la vida y de cómo respondemos a las oportunidades que se nos presentan.

⊘ EL ARTE DE LA SUERTE

Piensa en la suerte como en un atributo que debes cultivar y favorecer o como en un arte que deberías aprender y practicar como parte de tu vida diaria. Las técnicas siguientes te ayudarán a mejorar las probabilidades de tener nuevas ideas y nuevas oportunidades:

Alimenta tu red social
Una buena comunidad de amigos y conocidos, que incluya personas de diferentes estratos, te ayudará a ampliar horizontes. Rodéate de personas positivas.

Piensa que eres afortunado
Sé positivo y busca posibles ventajas en situaciones adversas. Es un enfoque mucho más productivo que culpar siempre a los demás o a tu destino.

Mira a tu alrededor
Fíjate en lo que tienes al lado. Toma aire y cambia tu rutina para abrirte a nuevas perspectivas. Quienes trabajan duro en parámetros muy limitados tienen más posibilidades de perder buenas oportunidades.

Acepta el fracaso
Que no supongan un problema las decepciones más normales y frecuentes. Reconoce que un triunfador a menudo fracasa o se queda corto: todo forma parte del proceso de esforzarse por un objetivo mayor.

Rompe las reglas
Busca la manera de hacer las cosas de otro modo. Sé creativo. Por supuesto, escucha tus instintos para saber hasta qué punto puedes resistir las costumbres.

Atento a la tendencia
Mantente al corriente de las tendencias más amplias de la sociedad. Pueden ser una fuente de inspiración, sea cual sea tu proyecto.

» nuevas experiencias: recuerda que si la ansiedad supera a la curiosidad, el resultado más probable será la inercia, así que procura ser siempre muy curioso.

Una actitud abierta a las oportunidades

Todos sufrimos reveses. ¿Cómo podemos sobrevivir a ellos? En parte, a través del «enfoque cognitivo», es decir, lo que elegimos resaltar o descartar y cómo entendemos y nos explicamos la situación. Estos enfoques afectan a decisiones y elecciones: pensar que somos afortunados favorece la proacción.

A principios del siglo XXI, el psicólogo británico Richard Wiseman realizó una serie de experimentos con personas que se consideraban «afortunadas» (triunfaban y eran felices, y lo que les pasaba en la vida les favorecía) o «desafortunadas» (la vida parecía irles mal). Lo que halló fue que los «afortunados» eran expertos en detectar oportunidades. En un experimento, pidió a ambos grupos que contasen cuántas imágenes contenía un periódico. Los «desafortunados» se esmeraron en completar la tarea; los «afortunados» normalmente se daban cuenta de que la segunda página contenía una frase que decía: «Deja de contar: hay 43 fotografías en el periódico». En una página posterior, los «desafortunados» estaban tan atareados contando imágenes que no vieron una nota que decía: «Deja de contar, di al investigador que has visto esto y gana 250 dólares». La conclusión de Wiseman fue que, al enfrentarse a un reto, los «desafortunados» eran

EJERCITA TU CEREBRO

¿Atrapado en la rutina? El psicólogo Clifford N. Lazarus sugiere los siguientes ejercicios para estimular el pensamiento y fomentar oportunidades aleatorias:

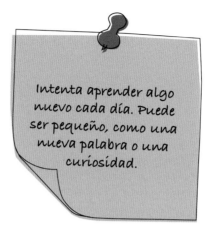

Intenta aprender algo nuevo cada día. Puede ser pequeño, como una nueva palabra o una curiosidad.

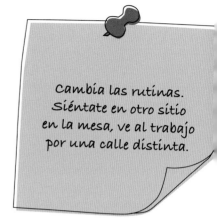

Cambia las rutinas. Siéntate en otro sitio en la mesa, ve al trabajo por una calle distinta.

Haz cosas nuevas. Prueba una comida nueva, mira una película de un género que no te guste, lleva una prenda de otro estilo del habitual.

Sal de tu zona de confort. Haz algo moderadamente estresante con regularidad, como jugar al ajedrez contra un oponente difícil.

menos flexibles. Se centraban en un objetivo específico y no conseguían percatarse de otras opciones que se les escapaban. Wiseman identificó cuatro maneras básicas de atraer la suerte:

1 **Crea y detecta** oportunidades fortuitas.

2 **Escucha a tu intuición**: puede guiarte hacia una decisión fortuita.

3 **Crea profecías que se cumplan** pensando en positivo.

4 **Resiste:** repítete a ti mismo que puedes evitar la mala suerte.

Wiseman descubrió que, cuando los «desafortunados» adoptaban estas estrategias, experimentaban una suerte mejor: empezaban a ser afortunados. Aplicar los métodos de Richard Wiseman, hace aumentar la probabilidad de convertir la mala suerte en buena suerte, porque en buena medida cada uno fabrica su fortuna.

LA SITUACIÓN DEL ATRACADOR

Imagina lo siguiente: estás haciendo cola en un banco y entra un atracador disparando con una pistola. La bala te hiere en el brazo. Ahora: ¿has tenido suerte o no?

El psicólogo Richard Wiseman planteó esta situación a «afortunados» y «desafortunados», personas cuyas vidas parecían ser mejores o peores en comparación con las del resto. Las respuestas fueron reveladoras:

■ Los **«afortunados»** tendían a decir que habían tenido mucha suerte (al fin y al cabo, la bala les podría haber matado).

■ Los **«desafortunados»** tendían a decir que habían tenido muy mala suerte, y que era *normal* que hubiese ocurrido el día que ellos iban al banco.

Las pruebas sugieren que quienes tienden a aceptar los infortunios con una imagen alternativa de lo peor que podría haber sido se enfrentan y se adaptan mejor a los retos inesperados.

 # CREAR BUENA SUERTE

El psicólogo Matthew Smith, de la Universidad de Buckinghamshire, Reino Unido, es un experto en la psicología de la suerte. Sus estudios se centran en si podemos emprender acciones positivas para ser más afortunados, y sugiere cinco enfoques:

1 Acoge la idea de tener suerte. No todo se puede predecir, y algunas cosas pasan por casualidad. Es mejor aceptarlo y acoger toda la buena suerte que podamos cuando esta llegue.

2 Ten mentalidad «afortunada». Cuando pensamos de manera positiva, estamos más seguros y proactivos, y nuestro comportamiento y expectativas marcan la diferencia en los acontecimientos y resultados en los que podemos influir.

3 Mantente abierto a nuevas oportunidades. Relajados, curiosos y con ganas de hacer cosas nuevas, detectaremos mejor las posibilidades, y aceptaremos riesgos más cómodos.

4 Déjate llevar. Si tienes sueños que cumplir, será incómodo salir del camino que has elegido, pero tienes que estar preparado para que la vida te sorprenda.

5 Recuerda que todo puede ser peor. Cuando te sientas «desafortunado», ten en cuenta que, aunque las cosas no sean perfectas, quizá son mejores de lo que podrían haber sido (ver «La situación del atracador», arriba a la izquierda).

BUENO O MALO, ¿QUIÉN SABE?

Saeongjima es una expresión china-coreana que significa «el caballo de un anciano que vive en la frontera». La frase pertenece a una parábola en la que un anciano se encuentra con una serie de acontecimientos afortunados y desafortunados. Pero, a pesar de todo, él siempre ignora cuando le felicitan o compadecen sus vecinos diciendo: «Bueno o malo, ¿quién sabe?».

Así dice la historia: un día, el caballo del anciano se escapa y huye cruzando la frontera. Parece desaparecido para siempre, pero pronto vuelve a casa, acompañado de un espléndido caballo nuevo. En ese momento, parece ser que una inmensa suerte les acompaña.

Meses más tarde, el hijo del anciano queda herido de gravedad tras caer del nuevo caballo y acaba tullido, lo que en ese momento parece ser un hecho de una mala suerte terrible. Sin embargo, al año siguiente el hijo se libra de ir a la guerra gracias a sus lesiones, y así puede llevar una vida larga y tranquila.

En la vida nos pueden ocurrir cosas imprevistas, así que siempre vale la pena recordar *saeongjima*: y es que una oportunidad «desafortunada» o perdida puede ser una nueva y mejor oportunidad más adelante.

TÓMATELO CON CALMA
EL ARTE DE LA ACEPTACIÓN

Si quieres triunfar, probablemente quieras hacerlo siendo como eres, no siendo otra persona. Para tener éxito es vital que te aceptes tal como eres y aceptes al mismo tiempo las circunstancias tal como son.

La aceptación puede crear una persona dinámica y estable; es uno de los pilares para triunfar. Sin embargo, la verdad es que muchos no somos felices con todos los aspectos de la vida y, si lo somos, sabemos que no son para siempre. Según Leo Babauta, autor del blog *Zen Habits*, la vida puede ser como «intentar agarrar algo sólido... en un río». La vida fluye, y la corriente no siempre va en la dirección que querríamos. ¿Qué pasa si quieres cambiar algo de ti o si te cuesta vivir con algo que no puedes cambiar?

Una cuestión de identidad
La empresaria y conferenciante motivacional Caroline McHugh plantea una pregunta: si pudieses hacerlo todo, ¿qué harías? Señala que tendemos a hacernos esta pregunta solo cuando nos sentimos infelices o insatisfechos. En su lugar, deberíamos hacérnosla cuando nos sentimos fuertes. Tendemos a perder la confianza con la que nacemos a medida que aprendemos a compararnos con otros, pero es mejor que dejemos de hacer comparaciones y trabajemos para ser, tal como dice McHugh, «buenos en ser nosotros». Los sentimientos de superioridad o inferioridad no nos ayudarán, afirma. Más bien, lo que necesitamos es *interioridad* o un sentido de nuestro yo interno. Es «el único lugar de tu vida en el que no tienes competencia» porque nadie te puede quitar tu propia perspectiva. El primer paso hacia la resiliencia es aceptar que no es bueno intentar ser otra persona, ya que eres quien eres, y eso es algo intrínsecamente bueno.

Aceptación radical
Puede ser difícil gustarte si no te gustan las circunstancias de tu vida (y viceversa). No obstante, a veces las cosas son como son. Puedes trabajar duro para cambiar las circunstancias o bien compensarlas, pero aún es más duro hacerlo mientras estás luchando por aceptarlas.

En los años noventa del pasado siglo, la psicóloga Marsha Linehan, fundadora de la terapia dialéctica conductual, inventó el concepto de «aceptación radical». Linehan observó que quienes luchan contra algún infortunio tienden a reaccionar de una de las siguientes maneras:

- Intentan cambiar las circunstancias.
- Intentan cambiar cómo se sienten.
- Continúan siendo infelices.
- Aceptan las circunstancias.

Cuando no se pueden cambiar las circunstancias, solo los del cuarto grupo pueden reducir su sufrimiento. Desde esta perspectiva, los psicólogos han desarrollado el concepto, y han sugerido que no tenemos que aceptar

VENCE LOS OBSTÁCULOS HACIA LA ACEPTACIÓN

La autora y doctora estadounidense Karyn Hall identifica tres obstáculos principales a la teoría de Marsha Linehan sobre la «aceptación radical» y sugiere cómo se pueden superar:

Obstáculo	Explicación	Realidad
No querer que alguien se salga con la suya	Si te has equivocado, enfadarte puede hacerte pensar que se hace justicia, y soltar los resentimientos, que estás excusando la parte culpable.	Tu ira no arreglará una injusticia, y el más afectado serás tú, y posiblemente tus seres queridos. No tiene que gustarte quien te ha herido, pero deberías intentar sacar provecho de la experiencia. Incluso si liberas tu ira, aún puedes aprender la lección.
La aceptación parece una rendición	No estás de acuerdo ni apruebas lo ocurrido, y aceptarlo es como admitir lo contrario.	No tienes que estar de acuerdo. Sin embargo, puedes admitir que una cosa es como es, y dejar de intentar vivir como si no fuera así.
Querer protegerte	Si llevas un escudo de ira, a veces te sientes más seguro.	Ese escudo puede pesar mucho. Puedes protegerte mejor si te lo quitas y, en su lugar, intentas centrarte en lo que has aprendido y cómo puedes usarlo para protegerte en un futuro.

necesariamente que la realidad va a seguir siendo siempre así, sino que deberíamos empezar a darnos cuenta de que simplemente es así ahora. Al tomar esta decisión, aceptar la realidad no es una debilidad, sino una decisión fuerte y activa que nos hace más sanos.

LOS ELEMENTOS DE LA ACEPTACIÓN RADICAL

En su teoría de la «aceptación radical», la psicóloga Marsha Linehan identifica cinco elementos fundamentales:

1 La aceptación significa reconocer lo que hay.

2 La aceptación no es crítica. No se fija en lo que es «bueno» o «malo».

3 Para no sufrir, debemos aceptar la realidad, no resistirnos a ella.

4 Es un acto de aceptación si elegimos tolerar la angustia del momento.

5 Aceptar las emociones dolorosas en lugar de evitarlas alivia el sufrimiento a largo plazo.

> **Sé tú mismo.**
> El resto ya están ocupados.
>
> **Cita atribuida a Oscar Wilde**

MOMENTOS DIFÍCILES

CÓMO AFRONTARLOS

La mayoría nos encontramos con momentos difíciles alguna vez en la vida, y todos queremos superarlos y salir reforzados de ellos. ¿Hay algún secreto para superar las dificultades y los retos de la vida?

Aunque no existe un método único para tener resiliencia en los momentos difíciles, podemos desarrollar una serie de actitudes y hábitos que nos ayuden a superarlos y aprender a adaptarnos a diferentes situaciones.

⊘ OBTÉN APOYO SOCIAL

Un gran número de estudios indica que el apoyo de amigos y allegados es importante para superar las adversidades. Un modelo sólido, propuesto por el psicólogo James S. House, divide el apoyo social en tres categorías:

1 **Apoyo emocional:** saber que gustamos, importamos, se confía en nosotros, se nos respeta y se nos quiere. Esto sienta bien y, si estamos necesitados, resulta clave.

2 **Apoyo instrumental:** cuando alguien te ofrece ayuda práctica, como buscarte una entrevista, dejarte dinero o te echa una mano para ordenar la casa.

3 **Apoyo informativo:** cuando alguien comparte conocimientos con nosotros o nos indica recursos útiles.

Estos tipos de soporte social se interrelacionan y, en ocasiones, necesitamos los tres. En la era digital hay muchas maneras de buscar apoyo. Sin embargo, un estudio de 2012 halló que incluso los internautas habituales saben que el apoyo presencial es más eficaz que el que se obtiene en línea.

✓ CÉNTRATE EN LO IMPORTANTE

Para sentirnos bien con nosotros mismos, es más útil centrarse en lo que queremos *hacer* que en lo que queremos *ser*. Una serie de estudios con atletas identificaron dos maneras principales de cumplir objetivos:

■ **Implicarse en la tarea:** nos centramos en ampliar conocimientos, competencia y comprensión. Nos fijamos en nuestras destrezas; las de los demás no son muy relevantes.

■ **Implicarse con el ego:** queremos demostrar nuestra superioridad a los demás u obtener su buena opinión. La competencia y hacerlo mejor que el resto es importante.

Los investigadores observaron que quienes se implican en la tarea son menos vulnerables a las emociones negativas y el estrés, y tienen más fe en su propia eficacia. Los que se implican con el ego, en cambio, tienden a evitar o alejarse de cualquier situación complicada. Estas estrategias de evitación tienen un impacto negativo sobre el rendimiento y, al mismo tiempo, sobre las emociones.

Hay mejores maneras de encarar la situación, como reevaluar, cambiar de estrategia y aceptar las emociones. Aunque te centres en un objetivo, normalmente es mejor pensar menos en la competencia y más en lo que debes aprender.

✓ IDENTIFICA CUÁNDO TOCA DESCONECTAR

Aguantar el estrés puede convertirse en un hábito, pero puede terminar teniendo consecuencias negativas. El psicólogo estadounidense Gary Evans destaca que esta estrategia acaba siendo problemática si la aplicamos cuando no es necesario. Por ejemplo, si compartes vivienda con muchas personas tal vez te aísles para desconectar y disponer de tu propio «espacio», pero eso te puede hacer perder el apoyo de los demás, porque es difícil mantener las relaciones si no sales nunca de tu «cascarón».

Si vives un momento complicado, levanta barreras: por ejemplo, si tu jefe tiene mal carácter, parece lógico comunicarte con él lo menos posible; si tus vecinos son muy ruidosos parece lógico aprender a ignorar el ruido de fondo. En cada situación y con cada persona con la que te encuentres, reflexiona sobre cómo responder mejor para optimizar el resultado y las relaciones.

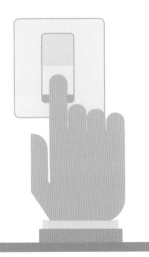

✓ APRENDE UNA NUEVA FORTALEZA

Aumentar tu confianza en un área te dará mayor confianza general; esto es especialmente cierto en el caso de destrezas físicas. Un estudio de 2000, realizado en Estados Unidos por Julie C. Weitlauf, Ronald E. Smith y Daniel P. Cervone, halló que las mujeres que participaron en un curso de defensa personal tenían menos miedo cuando pensaban en la posibilidad de ser atacadas, y seis meses más tarde demostraron ser también más asertivas y menos hostiles con los demás.

¿Hay algo en tu vida que te dé miedo hasta el grado de coartar tu libertad? Si descubres una manera de que te intimide menos, ganarás fortaleza y calma también en otros aspectos de tu vida.

Q ¿MOSTRAR U OCULTAR?

¿Debes mostrar los sentimientos o intentar ocultarlos? Según un estudio de 2004 publicado en *Psychological Science*, los que lo hacen mejor a largo plazo pueden hacer ambas cosas. Cada situación requiere una respuesta diferente, y si eres capaz de realizar ajustes sobre la marcha, triunfarás más con el paso del tiempo.

GESTIÓN DEL TIEMPO
PREPÁRATE PARA TRIUNFAR

A veces sentimos que el día no tiene horas suficientes, sobre todo cuando trabajamos duro para conseguir un objetivo. Afortunadamente, existen maneras prácticas de ser más eficientes.

Hay estudios que muestran que los que gestionan su tiempo de manera positiva sienten que controlan más, son más felices y están más relajados. (Siendo estrictos, por supuesto, no puedes «gestionar» el tiempo, sino las elecciones que tomas sobre cómo usar el tiempo disponible.) Aunque la gestión del tiempo es un área ampliamente estudiada, siempre surgen factores clave. Las personas que organizan bien su tiempo combinan:

- **Comportamientos de evaluación del tiempo.**
Eso implica conocer tus fortalezas y debilidades, e identificar en qué áreas centrarse para optimizar las fortalezas y utilizar el tiempo con eficacia (más que perderlo en áreas que no merecen la pena).

- **Comportamientos organizadores.** Marcarse objetivos, tener listas de cosas pendientes y agrupar tareas son algunos ejemplos. Tener claros

Y AHORA, UNA PAUSA

17 minutos

En 2014, el grupo Draugiem, una empresa de redes sociales letona, monitorizó el uso del tiempo de sus trabajadores. Observó que los más productivos no trabajaban más, sino que descansaban 17 minutos de media por cada 52 minutos de trabajo.

los objetivos en la vida es otro ejemplo, ya que así priorizas las tareas y te mantiene motivado.

- **Comportamientos de control.**
Mantener un registro del tiempo es una buena manera de controlar tu conducta. Observar cómo pasas tus horas te centra en ciertas tareas e identifica los cambios a realizar para eliminar actividades que roban tu tiempo y no te ayudan ni a alcanzar objetivos ni a relajarte o cargar pilas.

Problemas de planificar
Intenta no pasar mucho tiempo planeando y controlando, ya que dejarías de lado las tareas reales que debes llevar a cabo. Los expertos limitan la planificación a 30 minutos al inicio del día. Cuidado, también, con la «parálisis por análisis» (ver pp. 132-133), a través de la que estás tan inmerso en intentar optimizar tus planes que en realidad no los llevas a cabo. La planificación del tiempo tiene que ser práctica, no perfeccionista, para evitar la procrastinación (ver pp. 156-159).

LA CAJA DE EISENHOWER

Si te cuesta decidir qué tareas priorizar, evalúalas todas con esta matriz de decisiones. Está basada en la afirmación del presidente de Estados Unidos Dwight D. Eisenhower: «Lo que es importante pocas veces es urgente, y lo que es urgente pocas veces es importante». Las crisis y los plazos de entrega van primero, pero no suelen ser muy frecuentes. Después, objetivos y relaciones van por delante de las interrupciones.

	URGENTE	NO URGENTE
IMPORTANTE	**Crisis y plazos de entrega** Por ejemplo: un familiar en el hospital; un plazo fiscal próximo; un examen que hay que estudiar.	**Objetivos y relaciones** Por ejemplo: mejora tus aptitudes; lleva un estilo de vida saludable; cuida tus amistades.
NO IMPORTANTE	**Interrupciones** Por ejemplo: un colega te pide un pequeño favor; llega un correo que requiere respuesta; suena el teléfono.	**Pasatiempos** Por ejemplo: mira la televisión; navega por internet; ve de compras; juega.

¿Debería ser multitarea?

Eso depende de ti. Un estudio estadounidense de 1999, de los psicólogos Jay D. Lindquist y Carol Kaufman-Scarborough, identificó dos estilos de trabajo: «policrónico» y «monocrónico». Los policrónicos prefieren encargarse de varias tareas a la vez, mientras que los monocrónicos prefieren realizar tareas de manera secuencial. Los monocrónicos planean con mayor detalle, pero les resulta difícil trabajar bien si sufren interrupciones. Así que si no te sientes cómodo haciendo múltiples tareas, quizá necesites más control sobre el entorno para limitar tus distracciones.

Cuando se trata de gestionar el tiempo, todos tenemos un estilo personal. La clave es entender bien lo que te mantiene productivo, y entonces planear tus días para que puedas trabajar en las condiciones más adecuadas para ti.

LAS CUATRO DIRECTRICES

¿Te bombardean con correos electrónicos que te distraen? La psicóloga ocupacional Emma Donaldson-Feilder recomienda lo siguiente:

1
Elimina. La mitad de tus correos electrónicos pueden ir directamente a la papelera.

2
Hazlo. Si es urgente o no te lleva mucho tiempo, hazlo y quítatelo de encima.

3
Delega. ¿Alguien podría hacerlo mejor? Pásaselo.

4
Aplaza. Si sabes que necesitarás más tiempo, búscalo y aparca el correo electrónico de momento.

HASTA QUE NO SEAMOS CAPACES DE GESTIONAR EL TIEMPO, NO PODREMOS GESTIONAR NADA MÁS

PETER DRUCKER, ECONOMISTA Y ESCRITOR

CUMPLIR FECHAS LÍMITE
CÓMO CENTRARTE EN EL RETO

Algunos se crecen ante las fechas límite y otros se sienten intimidados, pero a la mayoría, nos ayudan a concentrarnos más, así que ¿cómo planificamos con eficacia para cumplir los objetivos y controlar el estrés?

Ante una fecha límite, ¿te sientes animado y con confianza o te pones muy nervioso pensando cómo vas a cumplirla? Saber cómo gestionar fechas límite es una parte clave de tu capacidad para triunfar.

Gestión de la moderación
Las fechas límite tienen que ser realistas para poderlas cumplir. Una cosa es estar atareado durante un periodo crítico, pero un entorno en el que las fechas límite son la norma no es sano. Un estudio danés de 2012 halló que un exceso de fechas límite se asociaba a una peor calidad del sueño, ya fuese porque los trabajadores dedicaban más horas a acabar sus tareas o porque era difícil desconectar en casa de la agitación psicológica necesaria para mantener el ritmo. Dormir

poco perjudica la salud y el rendimiento, así que, si estás bajo ese tipo de presión, cuídate más y empieza a ajustar tus planes a un objetivo que te deje respirar.

No obstante, mientras tanto, una herramienta útil es la regulación cognitiva. Se suele considerar la fecha límite como una crisis, pero las investigaciones sugieren que los que la ven como un reto (ver «Positivizar el estrés», en la página siguiente) utilizan la presión para concentrarse en el trabajo y así evitar distracciones.

Manos a la obra
Algunos lo damos todo ante una fecha límite y otros procrastinamos y solo empezamos a oír el tictac del reloj cuando se acaba el tiempo. Es importante conocer si tenemos lo que se denomina una actitud

«de implementación», es decir, una actitud para ponerse manos a la obra, en lugar de planificar y evaluar. Para cumplir un plazo, debemos poner en marcha los planes que tengamos.

Categorizar el tiempo
Según los psicólogos Yanping Tu y Dilip Soman, un obstáculo es cómo categorizamos el tiempo. Tendemos a dividir el tiempo en unidades, como semanas, meses y estaciones; en una serie de estudios realizados en 2014 con granjeros indios y estudiantes norteamericanos, se halló que, si la fecha límite está más allá de un «cambio», como el año nuevo, es más probable que la consideremos remota (ver «Motivarse», en la página siguiente) y, como resultado, nos pongamos manos a la obra más lentamente. En una situación así tienes que encontrar otra manera de pensar en el calendario. Por ejemplo, si es noviembre y la fecha límite está en enero, es mejor decirte que debes hacerlo «este invierno» y no «el año que viene». Lo mejor es percibir las fechas

POSITIVIZAR EL ESTRÉS

No todo el estrés es malo (ver pp. 100-101): también hay una categoría psicológica llamada «euestrés», es decir, un estrés positivo o beneficioso (del prefijo griego *eu-*, «feliz»). Un estudio de 2013 publicado en *Organizational Dynamics* identificó un modelo positivo que puedes cultivar cuando el estrés de una fecha límite te está matando: preséntate la fecha límite a ti mismo como un reto, y verás que te pones a trabajar en lugar de estresarte.

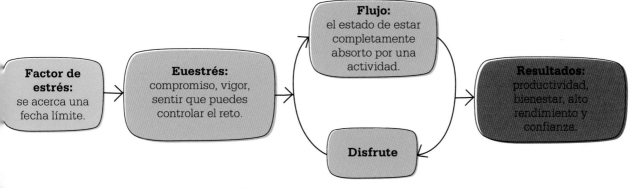

RELOJ BIOLÓGICO DE LOS PLAZOS

Fíjate en tu trabajo durante las últimas 3-5 semanas y piensa en si tiendes o no a cumplir las fechas límite. ¿Hay un patrón? Algunos cumplen puntualmente, otros van siempre con retraso y otros siempre lo hacen todo antes. Al entender que la fecha límite es alcanzable, estos patrones normalmente son coherentes: las personas se tomarán casi siempre, por ejemplo, la cantidad exacta de tiempo, un 5 % menos o un 10 % más del tiempo permitido. Si eres de estos últimos, la solución podría ser marcarte una fecha límite falsa que sea un poco antes de la real.

...mite como retos que tienes que ...umplir en un periodo inminente. ...sí podrás controlar el estrés mucho ...ejor y tendrás más oportunidades ...e empezar (y, por lo tanto, acabar) ... tiempo la tarea que te hayas ...omprometido a realizar.

MOTIVARSE

Según un estudio de 2014 realizado en la India y Norteamérica por los psicólogos Yanping Tu y Dilip Soman, a la hora de planificar es mejor incluir la fecha límite dentro de un periodo que consideres urgente. El estudio halló que, para terminar las cosas, tenemos que incluir fechas límite en un espacio mental «similar al presente», más que en una categoría «distinta al presente». En el siguiente ejemplo, imagina que tienes como fecha límite el 5 de junio y hoy es 10 de mayo. Puedes elegir entre dos enfoques:

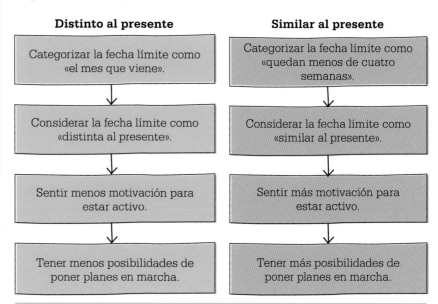

MANTENERSE FIRME
APRENDER A DECIR «NO»

Si quieres ser visto como un jugador de equipo o como «cumplidor», es difícil establecer la frontera cuando no tienes tiempo o energía para hacer algo. Aun así, decir «no» es una destreza que todos tenemos que trabajar.

A veces tenemos que decir que no a alguien. Al fin y al cabo, el día solo tiene 24 horas y nadie tiene energía infinita. No obstante, a muchos nos incomoda decir «no» y nos preocupa poner en peligro la relación con esa persona. ¿Dónde está el secreto para un buen «no» o «ahora no»?

Salvar la cara

El sociólogo canadiense Erving Goffman desarrolló en 1963 el concepto de la «imagen», que aún es vigente. En resumen, no nos gusta sentirnos inferiores al resto, y como decirle que no a alguien puede minar la imagen que tiene de sí mismo, la mayoría de las personas se sienten incómodas cuando han de decir no a alguien. Goffman identifica las dos variantes de la imagen personal:

- **Imagen positiva:** el deseo de ser considerado una persona buena y respetable.
- **Imagen negativa:** el deseo de continuar siendo autónomo.

Los psicólogos Penelope Brown y Stephen C. Levinson profundizaron en esta idea dividiendo las maneras de decir «no» en cuatro tipos (ver «Teoría de la cortesía», en la página siguiente). Cada tipo tiene un efecto diferente sobre la conciencia de la imagen del que recibe el no.

Si le dices «no» a alguien que no quieres ofender, piensa en qué tipo de imagen quiere proteger. Es algo especialmente importante si eres un subordinado de la persona que recibe la negativa. Tener en cuenta cómo tu afirmación afecta la imagen que tiene de sí mismo

reducirá la probabilidad de una reacción negativa.

Tras tomar la decisión de decir «no», existen varias tácticas que puedes utilizar para aprovechar la situación al máximo:

- **Detecta lo positivo:** el negociado y asesor presidencial William Ury enseña el arte del «no positivo», compuesto por tres pasos: sí-no-sí **Afirmar:** «Me encantaría poder trabajar contigo».

> Al **decir no de una manera positiva**, nos hacemos un regalo…, pues **protegemos** lo que **valoramos**.
>
> **William Ury**
> Antropólogo y experto en negociación

Establecer un límite: «En enero no me va bien».

Proponer una alternativa: «¿Por qué no cuadramos agendas para más adelante?». Ury plantea igualmente la necesidad de contar con una mejor alternativa a un acuerdo negociado para tener otro buen plan a punto por si la negociación no sale bien.

Sé concreto: en un estudio publicado en 2005 en *Journal of Experimental Social Psychology* se afirma que quienes hablan en términos abstractos tienden a ser considerados como personas que esconden más sus motivaciones reales que quienes tienen un lenguaje más directo. La persona a la que le dices «no» te percibirá mejor si justificas tu respuesta con motivos concretos.

Ofrece un motivo: las investigaciones del psicólogo estadounidense Robert Beno Cialdini hallaron que dar un motivo para decir «no», aunque ese motivo no sea de peso, será más persuasivo que no dar motivo alguno.

Mide tus palabras: según otro estudio estadounidense realizado en 2011, persuade más decir «no» que decir «no puedo». Obviamente, existen situaciones excepcionales: por ejemplo, no es prudente decirle sin más al jefe: «No acepto más trabajo», pero sí puedes hacerlo en una situación de presión social, en la que «no» suena mucho menos negociable. Así que, en lugar de decir «No puedo gastar sin haber comprobado antes cómo voy de presupuesto», prueba a decir

✔ TEORÍA DE LA CORTESÍA

Los psicólogos Penelope Brown y Stephen C. Levinson sugieren la existencia de cuatro maneras de hablar que pueden minar o no la imagen de los oyentes. La teoría se aplica en diversos contextos, incluidos los rechazos. Cada situación diferente requiere un diferente tipo de «no»:

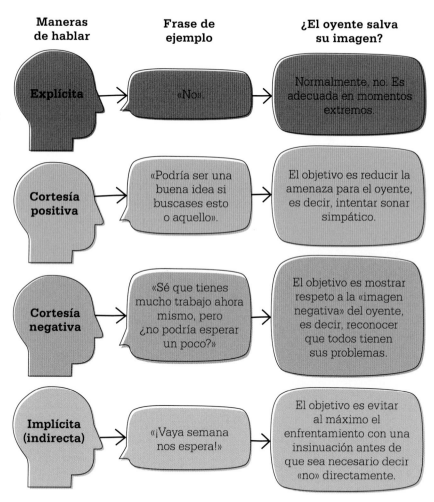

Maneras de hablar	Frase de ejemplo	¿El oyente salva su imagen?
Explícita	«No».	Normalmente, no. Es adecuada en momentos extremos.
Cortesía positiva	«Podría ser una buena idea si buscases esto o aquello».	El objetivo es reducir la amenaza para el oyente, es decir, intentar sonar simpático.
Cortesía negativa	«Sé que tienes mucho trabajo ahora mismo, pero ¿no podría esperar un poco?»	El objetivo es mostrar respeto a la «imagen negativa» del oyente, es decir, reconocer que todos tienen sus problemas.
Implícita (indirecta)	«¡Vaya semana nos espera!»	El objetivo es evitar al máximo el enfrentamiento con una insinuación antes de que sea necesario decir «no» directamente.

«No gasto dinero sin antes haber comprobado el presupuesto que tengo» o «No gasto dinero de manera irreflexiva».

Decir «no» puede ser una experiencia incómoda tanto para el que lo dice como para el que lo recibe, pero si lo haces con la combinación adecuada de sensibilidad y de confianza, serás capaz de mantener los límites que te hayas fijado sin correr el riesgo de perder por ello a tus aliados.

MOMENTO DE DECIDIR
SOPESAR LAS ALTERNATIVAS

Para hacer algo, tenemos que tomar decisiones. Para algunos es fácil, pero a otros les resulta complicado y les genera muchas dudas. ¿Cuál es la base científica de nuestra falta de decisión y cómo podemos superarla?

Pánico ante un alud de información o preocupación por tomar una decisión que al final no se acaba tomando. ¿Te suena? Los psicólogos lo denominan «parálisis por análisis»: el estado en el que el cerebro está tan saturado de diferentes posibilidades que es incapaz de llegar a una conclusión. El exceso de reflexión y análisis de la información nos perjudica de diversas maneras:

- **Productividad y criterio:** demasiada información, presión o ansiedad sobrecarga la memoria a corto plazo y afecta a nuestra capacidad y perspicacia.
- **Creatividad:** pensar demasiado frena la creatividad. En un estudio de 2015 de la Universidad de Stanford se observó que las obras más creativas de los participantes se realizaban cuando la corteza cerebral, núcleo del pensamiento consciente, estaba menos activo que el cerebelo, el encargado del movimiento y la actividad.

51 %
DE TIEMPO PERDIDO

Según un estudio de 2010 realizado en Estados Unidos, China, Sudáfrica, Reino Unido y Australia, **los oficinistas** dedican una media del **51 % de su jornada** a recibir y clasificar **información** en lugar de a **hacer su trabajo**. No es de extrañar que a veces nos sintamos superados.

Felicidad: el perfeccionismo puede reducir nuestra felicidad. Según el economista Herbert Simon, las personas se dividen entre «satisfactores», las se quedan con lo que es «bastante bueno», y los «maximizadores», las que quieren tomar la mejor decisión posible. Las últimas suelen ser menos felices, tener menos autoestima y arrepentirse más de sus decisiones que los primeros.

Irónicamente, cuanto más nervioso nos ponga tomar la decisión perfecta, más hábitos mentales que alteren nuestra capacidad de decidir nos crearemos.

Vamos al grano

Si te cuesta decidirte, prueba esto:

Imagina que aconsejas a un amigo. Los estudios demuestran que es difícil decidirse cuando estamos demasiado implicados emocionalmente. Si sales de la foto, te será más fácil elegir.

Acota la información. Los investigadores de Princeton y Stanford hallaron que el exceso de información es una de las principales causas de la indecisión. En la era digital, siempre hay cosas por revisar; asegúrate de que no te superen.

«Frecuente» no significa «siempre». Un estudio realizado en 2009 por los psicólogos Ralph Hertwig e Ido Erev observó que solemos dar mucha importancia a lo reciente y poca a eventos ocasionales que es más probable que pasen de lo que creemos. No lo olvides: las circunstancias pueden cambiar.

¿ERES UN «RACIONALISTA LAICO»?

¿Te guías por la cabeza o por el corazón? Un estudio de 2015 para la Asociación Americana de Mercadotecnia halló que a los que se consideraban «racionalistas laicos» (los que están más cómodos con los hechos que con los sentimientos) les influía más lo que pensaban que *tenían* que hacer, mientras que a los menos racionales les influían más las emociones y lo que *querían* hacer. Los dos tipos tienden a tener conceptos de triunfo muy diferentes.

Guiados por los hechos	Guiados por las emociones
Es más probable que gasten en bienes materiales.	Es más probable que gasten en experiencias.
Les gusta lo que sienta bien, pero eligen lo sensato.	Eligen lo que sienta bien.
Tienen más amigos «útiles», es decir, personas con conexiones.	Tienen más amigos «divertidos», es decir, con los que disfrutan.
Les influyen más los resultados objetivos.	Les preocupa más la justicia y la ética.
Evitarán pérdidas para salvar algo.	Pueden perder algo si la alternativa es aceptar algo injusto.
Cuando hacen donativos, prestan más atención al número de personas que ayudan.	Cuando hacen donativos, priman los sentimientos hacia las personas que ayudarán.
En general, sus triunfos son profesionales.	En general, llevan unas vidas más felices.

No pierdas el tiempo con decisiones nimias. Si todo va a seguir exactamente igual dentro de un año, con independencia de lo que hagas finalmente, entonces la decisión no merece que le dediques tanta energía.

Establece una fecha límite. Si aún no te has decidido, resuelve que llegarás a una conclusión en una fecha concreta.

Las decisiones son un reto, pero si tienes presentes tus prioridades, es más fácil gestionarlas.

PLANIFICACIÓN ACTIVA
DESARROLLAR Y MEJORAR LAS ESTRATEGIAS

Planificar es un arma de doble filo: un buen plan te hará mucho más eficiente, un mal plan te hará perder mucho tiempo. Cuando tienes un objetivo en mente, ¿cómo llegas al equilibrio perfecto entre estrategia y acción?

Los estudios indican que si planificamos bien rendimos bien, pero también muestran que solemos resistirnos a pensar por adelantado a no ser que alguien nos anime a hacerlo. Parece que tenemos tendencia a solucionar los problemas sobre la marcha más que a anticiparlos. Sin embargo, si nos acostumbramos a pensar con tiempo, tendremos una gran ventaja.

¿Qué nos detiene?

Según los científicos cognitivos Wayne Gray y Wai-Tat Fu, al anticiparnos a las dificultades, surgen dos tipos de obstáculos:

- **Restricciones duras:** hechos no negociables que indican que algo es o no es posible.
- **Restricciones blandas:** la vía más fácil, la que nos ofrece menos resistencia. Preferimos los objetivos con el mínimo esfuerzo cognitivo posible. Si podemos alcanzar un resultado de dos maneras, y una exige más memoria o energía, las «restricciones blandas» nos inclinan hacia el otro método.

A veces tenemos que adaptar los planes a medida que avanzamos, pero es buena idea tener una estrategia inicial. Si sabes cómo funciona tu mente, puedes anticipar las restricciones blandas y limitar su impacto. Gray y Fu ofrecen un ejemplo: montar un juguete infantil. ¿Te gusta leer todas las instrucciones antes de empezar o supone mucho esfuerzo para tu memoria? ¿Prefieres leer una instrucción, seguirla y pasar a la siguiente, o te cuesta mucho cambiar tanto de tarea? Algunos necesitamos dedicar más tiempo a las etapas iniciales, mientras que otros necesitan margen de maniobra más adelante. Valora tu enfoque cognitivo con tareas simples y después planifica en consecuencia.

Planifica para todo el grupo

Un buen plan tiene que incluir a todo el equipo. Un formato útil es el modelo de 1975 «entrada-proceso-salida» (ver «Efectividad del grupo» en la página siguiente). Algunas tareas solo requieren que todos participen a un nivel básico, pero cuanto más se complican las cosas, más variables tendrás que tener en cuenta. Aquí tienes algunos trucos que pueden serte útiles:

- Cuanto más complejo sea un determinado proyecto, más tendrás que planear, pues habrá tareas y subtareas.
- Si tus colegas tienen poca experiencia, planea con mucho detalle y prepárate para hacer cambios después de empezar, ya que aprenderán sobre la marcha la «planificación durante el proceso»

EFECTIVIDAD DEL GRUPO

Si trabajas con otros, debes hacer que todos cooperen para obtener el mejor resultado posible.
Este modelo «entrada-proceso-salida», ideado por los psicólogos J. Richard Hackman y C. G. Morris,
ayuda a predecir la efectividad del grupo. Cuando diseñes una estrategia, detalla tu propia versión.

ENTRADA	**PROCESO**	**SALIDA**	**OPINIÓN**
Variables incluidas: diseño de tareas; normas del grupo; experiencia y personalidad de todos los miembros del grupo; complejidad del reto.	**Variables incluidas:** estrategia de rendimiento; esfuerzo de todos; conocimientos y destrezas de los miembros del equipo.	La efectividad depende de cómo se combinan los elementos de entrada y proceso.	¿Qué puedes aprender para la próxima vez?

Ejemplos:
- La banda se prepara para tocar tres canciones nuevas.
- Vamos ensayando, pero hay tensión entre Miguel y Juan.
- Juan es un gran compositor, mientras que Sara y Ben están un poco oxidados.

Ejemplos:
- ¿Con qué frecuencia ensayamos?
- ¿Asistimos todos?
- ¿Somos buenos músicos?
- ¿Tenemos todos buena voluntad?
- ¿Quién es el líder? ¿Lidera sin olvidarse a nadie?

Ejemplos:
- Nuestro buen nivel musical y trabajo duro nos han permitido salir adelante la noche del concierto.
- En las dos últimas canciones no lo hemos hecho tan bien.

Ejemplos:
- ¿Qué han dicho los fans tras el concierto?
- ¿El organizador nos ha hecho algún comentario?
- ¿Tenemos problemas entre nosotros que queramos tratar?

 Además de elaborar el plan conjunto del grupo, pide a cada uno que cree el suyo propio, para aumentar la productividad. La investigación confirma que esto no se suele hacer a no ser que se pida, así que debe quedar claro que cada integrante del equipo debe tener su propio plan.

- No obligues a planificar demasiado si hacen algo que ya conocen bien: no es necesario y hace perder el tiempo.

Los grupos rinden al máximo cuando cada miembro tiene su propio plan y lo comunica bien al resto del equipo. No obstante, ya que no siempre planeamos a no ser que nos lo ordenen, prepárate para llevar el estandarte de una buena estrategia.

CONOCE TUS OBJETIVOS

Los líderes empresariales sugieren que cada plan incluya cuatro etapas:

1 **Propósito:** especifica tu tarea, y mantén tu visión y tus valores.

2 **Objetivos:** qué quieres hacer para avanzar hacia este propósito.

3 **Estrategias:** cómo conseguirás estos objetivos.

4 **Planes de acción:** qué hay que hacer, cuándo y quién debe hacerlo.

ASPECTOS DE UN BUEN PLAN

Según un estudio de 1990, un plan efectivo suele constar de cinco elementos clave:

1 **Orientación al futuro:** todo debe enfocarse hacia el objetivo y cómo conseguirlo.

2 **Comunicación:** todos los miembros del equipo deben interactuar lo máximo posible.

3 **Conoce tus debilidades**, amenazas, fortalezas y oportunidades (DAFO), y valóralas de manera continuada.

4 **Definición del rol:** todos tienen que tener clara su tarea.

5 **Planes de acción:** desarrolla y comunica ideas de lo que harás y cómo asignarás los recursos.

TOMAR LA PALABRA
DESTREZAS PARA HABLAR EN PÚBLICO

Independientemente de que tu idea del éxito implique el trabajar solo o tener que persuadir a miles de personas, es probable que tengas que hablar en público de vez en cuando. ¿Te sientes cómodo siendo el centro de atención?

De acuerdo con el *Wall Street Journal*, hablar en público es lo que da más miedo a los estadounidenses, ¡incluso más que la muerte misma! Es muy poco probable que nos tiren tomates, aunque nuestro discurso sea deplorable. Así pues, ¿de qué tenemos miedo en realidad y qué podemos hacer para evitar que este nos paralice?

Miedo a hablar

El miedo fundamental es que nos rechacen en masa; el rechazo es, literalmente, doloroso. Un estudio de 2013 de la Universidad de Michigan descubrió que el cerebro libera los mismos agentes químicos ante el rechazo social que cuando sufre dolor físico. Cuando decimos que el rechazo «duele», no somos metafóricos. Algunos psicólogos evolutivos también argumentan que el miedo a hablar en público afecta a la parte primitiva de nuestro cerebro, que cree que si perdemos el apoyo social nos quedaremos solos y amargados, y moriremos de hambre. No sorprende que

EN BUENA COMPAÑÍA

Según escribió el asesor de liderazgo Beverly D. Flaxington en *Psychology Today*, **tres de cada cuatro personas tienen miedo a hablar en público** a pesar de que la mayoría lo hace perfectamente bien.

«HAIL»: ALTO Y CLARO

En 2013, el asesor británico Julian Treasure definió este acrónimo para ayudar a los oradores a inspirar al público y que este quiera escuchar lo que se le dice.

Honestidad
Sé claro y di lo que piensas.

Autenticidad
Sé tú mismo; que la verdad te avale.

Integridad
Haz lo que digas que vas a hacer; sé digno de confianza.

Amor (*love*)
Desea lo mejor para tu audiencia; este sentimiento se notará en tu actitud.

---

a muchos les resulte difícil hablar en público, pero quizá es el momento de solucionarlo.

Mantén el buen humor

Algunos investigadores destacan el papel de las «neuronas espejo», que perciben cómo se siente alguien y producen el mismo sentimiento en nosotros. Cuando te estremeces porque alguien se ha hecho daño o cuando un amigo te contagia la risa, es producto de las neuronas espejo. Aprovéchalas cuando hables en público. Si hablas con pasión de tu proyecto, conseguirás contagiar tu entusiasmo al público.

Sé generoso con el público

Las populares charlas educativas TED aconsejan a los ponentes dar algo al público para que se lo lleven a casa (una percepción que puedan aplicarse a ellos mismos) y que crea que les beneficia, más que intentar «venderles» algo. Es fácil detectar

un discurso mecánico, pues por lo general nos provoca presión y no compromiso. Tienes que verte a ti y al público como miembros de la humanidad y reflexionar cómo vas a hablar para que todos se sientan bien sabiendo qué vas a compartir.

Considéralo una destreza

Hablar en público no sirve para determinar tu valor inherente; piensa que muchas de las personas más excepcionales del mundo vacilan o tartamudean ante un micrófono. Adopta una mentalidad creciente (ver p. 26): aprendes durante toda la vida y hablar en público solo es algo que debes mejorar con la práctica.

Nada de leer en voz alta

Finalmente, una nota sobre llevar notas. Utilízalas si quieres, pero no redactes un guion para seguir al pie de la letra. Solo los actores experimentados son capaces de pronunciar bloques de texto de

manera natural; además, si lees en voz alta, tendrás el problema añadido de tener que mirar la página en lugar de prestar atención al público. Tus apuntes tienen que ser notas breves que puedas captar con una ojeada y utilizar como trampolines entre ideas clave. Con esa estructura, hablarás al público de una manera más natural y directa.

✓ DOMINA TU MIEDO

Un poco de tensión puede ser buena para tu actuación (ver pp. 100-101). La tensión provoca que fluya la adrenalina, y la adrenalina te dará energía, que puedes aprovechar para impulsarte. Pon cara de confianza, porque ello retroalimentará tu humor, y acuérdate de que notar que estás nervioso no significa que vayas a fracasar, sino simplemente que tu cuerpo se prepara para el desafío.

CREAR UN DISCURSO

EL ARTE DE VENDER

Una cosa es tener una gran idea y otra convencer de ello a los demás. Ya estés recaudando fondos, buscando trabajo o compartiendo tu pasión, lo harás mejor si presentas tus planes de manera convincente.

Elaborar un discurso requiere arte para presentar tu valor o, como mínimo, el valor de tu obra, a los demás, lo que a veces no nos sale de manera natural. Por eso aquí tienes unos consejos basados en distintos estudios psicológicos.

✓ PREPÁRATE

- **Investiga tu mercado.** ¿Cómo es la demografía de tu público? ¿Qué les aportará lo que les ofreces? Ten en cuenta que la gente compra cosas por motivos propios y no para complacer a un desconocido.

- **Piensa en el precio.** Si piensas que el precio es caro, busca un público que cuente con un buen nivel de ingresos.

- **Conoce la competencia.** Si mucha gente hace lo mismo que tú, compite contra ellos añadiendo un extra, superándolos en calidad u ofreciendo mejor valor. Si tienes una idea única y original, ¿qué necesidad cubre y qué está cubriendo actualmente esa necesidad? Vende la idea de que lo tuyo será más satisfactorio.

- **Piensa en la flexibilidad.** Si atraes a gente muy diversa, modifica tu oferta para cubrir necesidades individuales.

- **Practica el discurso.** Perfecciona tus destrezas para hablar en público (ver pp. 136-137), ya que un mal orador da una mala imagen de su idea.

⊘ ENCARA BIEN LA SITUACIÓN

- **Conoce tu valor.** Si has tenido éxitos en el pasado u ofreces algo exclusivo conviértelo en el punto central del discurso.

- **Adopta técnicas de venta.** Todos reconocemos el estereotipo del vendedor pesado, pero no dejes que las asociaciones negativas afecten a tu discurso. Recuerda que presentas algo significativo y genuino, intenta considerar de manera positiva el arte de vender.

- **Mantén tu lenguaje corporal de calma y confianza.** Gesticular o moverte nervioso serán distracciones a la hora de comunicar tu mensaje.

- **Mantén contacto visual.** Conecta visualmente con la audiencia; te ayudará a comunicar mejor.

- **Ten ganas de aprender.** Anima el debate, haz preguntas y acepta opiniones y críticas. Hace falta coraje, pero un vendedor responsable es un buen vendedor.

- **Siéntete cómodo negociando.** Incluso un buen vendedor no siempre tiene lo que le piden, así que practica con amigos hasta que te sientas cómodo con los avatares de la negociación.

- **Vuelca tu pasión.** Esta idea es tuya, y tú crees en ella. Que lo vea todo el mundo.

⊘ ESTRUCTURA BIEN TU DISCURSO

- **Empieza por la conclusión.** Según la asesora ejecutiva Patricia Fripp, debes dejar claro desde el principio por qué estás ahí. Todo lo que añadas servirá de apoyo.

- **Que sea simple, pero memorable.** Explica algo que sea fácil que cale en la gente y lo repita a los demás.

- **Describe beneficios y costes.** No escatimes en estos elementos: el público quiere conocer ambos aspectos.

- **Sé concreto en lo que necesitas.** Cuanto más claro y preciso seas, más profesional te verá tu audiencia.

ELIGE TU ESTILO

En 2015, el proveedor de formación en ventas TACK International observó que el 50 % de los oyentes encuestados prefería discursos y presentaciones con debate:

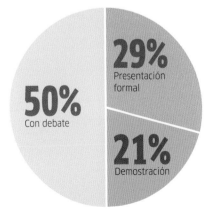

50% Con debate

29% Presentación formal

21% Demostración

⊗ NO LO ESTROPEES

Kimberly D. Elsbach, profesora de conducta organizacional de la Universidad de California, identifica cuatro estilos de discurso que pueden hacer fracasar tu exposición:

1 **El pusilánime.** Es bueno adaptarse a las necesidades del público, pero si haces cambios en cada comentario, parece que no estés seguro de tu propia idea; y si tú no estás seguro, nadie más lo estará. Acepta las críticas, pero explícate y defiéndete cuando sea preciso.

2 **El robot.** No leas de un guion o respondas preguntas con discursos ya preparados. Interactúa y responde al público para que se sienta «escuchado» y entendido.

3 **El vendedor de coches de ocasión.** Las promesas extravagantes para engatusar con una venta complicada harán que la gente se vaya. Tómate en serio y sé creíble.

4 **El mendigo.** No suenes muy necesitado, y si te dicen que no, no supliques. En general, al público le interesa lo que les puedes ofrecer, no lo que pueden hacer por ti.

BREVE, POR FAVOR

El **52%** de los clientes quieren que una propuesta inicial tenga una extensión **inferior a las tres páginas**.

DEFIENDE A TU EQUIPO

CÓMO PROTEGER TU PROYECTO

Embarcarse en un proyecto en equipo implica muchos factores y a veces las cosas no salen bien. ¿Cuál es la mejor manera de mantener la productividad y potenciar la armonía del grupo?

Cualquier grupo vive momentos de conflicto, moral baja y poca cohesión. ¿Cómo evitarlos y darle la mejor oportunidad de triunfar al equipo?

Un buen plan

El sentido común nos dice que un proyecto bien planeado tiene mayor probabilidad de triunfar; y la ciencia le da la razón: según un estudio de 2013 realizado en Australia y Fiyi es útil anticiparse a posibles riesgos (ver «Tipos de riesgos», a la derecha). Planificar bien tiene dos ventajas:

- Ante un nivel alto de riesgo, los proyectos bien planificados son más eficientes: tienen una probabilidad mayor de acabar a tiempo y dentro del presupuesto.
- Ante un nivel bajo de riesgo, los proyectos bien planificados son más efectivos: tienen una mayor probabilidad de conseguir buenos resultados.

Para que todos los miembros del equipo sigan el plan, deben estar motivados y colaborar, por eso son importantes las buenas destrezas de gestión.

La pregunta clave

Varios estudios confirman que lo más importante para mantener cohesionado al equipo es poder contestar una pregunta simple: «¿Por qué hacemos esto?». Desanima y confunde no tener esta cuestión clara y, en tal caso, se pierde la concentración y se tiende más al conflicto.

Hay muchos motivos para no formular esta pregunta. Un estudio del Instituto de Tecnología de Massachusetts (MIT) de 2013

LAS CUALIDADES DE UN GRAN EQUIPO

Los profesores de dirección Dov Dvir y Aaron J. Shenhar han estudiado más de 400 proyectos en diversas industrias de todo el mundo desde la década de 1950 y han hallado diferentes rasgos comunes en los equipos extraordinarios:

1 Trabajaban para ofrecer algo único o de valor excepcional.

2 Invertían mucho tiempo en definir el proyecto, a fin de que todos conocieran bien la visión y el objetivo del grupo.

3 Podían crear una cultura de proyecto revolucionaria. Si las antiguas costumbres no funcionaban, las cambiaban por lo que les sirviera para llegar al objetivo real.

4 Tenían líderes de gran destreza personal y comunicativa que estaban en contacto permanente con el eslabón inferior de la cadena de mando.

5 No intentaban reinventar la rueda. Si ya existía un conocimiento aplicable, lo utilizaban.

6 Los equipos tenían diversidad suficiente para adaptarse a los cambios del mercado.

7 Tenían una potente filosofía de espíritu de equipo en el trabajo. Los miembros del equipo se sentían copropietarios, y los líderes lo respetaban.

ofrecía diversas posibilidades, incluido el sesgo activo (el equipo empieza a trabajar antes de pensar en el panorama general) y buscar una solución conocida (ya se han visto situaciones parecidas antes y no se tiene en cuenta que cada situación es particular). El equipo del MIT, en cambio, sugiere preguntarse lo siguiente:

- ¿Cuál es el mayor problema?
- ¿Así se conseguirá solucionar el problema real?

- ¿Cuántas posibles causas encontramos? ¿Lo tenemos todo en cuenta?
- ¿Estamos de acuerdo en por qué es necesario el proyecto?
- ¿Hemos debatido de manera abierta y sincera sobre cualquier problema oculto?
- ¿Vamos hacia el objetivo o nos estamos desviando?

Así los conflictos personales pierden protagonismo y toda información nueva se usa en pos del objetivo común.

Q TIPOS DE RIESGOS

Al hacer planes, intenta anticipar posibles riesgos futuros. Diferentes teóricos sugieren distintas áreas de consideración; elige aquella con la que te sientas más cómodo.

El experto en gestión de proyectos Max Wideman sugiere estas cinco áreas de reflexión:

- **Riesgo externo impredecible e incontrolable:** p. ej., el gasto extra por daños meteorológicos al edificio.

- **Riesgo externo, predecible e incontrolable:** p. ej., el proveedor principal parece que vaya hacia la bancarrota.

- **Riesgo interno, no técnico y controlable:** p. ej., tensiones de plantilla bajan la productividad.

- **Riesgo interno, técnico y controlable:** p. ej., poca seguridad informática.

- **Riesgo legal y controlable:** p. ej., problemas de *copyright* pendientes de investigar.

El experto en gestión Avraham Shtub y su equipo sugieren considerar estas tres áreas:

- **Riesgo de actividad técnica:** p. ej., ¿envías tus productos frágiles con seguridad?

- **Riesgos de presupuesto:** p. ej., ¿podrás pagar a todos el año que viene?

- **Riesgos de agenda:** p. ej., ¿cumplirás la fecha de entrega?

TOMAR EL CONTROL
DIRECCIÓN Y LIDERAZGO

Hay momentos en los que tienes que levantarte y usar tu influencia, independientemente de que dirijas un departamento o hables en nombre del equipo. ¿Cuál es la mejor manera de transmitir el mensaje?

Se suele suponer que dirección y liderazgo son lo mismo. No obstante, probablemente es más preciso decir que el liderazgo es una de las muchas destrezas necesarias en un directivo.

Es posible ejercer de líder, aunque no tengas el mando. Por ejemplo, alguien que quiere persuadir al grupo de cambiar para mejorar ejerce el liderazgo, sea el jefe o no. La dirección, en cambio, implica un desafiante equilibrio de autoridad y destrezas organizacionales. Quizá aspiras a dirigir bien, pero que seas el líder depende de tus acciones, no de tu cargo en la empresa.

Establece tu estilo
A los triunfadores les gusta decir que conocen el «secreto» del liderazgo, pero las diferentes situaciones piden diferentes enfoques. La idea propuesta por los teóricos de la contingencia Robert Tannenbaum y Warren Schmidt (ver «El continuo del liderazgo» en la página siguiente) divide los estilos de liderazgo en cuatro grupos, según la autoridad ejercida:

1 **«Comunicar».** En tanto que líder eres autocrático, pero no necesariamente demasiado estricto. Las normas son las que son y tu trabajo es comprobar que se siguen.

2 **«Vender».** La decisión ya está tomada, tu trabajo es presentarla al equipo. Las destrezas clave son la persuasividad y el entusiasmo.

3 **«Consultar».** Sabes qué quieres conseguir, pero el equipo tiene mucho que decir sobre cómo hacerlo. Tu trabajo es motivar y delegar, además de dirigir.

4 **«Participar».** Defines qué es necesario y cuáles son los parámetros de la tarea, pero confías en las destrezas y motivación del equipo para que trabajen de manera productiva. Les das la máxima responsabilidad posible.

Según la tarea y tu equipo, quizá debas ajustar tu estilo de liderazgo. El buen líder está abierto a las críticas y tiene la capacidad de cambiar de enfoque según la necesidad de cada situación.

> **El liderazgo** no es cuestión de títulos u organigramas. Se trata de **una persona que influye en otra.**
>
> **John C. Maxwell**
> Autor sobre el liderazgo y conferenciante

Inspira a la gente

Piensa en antiguos jefes, maestros o personas de influencia de tu vida. ¿Qué te impresionó? ¿Qué puedes aprender de ellos?

Cada cultura valora diferentes rasgos de personalidad, pero los estudios sugieren que las siguientes cualidades casi siempre inspiran confianza en todo el mundo:

- **Habla claro.** En un mundo de cambios, los líderes quizá tengan que cambiar de estrategia y eso puede confundir a sus equipos. Deja claro tu objetivo final para conservar la integridad, aunque tengas que ajustar la táctica.
- **No te engañes: escuchar y estar de acuerdo no es lo mismo.** El líder que no escucha nos desanima y el líder que no conserva su autoridad nos frustra. Muéstrate abierto a las opiniones de los demás, pero cuando tengas que tomar decisiones, hazlo.
- **Responsabilízate.** Todos, sin excepción, cometemos errores; no querer reconocerlos ni corregirlos crea una tensión innecesaria.
- **Ten confianza, pero no seas arrogante.** El antídoto contra un exceso de confianza es la apertura. Los demás siempre tienen algo que enseñarte.
- **Controla los resultados** y aplica lo que has aprendido.

Un buen líder mejora las cosas para su equipo. Si aceptas tus responsabilidades y encuentras un estilo adecuado para todos, tu equipo será el mejor para alcanzar su compromiso.

EL CONTINUO DEL LIDERAZGO

En 1958, los teóricos de la contingencia Robert Tannenbaum y Warren Schmidt desarrollaron en Estados Unidos este importante modelo de liderazgo. Hallaron que diferentes grupos y tareas funcionaban mejor con distintos tipos de líder:

Liderazgo centrado en el jefe ◄──────► Liderazgo centrado en el equipo

Dirige al equipo

Implica al equipo

Comunicar   Vender   Consultar   Participar

ESTILOS DE LIDERAZGO

Q ¿ESTAMOS TODOS DE ACUERDO?

La psicóloga Anna Lebedeva identifica tres respuestas diferentes entre los actores (sean miembros de un equipo, clientes o promotores) al proponer un cambio:

1 **Defensores activos:** son aquellos a los que les gusta la nueva idea y la apoyan. Un buen líder los reconoce y agradece su apoyo en público.

2 **No comprometidos:** los que prefieren esperar y ver qué pasa. La mejor manera de persuadirles es rodearlos de defensores activos.

3 **Detractores activos:** los que se oponen o critican. Estos precisan de persuasión más directa.

VISIÓN GLOBAL DEL LÍDER

El experto en gestión John Adair afirma que el rendimiento del grupo depende de cómo equilibran los líderes las necesidades de la situación general. Cuando estés al mando, debes ser consciente de todos estos aspectos:

Necesidades de la tarea

Necesidades del grupo

Necesidades individuales

RECUERDOS Y MEMORIA

MAXIMIZA TUS RECURSOS MENTALES

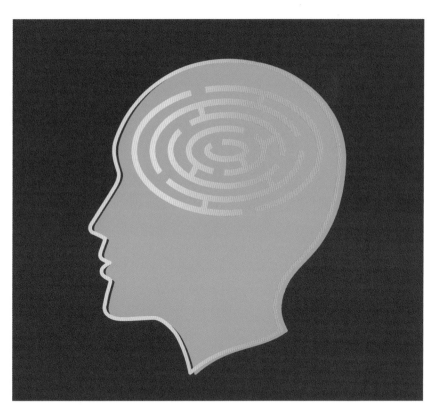

La memoria forma parte del *kit* de supervivencia humana, pero ¿cómo aprovechamos hoy nuestro primitivo cerebro? Saber cómo funciona la memoria nos será útil tanto para aprender algo como para mantener nuestro optimismo.

Desconocemos por qué tenemos la capacidad de crear y recuperar recuerdos. Lo más probable es que esta función evolucionara no para recordar el pasado, sino para informarnos sobre cómo reaccionar en el presente e intentar predecir el futuro. Saberlo nos será útil cuando busquemos maneras de retener información, y también puede ayudarnos a lidiar con las expectativas.

Piensa en el contexto

¿Tienes que recordar algo? Los estudios demuestran que la memoria es plástica; es decir, está programada para adaptarnos lo mejor posible al entorno. Según un estudio de 2007 (ver «Instinto de supervivencia», en la página siguiente), es mucho más probable que recordemos ideas que asociamos a la supervivencia; por eso, si tienes que recordar una información, imagínatela en ese contexto; no hace falta que entres en pánico, claro: la situación puede ser imaginaria o estar relacionada con los rasgos positivos de la «supervivencia», como hacer aliados o atraer a posibles parejas.

No obvies lo positivo

La memoria nos ayuda a sobrevivir, pero también nos puede perjudicar. Los estudios declaran que tenemos mucha tendencia hacia el «olvido de la duración», lo que puede traer pensamientos negativos.

He aquí un ejemplo de los psicólogos Daniel Kahneman y Jason Riis: un melómano escucha con deleite una larga sinfonía, pero al llegar a los últimos compases el disco está rayado

INSTINTO DE SUPERVIVENCIA

Un experimento internacional de 2007 hizo leer listas de palabras seleccionadas al azar, como «piedra» o «silla», a tres grupos de voluntarios. A continuación se formuló una pregunta diferente a cada grupo:

Imagina que estás perdido en la selva de un país que no conoces. Evalúa qué palabras están más relacionadas con tu propia **supervivencia**.

Aquí tienes una lista de palabras. Evalúa cada palabra según lo **placentera** que la encuentres.

Imagina que **planeas mudarte de casa** al extranjero. Evalúa qué palabras están más relacionadas con cumplir esta tarea.

Aunque la lista de palabras era idéntica en los tres grupos, los voluntarios que debían pensar en su supervivencia recordaron más palabras. Esto es la memoria «flexible»: recordamos mejor lo que nos ayuda a adaptarnos, y sobrevivir, a nuestro entorno.

Porcentaje de palabras recordadas correctamente:

Es probable que el melómano diga que la experiencia general fue un desastre, pero, en realidad, el problema solo está en el recuerdo, que se encuentra muy mediatizado por el problema final: durante más de una hora, toda su experiencia fue un placer.

Tendemos a evaluar los recuerdos de experiencias basándonos en el momento cumbre o en el final.

Cuando te motives, ten en cuenta que quizá pones mucho énfasis en los momentos malos sencillamente porque fueron intensos. No dejes que esa intensidad te desanime. Un «fracaso» puede estar precedido de meses o incluso años llenos de éxitos. Procura recordar toda la información, y no solo la más dramática, y con toda seguridad tu confianza crecerá.

EL PALACIO DE LA MEMORIA

Los antiguos griegos y romanos eran maestros del discurso, que pronunciaban sin apuntes. Su truco: crear un «palacio de la memoria», en el que colocaban recuerdos extravagantes en un entorno conocido. Pruébalo: supón que quieres elaborar un discurso para ampliar el mercado de un producto, desarrollar una campaña publicitaria en Canadá y ponerla a prueba en las redes sociales. Imagina lo siguiente:

- Estás fuera de casa. Hay una planta descomunal en la puerta que crece a toda velocidad. (Te recuerda la palabra «crecer».)

- Entras en casa. Hay un payaso en el vestíbulo con una hoja de arce en la nariz. (Se parece a la hoja de la bandera de Canadá, lo que te recuerda la campaña publicitaria.)

- Te vas a la cocina, pero allí te encuentras la encimera llena de ordenadores cotilleando sobre la tostadora. (Es tu manera de recordar «redes sociales».)

Los retóricos clásicos no recordaban los discursos palabra por palabra, sino tema por tema. La ciencia actual demuestra que lo hacían bien, porque nuestra memoria visuo-espacial es más potente que nuestra capacidad para retener información verbal y numérica. Si tienes que recordar algo, intenta crearte un palacio de la memoria con pistas extravagantes.

PENSAMIENTO CRÍTICO
EL PODER DEL ESCEPTICISMO

Cuando queremos tener éxito, es tentador seguir cualquier consejo que nos suene esperanzador. Sin embargo, la clave está en ser sensato, formular preguntas y tener cautela al escuchar «historias de éxito».

El pensamiento crítico no surge de manera natural; de hecho, los estudios sugieren que la mayoría no somos críticos, solo lo son aquellos que hayan recibido formación específica. Cuando hay que tomar decisiones importantes, continúa siendo indispensable aplicar la lógica.

Manejar la información

Al empezar un proyecto, el primer paso es recabar toda la información apropiada. Para hacerlo con efectividad, sigue las recomendaciones de la Asociación Americana de Bibliotecas Universitarias y de Investigación que enumeramos a continuación y que, según esta institución, son claves para manejar adecuadamente la información:

- Define la naturaleza y el grado de la información que vas a necesitar.
- Obtenla de la manera más eficiente posible.
- Evalúala de manera crítica, incluyendo la fiabilidad o sesgo de la fuente.
- Utiliza la información de manera efectiva, ética y legal para alcanzar un objetivo específico.
- Recuerda que la alfabetización informacional forma parte del aprendizaje constante de la vida.

La primera parte del pensamiento crítico es conocer toda la información disponible, para tener así una base sólida sobre la que tomar decisiones.

Sigue buenos ejemplos

Sean cuales sean tus aspiraciones, es probable que tengas modelos de rol y personas que admires. En tal caso, es natural seguir sus consejos para tener éxito; al fin y al cabo, si su método les funcionó, ¿seguirlo también te tendría que funcionar?

No obstante, has de ser prudente en este sentido. El pensamiento crítico revela el motivo: los triunfadores son, en efecto, un grupo de datos incompleto. Por ejemplo, alguien que lo arriesgó todo en una empresa y se convirtió en multimillonario es probable que recomiende estrategias

> Creemos que **tomamos una decisión** porque **tenemos buenos motivos**..., [pero] creemos en los motivos porque **ya hemos tomado la decisión**.
>
> **Daniel Kahneman**
> Psicólogo de origen israelí y premio Nobel

valientes y compromiso absoluto. Pero seguro que hay otros que hicieron lo mismo y acabaron en bancarrota; estos, en cambio, te aconsejarán precaución y conservar tus activos. Si solo te fijas en las historias de éxito, te faltarán datos para conocer el conjunto de la situación.

Sesgo de supervivencia

El «sesgo de supervivencia» es una falacia lógica habitual. Tendemos a escuchar las historias de éxito, los supervivientes, porque los otros no están para contarlo. La historia nos ofrece un ejemplo dramático con el caso del estadístico Abraham Wald, que durante la Segunda Guerra Mundial fue contratado por las fuerzas aéreas de Estados Unidos para hacer sus bombarderos más seguros. Cuando los aviones volvían del combate, presentaban balazos en las alas, fuselaje y cola, y se quería reforzar esas áreas porque eran las que recibían más impactos.

Pero Wald hizo una observación: estos balazos no destruían el avión y que lo que hacía falta era más protección en las áreas *sin* impactos, ya que, si los recibía allí, el avión no regresaría a la base. Sus cálculos basados en esta lógica han salvado a muchos pilotos, y continúan siendo vigentes.

Cuando te den consejos sobre cómo lograr el éxito, asegúrate de tener todos los datos. Consigue la máxima información posible y ten en cuenta que los «ganadores» no tienen todas las respuestas. La decisión es tuya, hazte preguntas y llega a tus propias conclusiones.

EL SILOGISMO CLÁSICO

El filósofo clásico Aristóteles enseñó una forma de razonamiento que acabó siendo la piedra angular del pensamiento occidental: el silogismo de tres términos o razonamiento deductivo, útil para ver si nuestros indicios tienen sentido. Mírate estos dos silogismos e intenta deducir cuál es falso.

Ambas conclusiones son técnicamente correctas, pero la de la derecha está mal razonada: no contempla la posibilidad de que Sócrates sea otra criatura mortal. Los argumentos pueden llegar a una conclusión aparentemente correcta, pero siempre hay que prestar atención a la lógica real.

Todos los hombres son mortales

Sócrates es un hombre

Por lo tanto, Sócrates es mortal

Todos los hombres son mortales

Sócrates es mortal

Por lo tanto, Sócrates es un hombre

¿CÓMO GESTIONAMOS LA INFORMACIÓN?

La teoría psicológica del «procesamiento dual» argumenta que cuando valoramos la información utilizamos dos tipos de procesos de pensamiento: la toma de decisiones y el pensamiento reflexivo. Cuando tengas que decidir, pregúntate qué proceso domina y si te conviene equilibrarlo con el otro.

Proceso mental	Cómo funciona	A favor	En contra
Toma de decisiones	Automática, rápida y basada en experiencias previas.	En las situaciones diarias, es eficiente y evita agonías innecesarias.	Es irreflexiva, tiende al pensamiento sesgado y es vulnerable a la desinformación.
Pensamiento reflexivo	Racional, consciente y centrado.	En situaciones nuevas o complejas, es mucho más probable llegar a una conclusión correcta.	Exige tener buena memoria, más tiempo y capacidad de concentración.

TUS ÁNGULOS MUERTOS

CÓMO MANTENER UNA PERSPECTIVA RACIONAL

Cuando jugamos, ya sea en un casino o en la bolsa, muchos creemos que vamos a ganar. Conocer las causas psicológicas que hay detrás de esta falsa creencia nos puede ayudar a tomar el camino hacia el éxito.

No siempre actuamos de manera racional cuando tomamos decisiones sobre nuestros intereses. De hecho, si nos encontramos en una mala situación, a menudo la empeoramos tomando un curso de acción impredecible, en lugar de aceptar las pérdidas y evitar más daños.

La falacia de costo hundido

Si hemos invertido en algo que no hemos amortizado, sea dinero en una empresa que no ha tenido éxito o en fichas del casino, o bien tiempo en una relación infeliz, es muy difícil dejarlo escapar. Esta es la falacia de costo hundido. Nuestro instinto es continuar invirtiendo dinero o tiempo en ello, ya que esperamos que nuestra inversión acabe valiendo la pena. Abandonar es reconocer que hemos perdido algo que no recuperaremos, y ese pensamiento duele tanto que preferimos evitarlo siempre que sea posible.

TEORÍA PROSPECTIVA

Si una elección o producto ofrece una recompensa incierta, debemos evaluarlo más por su prospección que por su utilidad. Es decir, tendemos a evaluar el valor de las cosas según su *posible* valor futuro más que el actual; y si ese «posible» valor es tentador, lo más probable es que tomemos decisiones irracionales e invirtamos demasiado en algo por cuya utilidad no vale la pena que nos esforcemos. Vale la pena ser consciente de los posibles futuros resultados, pero no dejes que te dominen: una prospección no es una certeza.

Por supuesto, el problema es que, si algo realmente es una mala apuesta, entonces mantenerlo solo aumenta nuestras pérdidas. En lugar de abandonar una mala relación de cinco años, por ejemplo, la convertiremos en una mala relación de diez años; y antes de aceptar que hemos perdido mil euros, perderemos mil más. Al final, retrasar el dolor de admitir nuestro problema solo añade más dolor. A veces simplemente tenemos que cortar por lo sano.

El poder de perder por poco

Un experimento de 2016 publicado en *Journal of Gambling Studies* halló que los que perdían por muy poco mostraban frecuencias cardiacas más elevadas y un mayor deseo de volver a apostar que los que perdían por mucho. Recuerda, siempre, que perder por poco sigue siendo una pérdida, así que respira hondo antes de actuar.

CANTIDAD FRENTE A PROBABILIDAD

En 1994, los psicólogos Veronika Denes-Raj y Seymour Epstein ofrecieron a un grupo de voluntarios un dólar si sacaban una gominola roja de una mezcla de gominolas rojas y blancas. Para ello, tenían que elegir entre dos boles tapados: uno grande, con más gominolas rojas, pero con menos probabilidades, y otro pequeño, con menos gominolas rojas, pero con más probabilidades. La mayoría de los sujetos, aunque conocían las probabilidades de antemano, escogían el bol grande. Los tamaños de los boles influyeron más que su juicio racional a la hora de hacer la mejor apuesta. Al tomar decisiones, no dejes que la cantidad te impida ver las probabilidades reales.

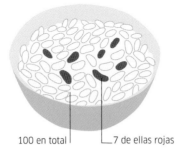

Bol grande

100 en total | 7 de ellas rojas

7 %

de probabilidad de éxito

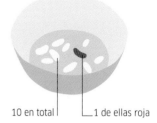

Bol pequeño

10 en total | 1 de ellas roja

10 %

de probabilidad de éxito

Q LA FALACIA DEL JUGADOR

¿Varias pérdidas seguidas significan que el premio está a punto de caer? Por desgracia, no. Esto es la falacia del jugador: cree que la probabilidad de que algo ocurra la próxima vez es menor si acaba de pasar. Por ejemplo, si lanzas una moneda seis veces y sale siempre cara, ¿cuál es la probabilidad de que en la próxima tirada salga cruz? Si crees que es superior al 50 %, eres víctima de la falacia del jugador. Evalúa todas las oportunidades según sus probabilidades.

Q LA FALACIA DE LA COMPOSICIÓN

A veces creemos que el total será tan bueno como cada una de las partes. Supongamos, por ejemplo, que estás al frente de una nueva empresa, y sabes que todos los que forman parte del proyecto son productivos y eficientes. Parece lógico pensar que, como resultado, la empresa también será productiva y eficiente, aunque no suele ser así. La falacia de la composición no explica cómo las diferentes «partes» interactúan entre ellas; si, por ejemplo, tu eficiente administrador y tu jefe de TI, también muy capacitado, piensan que el otro se encarga de la recogida de datos de la prueba de prototipos, entonces tienes un problema. Una sección compuesta por gente buena puede trabajar en un mal proyecto, y a un proyecto compuesto por buenas ideas le puede faltar un buen líder. Al formar un equipo con un objetivo común, comprueba siempre la visión global, así como la de cada uno de los individuos implicados.

CAPÍTULO 5
TU
VISIÓN

ESTABLECER Y LOGRAR OBJETIVOS

DUEÑO DE TU DESTINO
MANTENTE MOTIVADO

¿Te ves como un emprendedor dinámico o te resulta difícil continuar un proyecto sin alguien más que te ayude? El modo en el que te ves a ti mismo puede tener un impacto sorprendente en tus éxitos.

Tienes el poder de cambiar tu propio mundo. ¿Lo crees de verdad? ¿Qué parte de tu vida dirías que ha sido fruto de la suerte? Tus respuestas a preguntas como estas pueden influir en tu capacidad para lograr objetivos.

El lugar de control

En 1954, el psicólogo estadounidense Julian Rotter originó una teoría, ahora famosa, conocida como el «lugar de control». En palabras de Rotter, es el grado en el que una persona espera que «un resultado de su comportamiento dependa de su propio comportamiento o características personales». Dicho de otra manera, se refiere al lugar en el que crees que reside el control de tus circunstancias: en tu interior o en factores externos.

En muchos estudios se ha observado que las personas con un lugar de control *interno* alto tienden a tener más éxito, se desarrollan mejor, disfrutan más de su trabajo, son más capaces de retrasar la gratificación y les gustan los desafíos. Creer que puedes tener éxito genera una mayor autoestima y una motivación más fuerte (aunque

✓ LA MOTIVACIÓN SIGUE A LA ACCIÓN

¿Comienzas algo nuevo? Sigue el truco del experto en terapia cognitiva del comportamiento David D. Burns: «La motivación *no es* lo primero, ¡lo primero es la *acción*!». A menudo, la mejor manera de comenzar es poniéndose en marcha y esperar que llegue la motivación.

¿INTERNO O EXTERNO?

¿Tienes un lugar de control interno alto o bajo? ¿Con cuál de estas afirmaciones estás de acuerdo?
Cuantas más afirmaciones en rojo escojas, más alto será tu lugar de control interno:

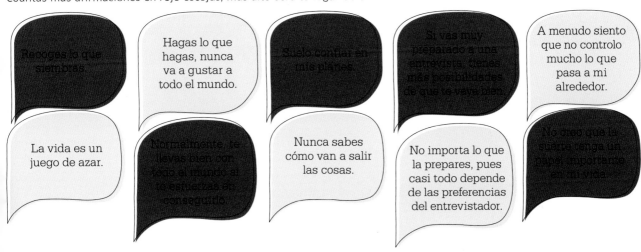

también puede hacerte más crítico y hacer que te tomes los fracasos como algo personal). Si, por otro lado, crees que es difícil actuar sin la motivación de otros, tienes un lugar de control *externo* alto, y te vendrá bien buscar áreas donde ejercer más control.

¿Eso ayuda?

No podemos controlarlo todo a nuestro alrededor. Sin embargo, según un estudio de 1980 del psicólogo estadounidense S.M. Miller, incluso una percepción incorrecta del control tiende a mejorar el bienestar. Cuando se trata de automotivarse, desarrollar una actitud de tener el control, incluso ante la duda, es la mejor manera de pasar a la acción. Para mantener la motivación, céntrate en lo que controlas y aprovecha la ayuda que te ofrezcan los demás si te resulta necesaria. Comprobarás que tienes más control sobre tu mundo de lo que hubieses creído.

Q CUANDO NO TE INTERESA ALGO

La teoría de la autodeterminación (TAD) indica que un trabajador se estresa menos cuando considera que su trabajo es intrínsecamente motivador (ver pp. 72-73), es decir, cuando disfruta de él. Si no hay nada intrínsecamente gratificante en una tarea, los siguientes factores motivadores podrían ayudarte:

- **Motivadores externos.**
  Lo haces para que te paguen o para contentar a otros.

- **Motivadores de autoestima.**
  Estás orgulloso al hacerlo bien y culpable y ansioso al hacerlo mal.

- **Motivadores interiorizantes.**
  Intentas identificar las causas externas. Podrías decir: «Creo en lo que hace mi empresa, así que todo detalle cuenta».

Q ¿PROBLEMAS PARA DECIDIR?

Un estudio realizado en 2015 con estadounidenses, israelíes y chinos que tomaban decisiones profesionales, investigó qué factores facilitaban o dificultaban sus elecciones. Entre ellos, los que tomaron decisiones con mayor éxito mostraron:

- Un lugar de control interno.

- Menos procrastinación.

- Mayor velocidad a la hora de tomar decisiones.

- Menos dependencia de los demás.

También hallaron que la mayoría se benefició de una recopilación de información más extensa (excepto los estadounidenses) y de estar menos preocupados por complacer a los demás (excepto los chinos).

MENTALIDAD GANADORA
DIEZ PENSAMIENTOS PARA MOTIVARTE

¿Qué les pasa por la cabeza a los grandes triunfadores? Si quieres centrarte y persistir ante un reto, intenta adoptar algunas de estas útiles y positivas actitudes.

El triunfo aparece de muchas formas, y todos tenemos nuestras propias ideas sobre lo que podría ser el éxito. Sin embargo, los estudios muestran que los grandes triunfadores del mundo tienen una perspectiva similar ante la vida. Si te cuesta mucho motivarte, prueba estas maneras de pensar y ver las cosas para ver si avanzas.

1 El éxito importa más que el poder.
Las personas pueden ascender a cargos de gestión si su objetivo principal es la autoridad, pero las que realmente forjan su sitio en el mundo tienden a ser las que se sienten mejor con ellas mismas cuando consiguen algo importante. Cierta autoridad puede ser necesaria para lograr tus objetivos y hacer que pasen las cosas, pero es un medio, no una finalidad. El objetivo es sentir que has hecho algo que, según tus valores, es significativo.

2 Es mi responsabilidad.
Las personas con éxito tienden a tener un lugar de control interno alto (ver pp. 152-153), y creen que sus esfuerzos son lo que marca la diferencia. La atención se centra en hacer lo que se tiene que hacer y no en esperar a que te animen o te den instrucciones. Aceptar la responsabilidad también significa saber cuándo pedir ayuda.

3 Es una oportunidad, no una amenaza.
Cuando surge un reto, las personas con mentalidad ganadora se emocionan más por la oportunidad que ofrece y se preocupan menos por lo que puede salir mal. Saben que no es fácil conseguir lo que vale la pena, así que, si el proyecto es bueno, será complicado.

4 Lo disfrutaré.
La perseverancia conlleva satisfacciones, una sensación que puede ser adictiva para las personas exitosas. Considera un juego centrarte en algo a largo plazo, así cada día que avances hacia tu objetivo será una victoria. Si consideras un juego tus esfuerzos, padecerás menos estrés porque reducirás la sensación de amenaza y el proceso te resultará divertido y gratificante.

> No se aprende a caminar siguiendo reglas. **Se aprende caminando** y **cayéndote**.
>
> **Sir Richard Branson**
> Fundador de Virgin Group

43 %

MÁS PRODUCTIVOS

La consultoría global Hay Group halló que las compañías con **empleados motivados** tenían un 43 % **más de productividad** que aquellas con personal desmotivado.

5 **No vale la pena preocuparse por el talento.** Las capacidades con las que naces marcan la base de un posible éxito, pero, sin práctica, el talento natural no se desarrolla, como un músculo que no se utiliza. Es poco lo que se puede hacer solo con los atributos innatos, pero es mucho lo que podemos elegir hacer con ellos. Incluso las personas muy dotadas deben continuar desarrollando sus capacidades, así que es más productivo centrarse en lo que quieres hacer y aprender que preocuparte por si eres bueno en algo.

6 **Hay que trabajar duro.** Para los que se comprometen en lo que hacen, el trabajo duro es algo admirable e interesante. Se sienten bien con ellos mismos viviendo sus valores y están dispuestos a trabajar duro mucho tiempo.

7 **El fracaso no significa mucho.** Las personas con éxito no suelen dar importancia a que algo no salga bien las primeras veces, y lo consideran una parte del proceso

TRABAJADORES COMPROMETIDOS

Según un sondeo de 2014 de Gallup, mientras que menos de un tercio de los trabajadores estadounidenses estaban motivados y absorbidos por su trabajo, los niveles de compromiso eran los más altos desde el año 2000 (entonces solo un 26 % estaban comprometidos). Dedícate a identificar y buscar personas así, ya que su motivación te motivará.

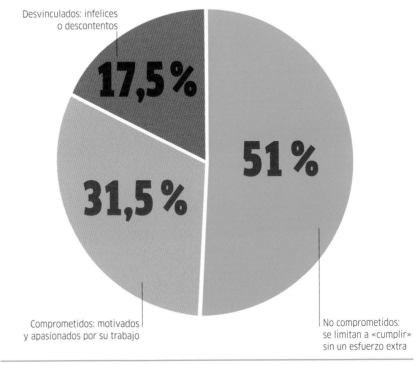

Desvinculados: infelices o descontentos — 17,5 %

Comprometidos: motivados y apasionados por su trabajo — 31,5 %

No comprometidos: se limitan a «cumplir» sin un esfuerzo extra — 51 %

mismo de aprendizaje. Es necesario un gran número de reveses para que empiecen a considerar algo como imposible.

8 **No te cierres puertas.** Aunque quizá alguien no te guste, piensa que a lo mejor tendrás que colaborar con esa persona en el futuro. Tener adversarios no es bueno para la reputación. Es mucho más fácil y menos estresante ser civilizado y mostrarse como alguien con quien se puede colaborar. Nunca se sabe quién va a terminar conociendo tu forma de actuar, así que merece la pena ser profesional.

9 **Que no te atrape la rutina.** La práctica no nos hace mejorar si hacemos lo mismo una y otra vez. Lo que funciona es la «práctica deliberada»: practicar constantemente a un nivel algo superior a nuestra zona de confort.

10 **¿Cuál es mi siguiente paso?** Evolucionamos continuamente, así que es probable que tus objetivos cambien con tus progresos. Los grandes triunfadores incluyen opiniones de otros en sus agendas e identifican qué hacer a partir de esta información. Evalúa y actualiza tus objetivos siempre.

SUPERA LA PROCRASTINACIÓN

APROVECHA EL TIEMPO Y LOS RECURSOS

La mayoría es consciente de que es mala idea postergar las cosas, de hecho, los estudios confirman que la procrastinación lleva a un peor rendimiento académico, menos cuidado personal, peor salud y empleo, mayores niveles de estrés, ansiedad y depresión, e incluso más soledad. Dados estos efectos negativos, puedes pensar que nos motiva mucho evitar a toda costa la procrastinación. No obstante, hacerte sentir mal es probable que te haga procrastinar *más*, no menos. Una estrategia mejor es afrontar sus causas prácticas.

¿Por qué lo hacemos?

La psicología define la procrastinación como la «incapacidad para autorregularse», lo que significa que no somos capaces de controlar nuestra propia conducta, aunque sepamos que debemos hacerlo. La naturaleza real de esta conducta queda clara en la etimología latina del vocablo: *pro*, que significa «avanzar», y *crastinus*, «mañana». Sus causas son complejas y se continúan estudiando, pero se conocen varios factores que contribuyen a la procrastinación:

Si alguna vez has pensado «Sé que debo hacerlo, pero antes voy a hacer otra cosa...», entonces es que conoces la procrastinación. Es hora de dejar de postergar y de ponerse manos a la obra. Te explicamos cómo hacerlo.

> El tiempo es lo que **más queremos**, pero lo que **peor utilizamos**.
>
> **William Penn**
> Cuáquero inglés y fundador de la colonia de Pensilvania

(ver pp. 18-19)

¿DUDAR TE DESANIMA?

Si retrasas el inicio de algo porque no te sientes preparado aún, prueba una técnica descubierta en un estudio de 2010 publicado en *Journal of Experimental Social Psychology*. Los investigadores observaron que los inseguros se sentían más confiados si, al expresar sus dudas, sacudían la cabeza al mismo tiempo, como si estuviesen en desacuerdo con sus propias palabras. Si haces que tus gestos «pongan en duda tus dudas», mejorarás tu estado de ánimo.

- Parte de ella es innata. Un estudio de 2003 con gemelos concluyó que quizá el 22 % de las causas sean genéticas.
- Un factor importante es lo que nos atrae una tarea. Esto es la «aversión a la tarea»: cuanto más desagradable sea algo, más probable será que lo retrasemos.
- En el test de personalidad de los cinco grandes (ver pp. 18-19), los que puntúan alto en neuroticismo y bajo en responsabilidad suelen procrastinar más.
- El perfeccionismo, el miedo al fracaso y el temor a ser juzgado se correlacionan con la procrastinación, lo que nos sugiere que algunos aplazamos porque el estrés de una tarea por hacer da menos miedo que el estrés de hacerla mal.
- Impulsividad y procrastinación van de la mano. Si nos cuesta controlar los deseos pasajeros, el deseo de hacer algo más divertido impedirá que finalicemos la tarea que tenemos entre manos.

EL CICLO DE LA PROCRASTINACIÓN

Cuando nos decimos que haremos algo más tarde, esperamos sentirnos más motivados llegado el momento. El problema es que el estrés de dejar tareas pendientes crea un ciclo negativo. Si crees que te sentirás mejor dejando algo para mañana, lo más probable es que te equivoques, así que empieza ya.

1 Hay algo que hacer. Piensas en empezar.

2 No te sientes cómodo al pensarlo.

3 Lo aparcas hasta que sientas que «estás por la labor».

4 Te estresas y te sientes culpable por no haber empezado.

5 Sientes mayor incomodidad emocional.

- Podemos ponernos obstáculos nosotros mismos. Los que creen que no pueden cambiar las cosas es probable que intenten controlar sus sensaciones ante una situación más que actuar para cambiarla.
- Como la procrastinación puede llevar a la depresión, los propensos a la depresión procrastinan más; especialmente, porque la depresión nos agota.

¿Y qué puedes hacer?

Si tiendes a aplazarlo todo, ¿cuál es la solución? Lo primero es aceptar que la lógica falsa tiene un gran papel en la procrastinación.

Según el psicólogo estadounidense Joseph Ferrari, estamos sujetos a dos suposiciones falsas:

1 **Retrasamos pasar a la acción** porque creemos que en un determinado momento el «ánimo no acompaña».

2 **Suponemos que (de un modo u otro) nuestro ánimo** mejorará de manera espontánea.

De hecho, nuestro ánimo empeorará cuanto más demoremos el momento de ponernos manos a la obra (ver «El ciclo de la procrastinación», arriba), ya que la culpa nos resta productividad. Los métodos más efectivos incluyen:

■ **Hacer que alguien establezca una fecha límite.** En un estudio, el psicólogo israelí-estadounidense Dan Ariely observó que, ante tres fragmentos de textos que corregir, los estudiantes con fechas de entrega superaron siempre a los que tenían libertad para gestionarse el tiempo, especialmente si todos tenían una única fecha final para entregar corregidos los tres textos, ya que ello añadía un nivel más de restricción a la fecha límite. Establecer una fecha límite y compartirla con alguien te puede ayudar a cumplir tus compromisos.

■ **Engañarse.** Según un estudio de Ferrari (ver p. 157), los estudiantes que aplazaban un rompecabezas de «evaluación cognitiva» lo resolvían a la misma velocidad que el resto cuando les decían que era un juego. Esto lo puedes perfeccionar si sigues la técnica de «combinar impulsos» o «fusionar», que se traduce en unir una tarea que debes hacer con una tarea divertida que te sentirás tentado a hacer: por ejemplo, si no estudias porque prefieres quedar con gente, crea un grupo de estudio para hacer ambas cosas a la vez.

■ **Limitar las distracciones.** Si eres incapaz de hacer la declaración de la renta porque te dedicas a navegar por internet, instala un bloqueador temporal en tu ordenador. Si siempre acabas haciendo tareas del hogar en lugar de estudiar para el examen, vete a otro sitio, como la biblioteca, para concentrarte.

■ **Encontrar un reto.** Un estudio de 1995 realizado en Estados

Q PENSAMIENTO CONCRETO

Un estudio de 2008 publicado en *Psychological Science* halló que las personas son más eficientes cuando piensan en términos prácticos. Para ello, se dividió a los participantes en dos grupos:

1
Constructo abstracto
Al primer grupo se le mostró una imagen de *La Parade* del pintor impresionista Georges Seurat y se le dijo que era un buen ejemplo de emoción y armonía evocadas a través del color.

2
Constructo concreto
Al segundo grupo se le mostró un detalle en primer plano del mismo cuadro y se le dijo que mostraba el uso del puntillismo de Seurat para construir una imagen con colores contrastados.

Se les pidió que completasen una encuesta y que la devolviesen en tres semanas. El grupo del «constructo abstracto» tardó una media de 20,5 días en completarla (justo antes de la fecha límite), mientras que el del «constructo concreto» tardó 12,5 días de media. Pensar en términos específicos acortó el tiempo de respuesta.

Unidos observó que la dificultad no es tan disuasoria como creemos. De hecho, las tareas demasiado fáciles nos aburren y tendemos a posponerlas. Es más satisfactorio hacer algo que represente un reto, por lo que, si algo es simple pero necesario, añádele alguna dificultad para que resulte más atractivo.

■ **Encontrar tus modelos.** Un estudio de 1997 del psicólogo estadounidense Albert Bandura observó que había dos maneras muy eficaces de realizar una tarea. La primera es «modelar» o aprender del ejemplo: nos ayuda observar cómo los demás completan sus tareas. El segundo

método, «logros de rendimiento», implica conocer tu propio registro de éxitos y recordarte que has acabado cosas en el pasado. Por pequeñas que sean estas cosas, toma nota de ellas y considérate alguien que acaba su trabajo y que no lo pospone.

■ **Recordar que estás aprendiendo.** Los psicólogos hablan de «laboriosidad aprendida»: ser capaces de aprender buenas costumbres. Para hacerlo, recompénsate, aunque no sea con algo sustancial: un estudio publicado en *Journal of Applied Behavior Analysis* en 2000 decía que bastaba con unos céntimos

CRECER PROCRASTINANDO

¿Quién procrastina más? Según un estudio alemán de 2015, las personas de 14-29 años obtienen una puntuación más alta, pero las cifras no disminuyen demasiado al madurar. Si ahora eres joven, empieza ya a mejorar tus hábitos, dado que la capacidad de respetar las fechas límite no se desarrolla espontáneamente.

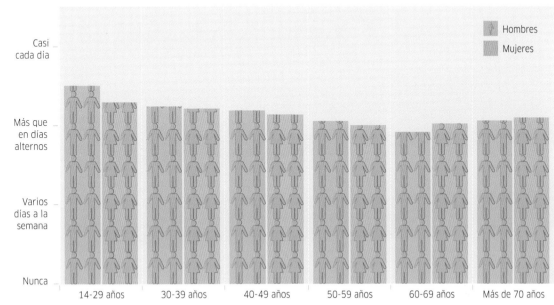

y algunos elogios. El punto importante sobre las recompensas es que deben cumplir dos criterios. Primero, tienen que ser fiables, que no se te pase recompensarte. Segundo, tienen que llegar justo después de completar la tarea; al fin y al cabo, el cerebro se fija especialmente en el corto plazo.

Todos podemos reprocharnos algún retraso ocasional, pero para algunos es un problema más grave. Lo mejor es no avergonzarse, ya que así aumentará tu nivel de estrés, y la investigación demuestra que cuanto más estresados estemos por una

15-20 %

SIEMPRE POSTERGANDO

Un estudio estadounidense de 1996 halló que el 15-20 % de los adultos se consideran **procrastinadores crónicos**.

tarea, menos probable es que la empecemos. Es mejor intentar considerar cada tarea como un reto que te satisfará cuando la completes. Incluso un modelo de trabajo moderadamente eficiente puede llevarte a un éxito sustancial.

1/3

DE TIEMPO PERDIDO

En un estudio estadounidense de 2007, se observó que la procrastinación ocupaba un **tercio del tiempo** de los estudiantes.

EL PELIGRO DEL PERFECCIONISMO
CUANDO HACERLO BIEN ESTÁ MAL

Si tu objetivo es alcanzar el éxito, es probable que apuntes alto, lo que puede ser bueno, pero si tienes miedo de no llegar a la perfección, apuntar alto acabará siendo un estorbo y no una ayuda.

Todo tiene que estar a la perfección para darlo por bueno, ¿verdad? ¿Te cuesta perdonarte pequeños errores y defectos? Aunque podamos creer que tener éxito signifique ser lo mejor que podamos ser, aspirar siempre a la perfección puede perjudicarnos.

Orígenes del perfeccionismo
¿Por qué nos preocupa tanto a algunos hacerlo todo bien? Una serie de estudios de principios del siglo XXI halló que uno de los factores era nuestra educación. Los que tenían padres autoritativos, que establecían y seguían normas razonables, pero que eran conscientes de los sentimientos de sus hijos, tendían a estar cómodos si las cosas son «bastante buenas». En cambio, los que tenían padres autoritarios, que aplicaban las normas con rigidez y destacaban y premiaban la obediencia, tenían una infancia menos tranquila y era más probable que temieran cometer errores de adultos. Existen dos tipos de perfeccionismo: el «flexible», que facilita la situación, y el «inflexible», que nos perjudica. Ambos tipos afectan a los que tuvieron padres autoritarios.

Nuestra infancia no lo es todo, por supuesto: algunos tendemos a preocuparnos más que otros, y las experiencias de la vida también nos influyen. Sea cual sea la causa, los estudios indican que el perfeccionismo no es buen aliado de las estrategias para alcanzar el éxito.

En contra de ti mismo
Ante cualquier problema necesitamos una solución. El problema del perfeccionismo es que nos complica encontrarla. Diversos estudios han observado que los perfeccionistas son menos proactivos en situaciones de estrés. Aquellos con estándares elevados, pero realistas tienden a aplicar la «superación activa»: prueban de solucionar el problema o reducir su impacto. Los perfeccionistas con miedo a los errores, en cambio, tienden a practicar la «superación por evitación»: ignoran el problema o niegan su impacto y, por tanto, es más probable que sus problemas persistan.

¿Y qué puedo hacer?
Si te estresas por ser perfecto, trata de averiguar por qué (ver «¿De dónde viene la presión?», en la página siguiente), y ten en cuenta los siguientes consejos:

> Lo **perfecto** es enemigo de lo **bueno**.
>
> **Voltaire**
> Escritor, historiador y filósofo

EVITA LOS OBSTÁCULOS DEL PERFECCIONISTA

El perfeccionismo inflexible, que significa ser incapaz de tolerar incluso los errores más nimios, se traduce en diversos problemas. Desarrollar un enfoque más permisivo ofrece grandes ventajas:

Estándares más realistas (para ti y para los demás)

Reducción de la procrastinación

Niveles inferiores de estrés

Mayor firmeza

Mayor autoconfianza

Mayor comodidad ante la ambigüedad

Menos vulnerable a la obsesión

Mayor facilidad para realizar elecciones profesionales

- No pienses en términos absolutos: entre «perfecto» y «horroroso» existe toda una gama intermedia.
- Las decisiones no suelen ser irreversibles. Deja un trabajo si no te gusta o cambia de proyecto o plan si no funciona. Cambia tu punto de comparación. Si comparas una solución adecuada con la idea de una solución «perfecta», es posible que no puedas actuar. Intenta comparar tu solución adecuada con no tener solución.

El dicho «Nadie es perfecto» es completamente cierto. En lugar de ser un fracasado, resulta que ser «bastante bueno» puede, de hecho, ser la manera más eficiente de avanzar en algo.

¿DE DÓNDE VIENE LA PRESIÓN?

Según un estudio canadiense de 2014, el perfeccionismo se define como una combinación de dos factores básicos: el estrés derivado de la presión social y el estrés de la presión que nos ponemos nosotros mismos. Si tiendes a ser duro contigo mismo, pregúntate por qué: así tendrás una imagen más clara de qué áreas de tu vida mejorarán con una actitud más tolerante.

	Presión social baja	Presión social alta
Perfeccionismo autoimpuesto bajo	«No se espera que sea perfecto y no intento alcanzar la perfección».	«Tengo presión para ser perfecto, pero yo no he decidido que la perfección sea mi objetivo personal».
Perfeccionismo autoimpuesto alto	«Soy yo quien ha decidido que la perfección sea mi objetivo personal».	«Tengo presión para ser perfecto y he decidido que la perfección sea mi objetivo personal».

VISUALIZA TU CAMINO
TÉCNICAS DE VISUALIZACIÓN

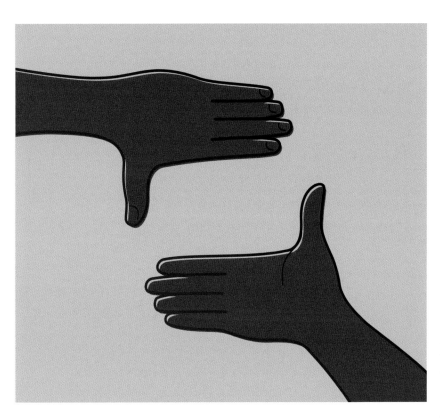

Quizá te suene la idea de que visualizar algo que quieres hace que sea más probable que lo consigas. ¿Qué dice la ciencia sobre esto y cómo puedes aplicarlo para poder alcanzar tus objetivos?

La idea de que podemos utilizar nuestra mente para tener más éxito es atractiva. Los estudios demuestran que la visualización ayuda, pero tenemos que ser cautos y precisos. Visualizar el éxito no hará que lo alcancemos por arte de magia; lo máximo que hará es motivarnos a actuar. Algunos tipos de visualización incluso nos pueden *quitar* motivación.

Palabras sabias

Existe una diferencia importante entre la visualización orientada a la acción y la fantasía. Los estudios han observado que quienes fantasean mucho sobre el trabajo ideal (lo que también podría considerarse una «visualización») tienden a enviar menos currículums vítae y obtener menos ofertas de trabajo, y cobran menos. ¿El motivo? Estos sueños agotan la motivación. Un estudio de 2011, realizado en Estados Unidos por las psicólogas Heather Kappes y Gabriele Oettingen, descubrió que los participantes a los que animaban a «regodearse mentalmente en el futuro que deseaban» eran mucho menos proactivos que aquellos a los que les decían que considerasen las posibles tareas y retos que se iban a encontrar por el camino.

Cuando nos imaginamos que ya tenemos algo, el cerebro tiene la sensación de que realmente lo tenemos, algo que quizá es agradable pero elimina la motivación.

La imagen adecuada

Si queremos utilizar el pensamiento para llegar a un futuro mejor, debemos concentrarnos en el *proceso* y no en el resultado. Las imágenes mentales son, según los psicólogos británicos Martin Conway, Kevin Meares y Sally Standart, el «idioma de los objetivos» y tenemos que mandarnos el mensaje adecuado. Esto significa imaginarnos nuestras acciones y centrarnos no en dónde queremos estar, sino en cómo vamos a llegar.

Un estudio de 2010, realizado en Nueva Zelanda y publicado en *Journal of Behavioural Medicine,* definía dos tipos de imágenes mentales. Se vio que el primer tipo (la «simulación del resultado», imaginar el resultado) aumentaba el deseo, pero no se traducía en acciones. El segundo tipo («simular el proceso», pensar que se avanza hacia el objetivo) producía «conductas dirigidas hacia el objetivo».

Cuando imaginamos qué debemos hacer para alcanzar un objetivo, anticipamos mentalmente los posibles desafíos, y con ello logramos que nos abrumen menos cuando aparecen. Si eres capaz de mantener la concentración en lo que toca, te será más fácil elegir las acciones adecuadas.

ⵒ LA FALACIA DE PLANIFICAR

Cuando planificamos un proyecto, a menudo infravaloramos los recursos necesarios para completarlo, como el tiempo o el dinero. Visualizar lo que tenemos que hacer para conseguirlo (la «simulación del proceso»), en lugar de imaginar el resultado final nos ayuda a ser más realistas. En un estudio de la Universidad de California de 1998, los estudiantes sacaban mejores notas en los exámenes si se preparaban con simulación del proceso.

FANTASÍA FRENTE A SIMULACIÓN

Cuando visualicemos un resultado exitoso, tenemos que vernos capaces de solucionar problemas y no ser soñadores. Supón, por ejemplo, que quieres correr una maratón para recoger donativos. Los diferentes procesos de pensamiento siguientes tienen un impacto muy diferente sobre tu motivación:

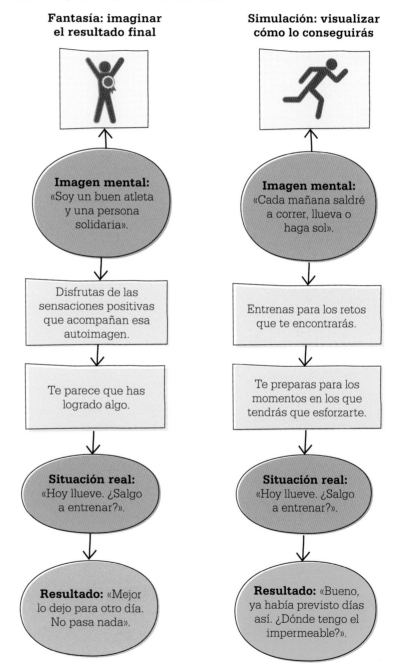

Fantasía: imaginar el resultado final

Imagen mental: «Soy un buen atleta y una persona solidaria».

Disfrutas de las sensaciones positivas que acompañan esa autoimagen.

Te parece que has logrado algo.

Situación real: «Hoy llueve. ¿Salgo a entrenar?».

Resultado: «Mejor lo dejo para otro día. No pasa nada».

Simulación: visualizar cómo lo conseguirás

Imagen mental: «Cada mañana saldré a correr, llueva o haga sol».

Entrenas para los retos que te encontrarás.

Te preparas para los momentos en los que tendrás que esforzarte.

Situación real: «Hoy llueve. ¿Salgo a entrenar?».

Resultado: «Bueno, ya había previsto días así. ¿Dónde tengo el impermeable?».

EL BUEN HUMOR SE CONTAGIA

EL PODER DEL CONTAGIO EMOCIONAL

Sentirse feliz es agradable y, además, influye en los demás cuando están contigo. ¿Cómo puedes dominar la energía de tus emociones positivas para conseguir lo que es importante para ti?

Las personas somos seres sociales y, como tales, tendemos a captar el ánimo de los demás. Esto va más allá de poder decir si alguien está feliz o triste: realmente experimentamos el eco inconsciente de las emociones de los que nos rodean.

Ambiente laboral

Denominamos «contagio emocional» a la respuesta que nuestro estado de ánimo tiene en los demás. En un estudio de 2011 realizado en China se contrataron actrices para trabajar de camareras con guiones «positivos» o «negativos». Los guiones positivos incluían cosas como «Me acaban de subir el sueldo, y estoy feliz»; los negativos incluían «Estoy harta del jefe». Los clientes eran más benevolentes ante un mal servicio si su camarera estaba de buen humor. Nos gusta estar rodeados de personas felices, por eso es más probable que les perdonemos los errores.

El efecto halo

El concepto psicológico conocido como «efecto halo» hace referencia a que tendemos a realizar inferencias sobre las acciones y conductas de otros basándonos en poca información. Si nos dan una impresión positiva, los percibimos como si tuvieran una especie de halo que lo llena todo de luz positiva. Un estudio de 1994 realizado en Estados Unidos confirmó que estar más feliz en el trabajo podía traducirse en más elogios y sueldos más elevados. La gente feliz y amable se percibía como competente y fiable. Si buscamos el éxito, es mejor que los demás nos vean alegres.

AJUSTAR EL NIVEL

¿El contagio emocional (ver «Ambiente laboral», en la página anterior) solo es hacer ver que estás feliz o triste? Los psicólogos R.J. Larsen y E.E. Diener desarrollaron este gráfico con las relaciones entre nuestros estados de ánimo y los niveles de «activación». Nos influyen los ánimos positivos o negativos de los demás, así como sus niveles de activación aparentes. En resumen, la activación es el grado de preparación para la acción del sistema nervioso, ya sea para «luchar o huir» o trabajar con mucha implicación. La investigación ha observado que es más fácil captar un modo «activado» (ya sea agradable o desagradable) que uno «desactivado», probablemente porque las personas activadas son más expresivas. Si quieres influir a nivel emocional, es buena idea asegurarte de que goces de descanso y buena salud para tener niveles de energía altos. El gráfico siguiente sirve para identificar el estado de ánimo y los niveles de activación propios y ajenos, y te ayudará a modelar el ánimo que quieras que los otros «adopten».

ESTADO DE ÁNIMO Y NIVELES DE ACTIVACIÓN

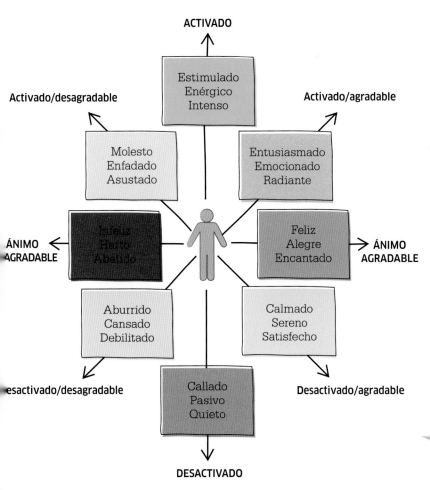

CONSCIENTE E INCONSCIENTE

El contagio emocional (ver «Ambiente laboral», en la página anterior) aparece en dos niveles: el «consciente» y el «inconsciente». Tienes más control sobre las reacciones conscientes, pero cuando se trata de influir en los demás (o de evitar su influencia en ti), intenta percatarte de las señales inconscientes que se producen. Colocarte en una posición física que refleje el ánimo que deseas proyectar te ayudará a establecer un buen tono emocional. Aprovecha el poder del contagio emocional activándolo de forma consciente y ten en cuenta también las etapas del contagio emocional inconsciente.

Contagio emocional consciente:

1 Intenta descifrar qué siente el otro.

2 Utilízalo como información para decidir qué tono emocional es el adecuado en este momento.

3 Adopta el estado de ánimo más adecuado.

Contagio emocional inconsciente:

1 Te fijas en la expresión y el lenguaje corporal del otro.

2 Los imitas de manera automática.

3 Empiezas a notar las emociones que muestras.

ENCUENTRA EL FLUJO
EN ESTADO DE PLENA CONCENTRACIÓN

Para que una tarea sea realmente satisfactoria, tenemos que disfrutar del proceso de trabajo más que complacernos del resultado final. Para conseguirlo, debemos dejarnos absorber completamente por lo que hacemos.

El flujo es parte importante de cualquier tipo de éxito. Es una palabra que se usa a menudo en psicología positiva (ver pp. 48-51) y describe un estado de compromiso absoluto con una tarea, hasta el punto de llegar a perder la noción del tiempo y querer continuar trabajando en la tarea lo máximo posible. Si alguna vez te has olvidado de comer porque estabas tan absorto por acabar una redacción o has corrido de manera que solo eras consciente del ritmo de tus pies, ya has experimentado el «flujo».

Estas experiencias gratifican de manera intrínseca: las disfrutamos independientemente de que nos reporten otros beneficios. Una tarea que nos permita entrar en estado de flujo nos da claridad y sensación de logro, ya sea grande o pequeño.

¿Cómo encontramos el flujo?

La clave para crear estados de flujo es hallar tareas que nos permitan notar lo que Robert J. Vallerand, profesor de psicología de la Universidad de Quebec en Montreal, denomina «pasión armoniosa», que aparece cuando realizamos tareas que creemos que forman parte de nosotros, al contrario de la «pasión obsesiva», que aparece cuando nos da miedo sufrir o que nos penalicen si no completamos una tarea con la que no nos identificamos.

Supón que enseñas matemáticas y que, además de creer que tu trabajo es interesante, consideras que te define como persona. En esta situación, no solo eres alguien que enseña. En tu autoconcepción (quién crees ser), una parte muy importante de tu definición personal es que eres «maestro». Bajo las circunstancias adecuadas (ver «Pasión armoniosa», en la página siguiente), las tareas con las que disfrutas y que captan completamente tu atención te llevarán al estado de flujo. Esto se aplica a cualquier vocación: el flujo llega con las tareas que nos apasionan y que se alinean con nuestros valores e identidad.

Control consciente

Está claro que a veces nos toca hacer tareas cotidianas que no definen nuestra identidad. En esas situaciones, tenemos que utilizar «atención» y no «absorción» (ver «¿Calidad o cantidad?», en la página siguiente). Un estudio internacional de 2011 publicado en *Journal of Management Studies* observó algo quizá predecible: por lo general los trabajadores que sentían pasión armoniosa por su trabajo quedaban absortos por él, y también les era más fácil prestar atención. No obstante, la noticia inesperada fue que los que no sentían esa pasión también eran capaces de dejarse absorber y prestar atención si adoptaban una postura flexible ante su trabajo que les permitiera crear un estado de flujo propio, haciéndose cargo de una tarea o interesándose por ella.

Cuando se trata de gestionar tu concentración, ya sea en un proyecto que te apasione o en una tarea práctica más prosaica, resulta muy útil conocerse bien. ¿Qué define realmente tu identidad? ¿Cuáles son tus valores y tus intereses reales? Cuanto más enfoques una tarea así, más opciones tendrás de que esta te absorba y, por lo tanto, mucho más gratificante te resultará la experiencia final.

Q ¿CALIDAD O CANTIDAD?

El psicólogo N.P. Rothbard identifica dos factores vitales para el compromiso cognitivo.

1 – Atención: la *cantidad* de concentración. Tiene que ver con la cantidad de esfuerzo que se dedica a mantener la mente en una tarea.

- Está bajo nuestro control consciente.
- Es finita y se desvanece al cansarnos.

2 – Absorción: la *calidad* de la concentración. Tiene que ver con el grado de intensidad de inmersión en la tarea.

- Aparece espontáneamente si se dan las circunstancias.
- Es gratificante de por sí; aunque nos cansemos, podemos mantener la concentración y perder la noción del tiempo.

TODO UN RETO

El psicólogo húngaro Mihaly Csikszentmihalyi propuso por primera vez el concepto de flujo. Según él, llegamos a este estado de inmersión tan satisfactoria ante tareas razonablemente difíciles, que no quedan fuera de nuestras capacidades, pero que nos llevan al límite y requieren una concentración absoluta. El gráfico siguiente muestra el flujo como uno de los estados mentales que se producen cuando desempeñamos una tarea, según su grado de desafío y nuestras capacidades.

EL FLUJO Y OTROS ESTADOS MENTALES

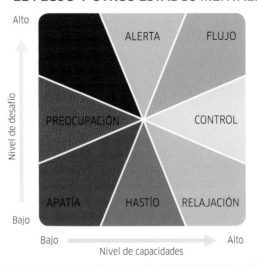

PASIÓN ARMONIOSA

El psicólogo Robert J. Vallerand observa que sentir pasión armoniosa por una tarea, es decir, que nos interesa tanto que forma parte de nuestra identidad, aumenta en gran medida nuestro rendimiento. Si hacemos algo que refleja nuestros sentimientos y valores, nos sentimos más comprometidos con la tarea y nos implicamos más.

EL PLACER APARECE JUSTO EN EL LÍMITE ENTRE EL ABURRIMIENTO Y LA ANSIEDAD, CUANDO LOS RETOS ESTÁN EN EQUILIBRIO CON NUESTRA CAPACIDAD DE ACTUAR

MIHÁLY CSÍKSZENTMIHÁLYI, PSICÓLOGO Y PIONERO DEL CONCEPTO DE «FLUJO»

EL COSTE PERSONAL

CUÁNDO AGUANTAR, CUÁNDO DEJARLO

Conseguir nuestros objetivos a veces implica elegir entre prioridades concurrentes. Cuando decidimos abandonar algo, ¿cómo superamos la incómoda sensación que ello nos provoca?

Hay piezas de ropa que no te sientan bien o bonos de inversión que han perdido valor, pero que conservas. Sabes que deberías liberar más espacio en el armario o realizar una mejor inversión, pero el dolor de perder lo que tienes, por inútil que parezca, supera los beneficios evidentes. Esto es lo que los psicólogos denominan «aversión a la pérdida».

El efecto de dotación

En 1990 el economista Richard Thaler se unió al psicólogo Daniel Kahneman y al economista conductual Jack L. Knetsch en un experimento. Se dieron tazas de café a la mitad de los participantes del estudio; la otra mitad solo las vio. Se preguntó a ambos grupos por cuánto comprarían o venderían las tazas. Los «propietarios» pedían el doble por sus tazas que lo que los observadores estaban dispuestos a pagar. Esto es el efecto de dotación: tener algo en propiedad, aunque sea breve, hace que le otorguemos un valor más alto. Parece que no nos gusta deshacernos de las cosas, aunque no las valoremos mucho.

Propiedad e imagen personal

¿Por qué a veces actuamos de forma irracional? En un estudio de 2013 de las psicólogas estadounidenses Sara Loughran Dommer y Vanitha Swaminathan se pidió a un grupo de voluntarios que describiera una situación de «autoamenaza social», como por ejemplo un rechazo amoroso, y a otro grupo que describiera un día normal. A continuación ambos grupos recibieron un objeto de poco valor (un bolígrafo) y luego se les

AVERSIÓN A LA PÉRDIDA

Reconocer la aversión a la pérdida es útil cuando quieres influir sobre alguien más. Los psicólogos de la mercadotecnia proponen estos enfoques para preparar discursos:

- Sugiere al público que ya tiene algo deseable, y que con tu producto no lo perderán. (Por ejemplo, «podrían perder cientos de clientes si no…».)

- Anímale a imaginarse que tiene o utiliza tu producto. («Imagínense sentados al volante…».)

- Deja que «posean» tu producto durante un tiempo limitado, por ejemplo con una muestra o un periodo de prueba. Así, cuando se acabe y no lo compren, tendrán la sensación de perderlo.

pidió que se deshicieran de él. Se observó que a las personas que habían descrito situaciones de autoamenaza social les costaba más deshacerse del bolígrafo. Cuando algo es nuestro, lo incorporamos en la consciencia de quiénes somos, y cuanto más amenazados nos sentimos, menos voluntad tenemos de deshacernos de cosas.

Si tienes que abandonar algo, refuerza antes tu sentido de la identidad. Recuerda que tu valor no depende de posesiones o relaciones concretas, sino que es inherente a ti; cuanto más confíes en ti, más fácil te resultará desprenderte de las cosas.

SOPESAR LAS ELECCIONES

Cuando toca decidir qué abandonamos, es útil pensar en diferentes tipos de objetivos. Un estudio de 1997 publicado en *Journal of Personality and Social Psychology* sugiere sopesar cuatro tipos de objetivos diferentes antes de tomar una decisión. Supón que quieres decidir si cancelas una cita con tu pareja para trabajar un poco más. Valorar la situación en el contexto de los siguientes tipos de objetivos te ayudará a elegir si, en este caso, la prioridad es la pareja o el trabajo.

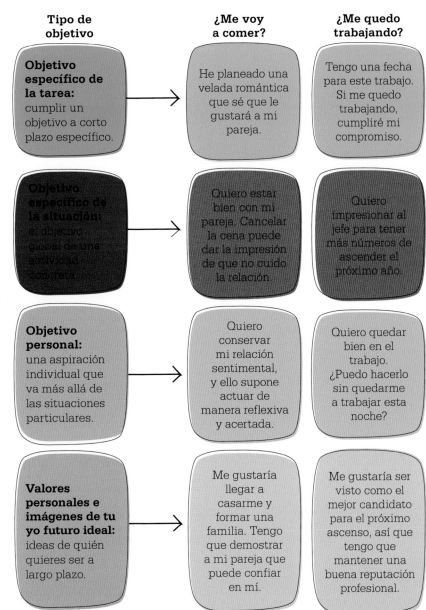

Tipo de objetivo	¿Me voy a comer?	¿Me quedo trabajando?
Objetivo específico de la tarea: cumplir un objetivo a corto plazo específico.	He planeado una velada romántica que sé que le gustará a mi pareja.	Tengo una fecha para este trabajo. Si me quedo trabajando, cumpliré mi compromiso.
Objetivo específico de la situación: el objetivo global de una actividad concreta.	Quiero estar bien con mi pareja. Cancelar la cena puede dar la impresión de que no cuido la relación.	Quiero impresionar al jefe para tener más números de ascender el próximo año.
Objetivo personal: una aspiración individual que va más allá de las situaciones particulares.	Quiero conservar mi relación sentimental, y ello supone actuar de manera reflexiva y acertada.	Quiero quedar bien en el trabajo. ¿Puedo hacerlo sin quedarme a trabajar esta noche?
Valores personales e imágenes de tu yo futuro ideal: ideas de quién quieres ser a largo plazo.	Me gustaría llegar a casarme y formar una familia. Tengo que demostrar a mi pareja que puede confiar en mí.	Me gustaría ser visto como el mejor candidato para el próximo ascenso, así que tengo que mantener una buena reputación profesional.

MANTÉN TU RED ACTIVA

ESTABLECER UNA DIVERSIDAD DE RELACIONES

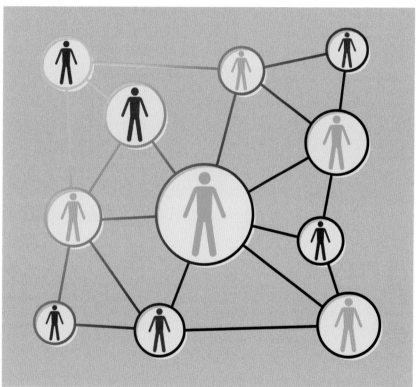

Tejer una buena red sociolaboral te reportará muchos beneficios. Considéralo como una comunidad en la que puedes confiar, aprender y compartir ideas. La clave es promover las relaciones con todo tipo de personas.

Los lazos de la comunidad pueden ser un gran apoyo, pero debes plantearte si prefieres alinearte con gente con la que haya aprecio mutuo o con quienes pueden hacer algo por ti. Un estudio estadounidense realizado en 2008 observó que algunos se basan en el afecto, es decir, se dejan guiar por los sentimientos y se unen a otros por empatía y porque se sienten bien con ellos, mientras que otros se dejan guiar por la razón y prefieren estar con quien les aporte beneficios tangibles, como orientación profesional y consejos concretos. Los investigadores llegaron a la conclusión de que hay personas que valoran más la simpatía que la ayuda práctica y otras valoran lo contrario. Cuando estés con tus colegas y amigos, es útil saber en qué categoría situarlos.

La fortaleza de los vínculos débiles

Los «vínculos débiles» son conexiones establecidas con quienes nos llevamos bien, pero no vemos a menudo, como amigos de amigos, conocidos en congresos y antiguos colegas. Vale la pena conservar estos contactos: el sociólogo Mark Granovetter investigó a profesionales al azar y descubrió que la mayoría habían encontrado trabajo a través de personas que apenas veían. Granovetter dedujo que estas conexiones no se solapan mucho en nuestros círculos sociales y, por lo tanto, aportan nuevos contactos y oportunidades, que quizá ahora parece que no son muy importantes, pero que en el futuro pueden serlo.

NIVEL DE PROXIMIDAD

Un estudio italoamericano de 2004 analizó dinámicas de grupo en el sector de la televisión italiana, donde se requiere creatividad y conocimientos técnicos, para explorar los tipos de equipos más efectivos. Halló que a la hora de completar tareas, los grupos con un nivel de proximidad moderado eran los menos productivos, ya que tenían bastante interconexión para no estar aislados, pero no estaban lo bastante cerca para que los miembros tuvieran un profundo entendimiento mutuo.

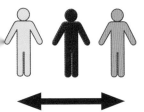  

Nivel bajo de proximidad	Nivel moderado de proximidad	Nivel elevado de proximidad
■ Variedad	■ Falta de nuevas ideas	■ Confianza
■ Innovación	■ Estancamiento creativo	■ Apoyo mutuo
■ Espíritu emprendedor	■ Pensamiento colectivo	■ Se refuerzan los hábitos eficientes
■ Libertad de discrepar	■ Menor productividad	

CONECTAR CON LOS DEMÁS

El emprendedor de Silicon Valley Adam Rifkin argumenta que la mayoría visualizamos nuestra red como una rueda de bicicleta y sus radios, y nosotros estamos en el centro. En cambio, deberíamos considerarnos parte de una comunidad: interconectar personas continúa dejándonos en el centro de la comunidad, aunque no estemos conectados directamente con cada persona. Así aumenta la profundidad y el tamaño de la red. Dar poder a los demás también nos beneficia a largo plazo.

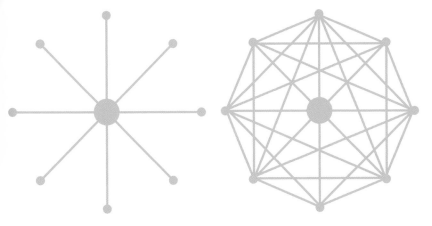

Red de núcleo y radios   Red de comunidad

✅ CÓMO TEJER LA RED

El consultor y emprendedor estadounidense Ken Morse ofrece ocho consejos para lograr una buena red tras un evento:

1 **Investiga.** Si hay información disponible sobre los asistentes, léela y mira si alguien de tu red puede ayudarte a conectar con ellos.

2 **Prepara un breve discurso.** Tiene que ser tu «discurso de ascensor»: tienes que poder decir qué ofreces en una o dos frases.

3 **Llega temprano.** Tendrás la oportunidad de conocer al anfitrión.

4 **Actúa con confianza.** Toma la iniciativa y preséntate a los demás.

5 **Quédate a las comidas.** La comida levanta el ánimo y hace que seamos más abiertos.

6 **Acércate a los ponentes antes de su presentación.** Cuando todos se acerquen al ponente al final de la charla, será más difícil captar su atención.

7 **Pide que te presenten.** Si conoces a alguien que tenga credibilidad (ver pp. 200-201), haz que te presente, pues así tú ganarás credibilidad ante los demás.

8 **Céntrate en los demás.** Pregunta. A todos nos gusta compartir opiniones y puntos de vista, presta atención y deja espacio para fomentar el debate.

AMPLÍA TU CAPITAL SOCIAL
CONSIGUE UNA VENTAJA

Mantener relaciones positivas es bueno para la salud emocional y tiene otra ventaja: una red dinámica es la piedra angular también de una comunidad productiva. Esto es el capital social, y tú ayudas a crearlo.

La autora Lyda Judson Hanifan acuñó el concepto de «capital social» en 1916 para hacer referencia al hecho de que las conexiones con la comunidad enriquecen la vida de cada persona y la del conjunto del grupo. La idea se instaló en la conciencia popular cuando el académico estadounidense Robert D. Putnam publicó en 2000 el libro *Solo en la bolera: Colapso y resurgimiento de la comunidad norteamericana*. Desde entonces han aprovechado esta idea personas tan influyentes como Bill Clinton o George W. Bush e instituciones como el Banco Mundial.

Trabajar juntos
El científico social del Banco Mundial Michael Woolcock describe tres tipos de capital social:

1 **Vínculos.** Lazos entre personas en situaciones parecidas, como familiares, amigos cercanos, conocidos y vecinos.

2 **Puentes.** Se parecen al concepto de «vínculos débiles» (ver pp. 172-173): conexiones entre personas parecidas, pero no especialmente afines, como amigos ocasionales y excolegas.

3 **Enlaces.** Conectan personas en situaciones diferentes y que no se conocen entre sí: contactar y compartir recursos con otras comunidades.

La situación más productiva es una mezcla equilibrada de los tres tipos de capital social descritos. El basado en los vínculos da apoyo y es recíproco, y los estudios muestran que a menudo es el apoyo más fiable. No obstante, por sí solo puede aislarnos y llevarnos a pensar en situaciones de «nosotros contra ellos». El capital social de puentes nos permite cubrir vacíos en nuestros

CONTACTOS BENEFICIOSOS
Un estudio estadounidense de 1998 señaló que los directivos exitosos dedicaban:

10 %
más de tiempo a la comunicación y las relaciones que sus homólogos; y

70 %
más de tiempo participando en **actividades de *networking*.**

recursos si los aprovechamos bien; es decir, si intercambiamos información y recursos, en lugar de «cotillear» por el placer de hacerlo. El capital social de enlaces nos da vitalidad manteniendo el contacto con nuevas ideas y animándonos a ser generosos y ver toda la escena. Combinando los tres tipos obtenemos un firme apoyo y la sensación de que formamos parte de una gran familia humana. El éxito se construye sobre los cimientos de un capital social sólido y diverso.

Más allá de tejer redes

Mantener activos los círculos sociales es una buena manera de desarrollar el capital social, pero la mejor forma de sostenerlo es crearte una reputación de confianza (ver pp. 200-201). La comunidad depende de la buena fe de sus miembros, así mostrarte como un participante de fiar te resultará beneficioso a ti y a la comunidad.

> **El capital social**… no es solo la suma de las instituciones que **forman la sociedad**, sino también el **vínculo** que **las une**.
>
> **Banco Mundial, 1998**

⊙ CREAMOS VALOR JUNTOS

Un estudio de 1988 publicado en *Academy of Management Journal* sugiere que consideremos la creación del capital social como el resultado de diversos factores. Para establecer buenos lazos con los demás, necesitas un marco establecido que lo permita, como reuniones, actividades o comunicaciones periódicas (la «dimensión estructural»). También te tiene que atraer lo que compartes, más allá de estas circunstancias, identificando valores comunes: aunque seáis muy diferentes, habrá principios subyacentes en los que coincidáis (la «dimensión cognitiva»). Pasando tiempo juntos y trabajando con los mismos ideales, tenéis la oportunidad de crearos la imagen de que se puede confiar en vosotros (la «dimensión relacional»). A partir de aquí, construís el capital social para crear resultados superiores a la suma de sus partes. Utiliza este diagrama para promover el capital social.

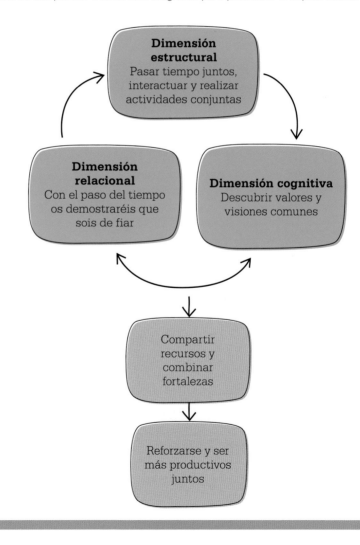

Dimensión estructural
Pasar tiempo juntos, interactuar y realizar actividades conjuntas

Dimensión relacional
Con el paso del tiempo os demostraréis que sois de fiar

Dimensión cognitiva
Descubrir valores y visiones comunes

Compartir recursos y combinar fortalezas

Reforzarse y ser más productivos juntos

RESPUESTAS CREATIVAS
ENCUENTRA ALTERNATIVAS INGENIOSAS

La creatividad se puede definir como la capacidad para reimaginar elementos existentes de una nueva manera. Si tienes inventiva, solucionas los problemas de una manera especial y encuentras nuevos canales para lograr tus objetivos.

¿Eres artista, científico, o la combinación de ambos? Los expertos señalan que no existen muchas diferencias: la creatividad es la creatividad, sin importar su fin. Un estudio de 2001 realizado en Estados Unidos halló que las obras de Albert Einstein y Pablo Picasso se basaban en elementos similares: un conocimiento grande de la estética y el interés por la experiencia de los espacios en diferentes observadores.

Quizá no te consideres un creativo nato, pero las pruebas indican que tu manera de pensar en determinada situación te diferencia del resto. La creatividad es un estado mental al que todos podemos acceder. Sigue estos siete métodos para estimular tu imaginación y curiosidad.

1 IDENTIFICA EL PROBLEMA

Cuando te enfrentes a un nuevo reto o problema, dedica un tiempo a observarlo a conciencia, identificar, definir y redefinir el problema. Mantén tu mente abierta al máximo: es fácil acostumbrarse al *statu quo*, especialmente con esta vida moderna tan acelerada y llena de distracciones. Intenta ser consciente de cómo son realmente las cosas y cómo se pueden mejorar, y prepárate asimismo para ver el panorama general y considerar *por qué* las cosas son como son. Resiste las explicaciones simples o familiares y estudia al máximo para entenderlo mejor.

2 DÉJATE ABSORBER

El trabajo de campo y la inmersión son cruciales. Que no te eclipse la idea de una revelación súbita. No hay nada que no sea creativo en la preparación: muchas de las mejores «inspiraciones» son realmente el resultado de una larga y dedicada implicación en un campo de trabajo. Cuanto más sepas, mejores serán tus ideas; por tanto, investiga y familiarízate con tu tema.

3 PRACTICA LA CREACIÓN DE IDEAS

Las redes neuronales están diseñadas para recorrer los mismos caminos, así el cerebro no consume tanta energía. Establecemos normas y categorías en nuestra mente, pero estas pueden suponer una barrera para la innovación. También tenemos tendencia a ser conservadores si sufrimos mucho estrés: en un estudio se mostró a los participantes el ejemplo de una resolución de un problema y luego, bajo presión, se les pidió resolver una situación. Se observó que en 9 de cada 10 ocasiones «crearon» una solución que era muy parecida al ejemplo. Para evitarlo, practica: piensa periódicamente en nuevas ideas en situaciones de baja presión. Así ejercitarás los músculos creativos en un entorno cómodo y reforzarás tu confianza en crear nuevas opciones y alternativas. Somos criaturas de costumbres; por lo tanto, practica el pensamiento lateral.

4 CRUZA IDEAS

Combinar ideas y opiniones es algo natural para nosotros: quizá has oído alguna vez que una situación o concepto «es como otro si se cumplen tal y tal cosa». Cuando busques nuevas soluciones, combina diferentes conceptos y enfoques para ver si encajan con el reto al que te enfrentas. Si es así, sigue este camino y mira adónde te lleva.

5 INCÚBALA

Cuando tienes una idea, no tienes que pasar a la acción y desarrollarla enseguida. Quizá prefieras aprovechar el momento, pero el proceso creativo también continúa durante los periodos de descanso (ver p. 178), así que dejar reposar una idea suele mejorarla. Deja tiempo al subconsciente para que enriquezca las cosas.

6 EVALÚA Y SELECCIONA

Ser creativo implica descartar ideas. ¿Qué ideas tienen una buena relación entre riesgo y beneficio? ¿A cuáles vale la pena dedicar la energía necesaria para ejecutarlas? ¿Cuáles reflejan mejor tus valores y aspiraciones? Aquí es especialmente útil un buen apoyo y la oportunidad de debatir sobre tus planes en un entorno seguro.

7 PRUEBA Y PON EN PRÁCTICA

No sirve de nada preguntar la opinión sobre el argumento de una novela no escrita o sobre el concepto de un nuevo tipo de motor. Para que alguien te pueda dar una opinión, necesitas plasmar la idea en un borrador o crear un prototipo. Sin embargo, cuando tengas algo tangible para mostrar de tu obra, ponla a prueba lo antes posible. Toda empresa creativa conlleva incertidumbre y la posibilidad de fracasar, y descubrir y corregir errores en una etapa temprana es mucho mejor para la confianza que detectar un fallo cuando el proyecto está avanzado. Pruébalo: es una buena manera de evitar sufrir por el resultado, porque en este punto del proceso nadie espera la perfección de tu trabajo.

La frase **más emocionante que se puede oír** en ciencia, la que **anuncia nuevos logros**, no es «Eureka», sino «Es curioso...».

Isaac Asimov
Autor y bioquímico

Equilibra tu espacio mental

Las exploraciones cerebrales demuestran que existen dos estados neurológicos principales asociados a la creatividad:

1 **Un estado tranquilo, relajado,** parecido a soñar. Es cuando te notas inspirado y empiezan a formarse las ideas.

2 **Un estado enérgico, activo** en el que desarrollas la idea «soñada» y la pones en práctica.

Los estudios demuestran que los que son muy creativos hacen muy bien la transición entre estos estados. Cuando te obligas a crear, es muy probable que no consigas la calma necesaria para que surja la inspiración. No te sobrecargues: los periodos de descanso forman parte del proceso creativo.

Olvídate del «genio solitario»

Habrá momentos en que necesites calma y tranquilidad para desarrollar tus ideas, pero aceptar ideas y perspectivas de los demás acelera mucho el proceso creativo. La idea del pionero intelectual solitario no es más que un mito. Varios estudios confirman que nuestro contexto social y cultural influye en la creatividad, e incluso algunos de los cerebros más brillantes de la historia, como Einstein y Darwin, contaban con equipos de colaboradores para conseguir sus descubrimientos. La historia reconoce al científico o artista principales, pero eso no significa que no formasen parte de una comunidad profesional. El contacto con otras personas y otras ideas nos proporciona retos y apoyo, lo que es bueno para la creatividad.

SOMBREROS DE PENSAR

En la década de 1990, el psicólogo Edward de Bono creó un juego para alentar la resolución creativa de problemas. Si el equipo está encallado, probad a poner estos sombreros de colores para debatir el reto u oportunidad que se presenta, desde la perspectiva que define cada uno de ellos. Y usad sombreros de verdad, ¡los expertos señalan que este ejercicio funciona mejor si realmente utilizáis sombreros!

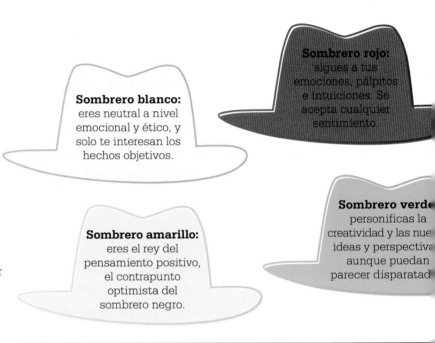

Sombrero blanco: eres neutral a nivel emocional y ético, y solo te interesan los hechos objetivos.

Sombrero rojo: sigues a tus emociones, pálpitos e intuiciones. Se acepta cualquier sentimiento.

Sombrero amarillo: eres el rey del pensamiento positivo, el contrapunto optimista del sombrero negro.

Sombrero verde: personificas la creatividad y las nuevas ideas y perspectivas aunque puedan parecer disparatadas.

Alimenta tu curiosidad

El experto en felicidad Todd Kashdan define la curiosidad como la voluntad de encontrar nuevas experiencias y la capacidad de sentirse cómodo con lo ambiguo y lo impredecible. Mantener la mente abierta significa que siempre podemos aprender de las nuevas experiencias cuando se produzcan; tolerar la incertidumbre hace que seamos más persistentes cuando no está claro cómo saldrán las cosas. John Keats, el poeta romántico, escribió «que lo que contribuía a formar a un hombre de éxito» era su «capacidad negativa, es decir, la capacidad de permanecer en la incertidumbre, el misterio, la duda, sin necesitar la certeza comprobable y de la razón». La incertidumbre no debe asustarte. Piensa que puede ser el inicio de una gran obra.

Confianza y persistencia

El precio de la creatividad es que a veces fallan las cosas. Según una investigación del Instituto Médico Howard Hughes, los científicos con libertad creativa absoluta publican el

Sombrero negro:
eres la voz de la
precaución, el juicio
y la crítica.

Sombrero azul:
eres el director.
Supervisas y
resumes todas
las perspectivas.

SUPERHÉROES

En 1985, los consultores Steve Grossman y Katherine Catlin desarrollaron el «juego de los superhéroes», diseñado para estimular la creatividad. Cada uno simula ser un superhéroe (como Superman o Wonder Woman) y puede incluso disfrazarse. A continuación, describe sus superpoderes y se enfrenta al problema asumiendo su papel. La sensación de empoderamiento y de juego puede dar lugar a soluciones sorprendentes.

Q CUALQUIER CAMPO...

Según un estudio publicado en 1981 en la revista *Annual Review of Psychology*, las personas creativas de cualquier campo comparten los mismos rasgos de personalidad, que tal vez quieras cultivar también tú:

Un gran aprecio por la estética

Un amplio abanico de intereses

Atracción por la complejidad

Capacidad de manejar información contradictoria

doble en revistas importantes y también en publicaciones menos relevantes; es decir, tienen tantas ideas exitosas como ideas menos significativas. La naturaleza de la creatividad es que abandonamos las certezas fiables y nos arriesgamos a acabar en un callejón sin salida. Cuanto más creas en tu propia eficacia (ver pp. 102-103) y más abierto estés a aceptar que no todo tiene que salir a la perfección (ver pp. 160-161), más probabilidades tendrás de abrir tu mente y dar un gran salto imaginativo.

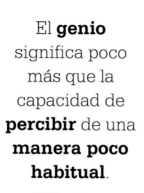

El **genio** significa poco más que la capacidad de **percibir** de una **manera poco habitual**.

William James
Psicólogo y filósofo

APRENDER DEL FRACASO
CÓMO TENER LA MENTE ABIERTA

A nadie le gusta la idea de fracasar, pero para continuar avanzando tenemos que poder aprender de nuestros errores. Esto significa ser capaz de aceptar los fallos y no escapar de las molestias que provocan.

Aprender de los errores es crucial para triunfar. Según un estudio norteamericano de 2015, no solo es probable que los emprendedores cambien de sector si su proyecto ha fracasado, sino también que fracasen en el nuevo sector, no tanto por la falta de experiencia en él como porque tienden a pensar que lo que les *ha funcionado* en su campo anterior *va a funcionar* en el nuevo. Es fácil acomodarse en un modelo de hacer las cosas de manera repetitiva, pero lo que nos hace crecer es dar un paso atrás e identificar cómo actuar de manera diferente en el futuro según los errores pasados.

Fíjate bien

Los humanos tenemos tendencia a un error cognitivo especialmente extravagante: vemos lo que esperamos ver y no lo que hay realmente. La «teoría del esquema» dice que nos puede pasar incluso con algo que tenemos delante de nuestras narices y es algo que puede producir desde errores sin importancia, como dejar los cereales en la nevera creyendo que era el armario, hasta errores graves como, por ejemplo, que una enfermera conecte una vía errónea al paciente por los nervios o la presión del trabajo. Cuanto menos reflexionemos, más fracasaremos; además, tenemos que aprender la lección cada vez.

Pensar a la defensiva

Si somos inteligentes, ¿aprendemos de los errores? Según el especialista Chris Argyris, quienes son inteligentes no suelen aprender de sus errores. Es un problema de hábitos mentales. Los grandes triunfadores suelen

BUCLES DE APRENDIZAJE

El teórico empresarial Chris Argyris destaca dos maneras diferentes de aprender de los errores: el bucle simple y el bucle doble. El bucle simple es eficaz para un objetivo específico, pero si quieres ampliar tu horizonte mental, es mejor añadir otro bucle a tu razonamiento, que también tenga en cuenta toda la escena, no solo si hiciste una tarea concreta «de manual», sino que también explore la naturaleza misma de la tarea. Argyris utiliza el ejemplo de considerarte un termostato a 20 °C e imaginarte cómo te podrías programar para añadir otro nivel de cálculo.

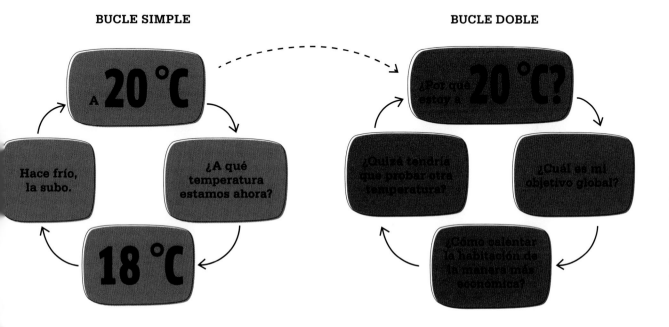

BUCLE SIMPLE

A 20 °C

Hace frío, la subo.

¿A qué temperatura estamos ahora?

18 °C

BUCLE DOBLE

¿Por qué estoy a 20 °C?

¿Cuál es mi objetivo global?

¿Cómo calentar la habitación de la manera más económica?

¿Quizá tendría que probar otra temperatura?

conseguir todo lo que intentan y no experimentan el fracaso de manera regular; por lo tanto, no tienen mucha práctica en aprender de los errores. Muchos actuamos según los problemas: si algo sale mal, nuestro instinto debe corregirlo lo más rápido posible y avanzar. Esta manera de trabajar parece eficiente, pero no ayuda a analizar las causas, que podrían incluir la necesidad de revisar nuestro propio enfoque (ver «Bucles de aprendizaje», arriba).

Si no logramos el resultado deseado, pasamos al razonamiento defensivo: lo hemos intentado, no ha funcionado y no queremos que sea culpa nuestra;

centramos la energía en demostrarlo: una forma de obviar nuestra capacidad de solucionar problemas.

Cambio de costumbres

Aunque creamos ser coherentes, Argyris argumenta que un modelo de pensamiento que intente lo siguiente mina nuestros principios:

■ Mantener el control.
■ Extremar las «victorias» y aminorar las «derrotas».
■ Suprimir sentimientos negativos.
■ Ser «racional», lo que en la práctica significa evaluar nuestra conducta según nuestros propios términos.

Todos estos elementos tienen como base evitar la ansiedad y la vergüenza, pero no ayudan a mejorar. Para aprender de los contratiempos, tenemos que aceptar la vulnerabilidad (ver p. 109) y repasar nuestras acciones y suposiciones para asegurarnos de que no nos perdemos la oportunidad de aprender. Todos, sin excepción, cometemos errores de vez en cuando: la clave para tener éxito es aceptarlos tan pronto como aparezcan, entender qué los ha causado y modificar nuestro enfoque. Si lo hacemos, le daremos menos importancia a los errores.

EVITA QUEMARTE
TÓMATE EL TIEMPO QUE NECESITES

No te vas a quemar de la noche a la mañana, pero si trabajas mucho tiempo al límite es posible que no te des cuenta de que se avecinan problemas hasta que sea demasiado tarde. Aprende a reconocer las señales y cuídate.

Todos tenemos días en que nos sentimos más cansados, pero sentirse quemados es algo más grave, que aparece cuando el estrés crónico (ver pp. 96-97) te supera hasta el punto de que se ven afectados los diferentes aspectos de tu vida. Tienes que conseguir poder mantener tus esfuerzos a largo plazo. Prevenir es más eficaz que esperar a estar desbordado para hacer algo.

Los indicadores
Identifica si ha llegado el momento de cambiar algo o descansar prestando atención a estos problemas:

- **Muchos problemas menores de salud.** Tu sistema inmunitario se debilita cuando estás agotado, lo que te hace más susceptible a padecer enfermedades. También puedes desarrollar síntomas

relacionados con el estrés, como cefaleas, palpitaciones, mareos, dolores torácicos y problemas gástricos; en tal caso, acude a tu médico.

- **Cansancio crónico.** Una cosa es estar agotado tras un gran esfuerzo, pero si siempre estás cansado (especialmente, si el cansancio te impide realizar simples tareas cotidianas), puede ser que estés quemado.
- **Problemas para dormir.** Si sufres estrés crónico, estás en estado de activación constante, y así es complicado desconectar y relajarte cuando acaba el día.
- **Problemas de memoria y concentración.** Estar bajo demasiada presión pone a tu cuerpo en estado de «lucha o huida». A corto plazo es útil porque focaliza todos nuestros

recursos cognitivos en un único problema, pero no estamos diseñados para vivir así durante mucho tiempo. Si tienes visión de túnel o te sientes confuso, quizá te merezcas un buen descanso.

- **Poco rendimiento laboral.** Compara tu rendimiento actual con el de uno o dos años atrás. Cuando estás agotado, tu rendimiento baja lentamente, pero de manera constante.
- **Problemas interpersonales.** ¿Discutes y estás en desacuerdo más que de costumbre? ¿Te sientes desvinculado del grupo?
- **Poco cuidado personal.** ¿No te acuerdas de comer o sobrevives a base de comida basura? ¿No haces ejercicio o no duermes?
- **Emociones negativas.** Los signos de ira, depresión, ansiedad, cinismo e insensibilidad indican que te acercas a tu límite.

Medidas preventivas
Si observas alguno de los signos de advertencia, sigue estos pasos para volver al rumbo correcto:

- **Si puedes, di «no».** Algunas cosas quizá no se puedan negociar, pero no aceptes más de lo que debas (ver pp. 130-131).

- **Olvídate del perfeccionismo.** Tu objetivo es ser «lo bastante bueno» y no perfecto (ver pp. 160-161).

- **No rumies.** Cuando rumiamos, entramos en una espiral de pensamientos (ver «El ciclo rumiante», derecha): acuérdate de aspectos positivos o distráete con algo diferente para dejar de rumiar.

- **Identifica cuándo salir.** Las posibles causas para sentirte quemado son situaciones de injusticia, poca recompensa, poco apoyo de los que nos rodean y falta de control. A veces la solución es cambiar de entorno.

- **Cuídate.** Tienes que comer, beber, dormir y hacer algo de ejercicio: descuidar tu bienestar físico sale caro a largo plazo.

- **Ten un lugar donde poder ser vulnerable,** preferiblemente con otros que pasen por el mismo problema que tú.

- **Vive según tus valores.** Una gran causa para sentirte quemado es la desconexión entre tus creencias y tus esfuerzos para conseguir algo. Encuentra maneras de hacer cosas que respeten tus principios.

Lo primero es tu propio bienestar: no ayudarás a nadie si te acabas arrastrando por el suelo. Es más eficiente funcionar a un nivel que puedas sostener con comodidad a largo plazo: este componente es esencial para lograr y mantener un éxito perdurable.

EL CICLO RUMIANTE

Reflexionar y planificar es útil, pero cuidado con el «ciclo rumiante», en el que se retroalimentan los pensamientos negativos. Si te quedas sumido en las preocupaciones, resentimientos o malos recuerdos, la solución implica romper una costumbre. Si el problema es que estás enganchado en sentimientos negativos la mayor parte del tiempo, no puedes *pensar* en una solución: es mejor dejarlo y hacer algo totalmente diferente. Escucha música, lee un libro, cocina algo... lo que sea que te haga pensar en cosas más agradables. Al principio te costará un poco, pero sé constante y verás cómo te sube el ánimo.

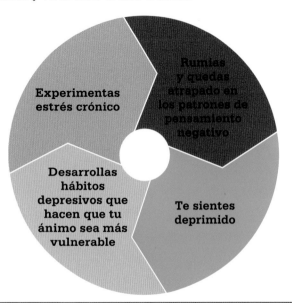

CARGA ÓPTIMA DE TRABAJO

El tipo de control que tenemos sobre el trabajo afecta a la salud. En 2010, un estudio realizado en Australia y Canadá halló que los que se motivaban solos y tenían mucho control enfermaban menos aun asumiendo más carga de trabajo. Identifica tu carga de trabajo óptima: parece ir contra toda lógica, pero una mayor carga de trabajo puede ser buena para tu salud.

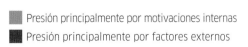

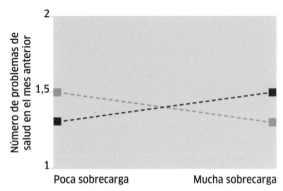

RELACIÓN ENTRE CARGA DE TRABAJO Y SALUD

TIEMPO LIBRE

OPTIMIZA TU TIEMPO DE OCIO
PARA TENER MÁS ÉXITO

Cuando centras tu vida en tener éxito, es fácil no dar la prioridad suficiente al tiempo libre, pero te será más fácil alcanzar tus objetivos si planificas igual de bien tu tiempo de ocio.

Nuestro tiempo es valioso. Aun así, cuando toca disfrutar del tiempo libre, creemos que lo estamos perdiendo. Es natural que seamos reacios a planificar nuestro tiempo libre, con tantas presiones en nuestra vida, no queremos que la diversión se convierta en más trabajo, pero un poco de planificación puede marcar la diferencia entre tiempo perdido y tiempo aprovechado.

El objetivo universal

El deseo de disfrutar del tiempo de ocio es común; no entiende de fronteras ni edades. Una investigación de la OMS realizada en 2008 halló que disfrutar del tiempo de ocio, especialmente si aporta experiencias de «flujo» (ver pp. 166-167), mejora la calidad de vida en todo tipo de personas. Por otra parte, un estudio

llevado a cabo en Brasil en 2006 vio que un programa estructurado de aventura al aire libre mejoró en gran medida la calidad de vida de los ciudadanos de entre 60 y 80 años de edad. Sea cual sea nuestra edad y origen, necesitamos tiempo libre, y este será más «liberador» si está mínimamente planificado.

Que valga la pena

Si estamos cansados y superados, nos gusta tener tiempo para relajarnos. Sin embargo, a veces es mejor la calidad que la cantidad.

Un estudio realizado en 2010 y publicado en *Journal of Happiness Studies* documentó la vida de 403 estudiantes durante un mes. Halló que tener solo más tiempo libre no llevaba necesariamente a mejorar el bienestar de los estudiantes. Lo que importaba era cómo «aprovechaban»

ese tiempo libre. Quienes se beneficiaron más de su tiempo libre tenían un carácter proactivo, y solían:

- Realizar actividades físicas.
- Participar en actividades sociales, con amigos y familia.
- Realizar actividades de ocio: excursiones, practicar deportes y otras aficiones.

Q ¿QUÉ OCUPA TU TIEMPO?

La psicoterapeuta y *coach* empresarial Lynn Grodzki indica que nuestro tiempo puede dividirse en tres categorías básicas:

- **Tiempo de trabajo.** Actividades que nos dan satisfacción o dinero.
- **Tiempo espiritual.** Actividades con sentido que nos rejuvenecen el alma.
- **Tiempo intermedio.** Tiempo que dedicamos a cuestiones prácticas y restamos de las otras dos categorías, más importantes.

¿Cuánto tiempo dedicas a actividades intermedias? ¿Podrías dedicarlo a algo más efectivo?

☙ ACTIVIDADES DE OCIO

¿Qué nos aporta el ocio? A partir de la «jerarquía de necesidades» de Maslow (ver «Las necesidades más profundas», derecha), los psicólogos Mounir Ragheb y Jacob Beard identificaron seis tipos de actividad que nos satisfacían:

1 **Psicológicas.** Buscas actividades que te recompensan a un nivel emocional o cognitivo.

2 **Educativas.** Realizas actividades que aumentan tu conocimiento.

3 **Sociales.** Implicas a amigos y familia en las actividades de ocio.

4 **Relajantes.** Buscas actividades pacíficas y tranquilas.

5 **Fisiológicas.** Disfrutas con actividades físicas agradables.

6 **Estéticas.** Participas en actividades en las que disfrutas de la belleza de sitios y cosas.

■ Fijar objetivos específicos, como «Mejoraré mi condición física».
■ Planificar antes las actividades.

Si damos por hecho que ya se nos ocurrirá algo que hacer en el tiempo libre, es probable que acabemos aburridos e insatisfechos, lo que eleva nuestro nivel de estrés, pues la sensación de perder el tiempo es probable que nos cause más angustia que descanso. La investigación sugiere que damos lo máximo si percibimos el «tiempo libre» como un periodo para hacer cosas que nos importan y no como un paréntesis para no trabajar.

LAS NECESIDADES MÁS PROFUNDAS

En 1943, el psicólogo Abraham Maslow avanzó su teoría de la «jerarquía de las necesidades»: primero cubrimos nuestras necesidades más básicas y después intentamos cubrir las demandas «superiores» para conseguir nuestro máximo potencial. Maslow basó su teoría en el estudio de individuos extraordinarios, como el físico Albert Einstein y el héroe antiesclavista Frederick Douglass, con la creencia de que representaban lo más sano de la psicología humana. Las actividades de ocio se sitúan en la parte superior de la jerarquía. ¿Cuáles de las siguientes necesidades satisfacen tus actividades de ocio?

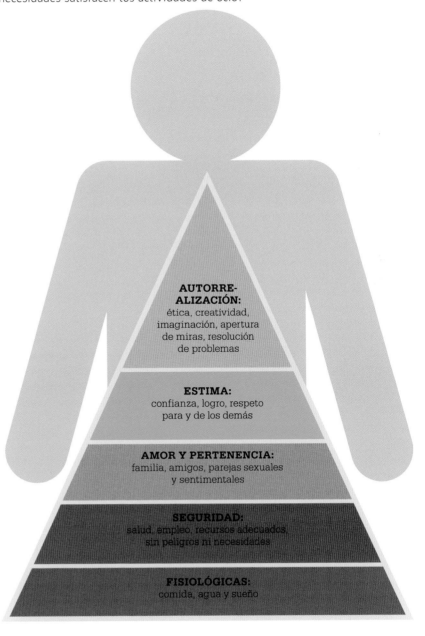

AUTORRE-ALIZACIÓN: ética, creatividad, imaginación, apertura de miras, resolución de problemas

ESTIMA: confianza, logro, respeto para y de los demás

AMOR Y PERTENENCIA: familia, amigos, parejas sexuales y sentimentales

SEGURIDAD: salud, empleo, recursos adecuados, sin peligros ni necesidades

FISIOLÓGICAS: comida, agua y sueño

CAPÍTULO 6
ÉXITO
UN PROCESO PARA TODA LA VIDA

CONSTRUIR RESILIENCIA
FORTALECE TUS RESERVAS INTERNAS

El éxito implica enfrentarse a retos y crisis, pero también disfrutar de lo bueno cuando lo encuentras. Así, cuando la vida se pone difícil, te puedes beneficiar de una visión integral desde el positivismo y el optimismo.

Una actitud positiva es una inversión a largo plazo que te prepara para los desafíos de la vida. Las investigaciones han hallado que, cuando estamos de buen humor, tendemos a ampliar horizontes, y así podemos responder ante ciertas situaciones, algunas incluso malas, de manera más flexible. Si cultivamos esta actitud positiva, es probable que nos construyamos una personalidad más madura. Si quieres ir por la vida con una actitud fuerte, no te fuerces a ser «más duro»; más bien, ábrete a un amplio abanico de experiencias vitales (buenas, malas y desafiantes). Aquí tienes algunos enfoques que pueden ser útiles durante el viaje.

😊 SABOREA LOS BUENOS MOMENTOS

En *Journal of Happiness Studies*, las psicólogas Michele Tugade y Barbara Fredrickson señalan que, si tenemos algo bueno que contar, normalmente lo contamos a amigos o familiares, y esperamos contarlo a tantas personas como sea posible, en parte por mantener las conexiones sociales, pero también para prolongar la felicidad: compartir las buenas noticias mantiene el placer que sentimos. Podemos prolongar el estado de ánimo en cualquier momento buscando una experiencia positiva, disfrutándola mientras dura y recordándola posteriormente. Todo son maneras de «capitalizar» algo agradable, es decir, de sacarle el máximo provecho.

DISFRUTA TODO LO QUE PUEDAS

La psicología distingue entre dos tipos de bienestar:

- **Bienestar hedónico.** Del griego *hēdonē*, «placer». Describe experiencias subjetivas y espontáneas agradables.
- **Bienestar eudaimónico.** Del griego *eu*, «bueno», y *daimōn*, «espíritu». Describe actividades a largo plazo que nos permiten crecer, tener relaciones positivas con otras personas y sentirnos bien con nosotros mismos.

No son solo los retos de la vida lo que alimenta nuestra resiliencia: también lo hacen nuestras mejores experiencias vitales. Así que deja espacio para el disfrute de la vida.

☺ UNA PERSPECTIVA EQUILIBRADA

Aunque una actitud positiva es, sin duda, buena para triunfar, en algunas circunstancias se tiene que ser cauto. Tal como subrayan los psicólogos Robert Cummins y Mark Wooden en *Journal of Happiness Studies*, «los extremos del optimismo están [...] inadaptados», lo que significa que «demasiado» puede ser tan inútil como «poco». Poco optimismo nos desanima y atemoriza, pero un exceso de optimismo nos vuelve impulsivos en situaciones en las que la precaución nos resultaría más útil. El equilibrio es la clave del éxito: se trata de ser optimista sin dejar de ser también realista.

ENCUENTRA EL LADO POSITIVO

No podemos evitar los malos momentos, pero podemos aprender a experimentar, al menos, algunas emociones positivas cuando estos ocurren. De acuerdo con un estudio estadounidense del año 2000, los enfoques útiles para convertir lo negativo en positivo son:

Reconsidera la situación, intentando encontrarle un aspecto positivo.

Soluciona problemas como un estímulo para la autoestima: buscar soluciones es satisfactorio.

Encuentra el significado positivo de los acontecimientos diarios (por ejemplo, apreciar un cumplido).

Encuentra la cara divertida de las dificultades, como si vieses las cosas desde una mirada ajena.

No esperes a que surja un gran problema antes de poner en práctica estos métodos de superación. En su lugar, tómatelos como facultades que puedes ir ejercitando para ser más fuerte y estar preparado para cualquier cosa.

✔ ELIGE TUS AFIRMACIONES CON SABIDURÍA

Si quieres estimular tu autoestima, envíate mensajes o «afirmaciones» positivos a ti mismo. Sin embargo, un estudio canadiense de 2009 publicado en *Psychological Science* añade una advertencia a todo esto. Si ya cuentas con una autoestima sólida, repetirse afirmaciones positivas como «Soy encantador» ayudan, pero si la autoestima es baja, resultan contraproducentes. Los investigadores hallaron que aquellos cuya confianza necesitaba reforzarse tendían a sentirse peor después de repetirse afirmaciones positivas, no específicas y generalizadas. Parece ser que no se creían tales afirmaciones, y que articularlas solo servía para recordarles que eran cuestiones dolorosas. Si te animas así, procura escoger frases que consideres que describen atributos positivos sobre tu talento y sobre lo que valoras, como «Soy muy bueno a la hora de planificar y concretar».

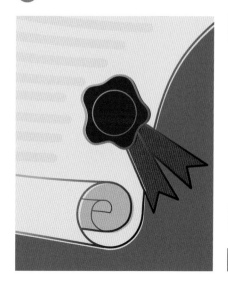

FORMACIÓN PERMANENTE

EL CAMINO DEL DESARROLLO

Mientras progresamos en la vida, podemos aprender de experiencias profesionales, familiares y comunitarias. El desarrollo es continuo y nos mantiene motivados y centrados en saber qué haremos después.

El camino más fiable para tener éxito es tener claro que el aprendizaje no es un proceso con final, sino una manera de enfrentarte a situaciones nuevas. Siempre hay oportunidades para salir a buscar situaciones de las que aprender y donde desarrollarse. Con la ayuda de una «mentalidad creciente» (ver p. 26), siempre puedes permanecer satisfactoriamente comprometido.

Búsqueda del conocimiento

¿Llega un momento en el que «ya sabemos lo suficiente»? Sin duda podemos adquirir los conocimientos necesarios para afrontar un reto en concreto, pero continuar aprendiendo nos aporta amplios beneficios:

■ **Aprender nos hace más seguros y resilientes.** La experiencia de afrontar retos y usar la inteligencia para superarlos estimula la sensación de que podemos superar situaciones difíciles.

■ **Los que aprenden superan mejor los cambios.** Dominar nuevos conceptos nos acostumbra a enfrentarnos a opiniones desconocidas y quizá desafiantes. Cuanto más aceptemos nuevas maneras de pensar, menos abrumador resultará lo desconocido.

■ **Aprender enriquece nuestras experiencias.** La vida es más interesante si aprendemos y nos desarrollamos. Cuanto más entendamos el mundo como aprendices, más probabilidades tenemos de desarrollarnos en él.

■ **Aprender nos hace más maduros.** Un estudio de 2015 publicado en *Adult Education* *Quarterly* halló que lo mejor para medir la educación permanente es el «capital humano» (entender que recibir formación es positivo). El «capital social», o el grado de conexiones con otros para desarrollarnos mejor, también es útil, especialmente entre los que tienen menos educación formal. Pero cuanto mayor es nuestro «capital humano», mejor uso de nuestras aptitudes podremos hacer en cualquier situación.

■ **Aprender mantiene nuestro bienestar a medida que envejecemos.** Hay estudios que confirman que las personas de más edad que inician unos estudios disfrutan de mayores niveles de salud y felicidad, y que las conexiones y los conocimientos que reciben enriquecen a toda la comunidad.

Aprender a aprender

Parece un tópico, pero saber aprender puede ser algo complicado. En 2006, el Parlamento Europeo y el Consejo Europeo lo clasificó como una de las

⊘ EL APRENDIZ EN SOCIEDAD

¿Cómo debemos entender nuestro aprendizaje en el contexto más amplio? El profesor de educación permanente danés Knud Illeris argumenta que aprendemos en tres dimensiones: a través de nuestros pensamientos (cognición), de nuestros sentimientos (emoción) y de nuestro lugar en el mundo (entorno).

✔ **COGNICIÓN:** aptitudes y conocimientos personales.

✔ **EMOCIÓN:** lograr un equilibrio psicológico.

✔ **ENTORNO:** integración en el mundo y nuestra cultura.

varias «competencias clave» que podemos mejorar en nuestra vida; aquí está el resto:

■ Comunicación en nuestra lengua materna.
■ Comunicación en lenguas extranjeras.
■ Competencia matemática, científica y técnica.
■ Competencia digital e informática.
■ Aprender a aprender.
■ Competencia social y cívica.
■ Un sentido de la iniciativa y espíritu emprendedor.
■ Conciencia y expresión culturales.

Si estabas buscando una receta general para conseguir el éxito, lo mejor que puedes hacer es seguir estos puntos.

ALCANZAR EL SIGNIFICADO

De acuerdo con el psicólogo y experto en educación portugués Roberto Carneiro, aprender es un proceso que se vuelve más complejo, y más gratificante, cuando aprendemos. Empezamos con la información básica y continuamos aprendiendo, lo que nos proporciona datos sobre los hechos. Entonces entramos en el «aprendizaje» genuino, en el que perfeccionamos nuestra comprensión del conocimiento que hemos adquirido. Finalmente, alcanzamos un sentido de significado en el que la aplicación, el valor y el mérito de todo lo que hemos aprendido empiezan a quedar claros.

¿APRENDIZAJE ADAPTATIVO O GENERATIVO?

Pensar en el aprendizaje como una manera de obtener información es útil, pero tiene ciertos límites. El profesor Roberto Carneiro propone una distinción entre aprendizaje «adaptativo» y «generativo». El aprendizaje adaptativo nos ayuda a gestionar el entorno y el aprendizaje generativo nos ayuda a cambiarlo. Para tener éxito, tenemos que cultivar ambos tipos de aprendizaje.

El aprendizaje adaptativo nos ayuda a...	El aprendizaje generativo nos ayuda a...
■ «Encajar» en el entorno	■ «Adaptar» el entorno
■ Ajustarse a cambios	■ Ampliar el conocimiento
■ Afrontar las amenazas	■ Desarrollar la creatividad
■ Reaccionar a síntomas	■ Identificar causas
■ Identificar señales	■ Anticipar el futuro
■ Obtener conocimientos convencionales	■ Ver las cosas de otro modo

EL DESEO ES LA CLAVE DE LA MOTIVACIÓN, PERO SON LA DETERMINACIÓN Y EL COMPROMISO CON LA INCESANTE BÚSQUEDA DE TU OBJETIVO (UN COMPROMISO CON LA EXCELENCIA) LO QUE TE PERMITIRÁ ALCANZAR EL ÉXITO QUE BUSCAS

MARIO ANDRETTI, PILOTO DE CARRERAS

QUÉ PIENSAN LOS DEMÁS

COMPARTIR IDEAS Y OPINIONES

Cooperar bien con los demás significa sentirse cómodo con las opiniones, tanto dándolas como recibiéndolas. Abrir canales de respuesta en ambas direcciones suele ser la clave para un esfuerzo exitoso.

No importa cuánto confiemos en nuestra propia opinión, todos nos beneficiamos del punto de vista ajeno. Tanto dentro como fuera del trabajo, contar con otras opiniones es un factor importante a la hora de tener éxito. No obstante, prepárate para que critiquen tus ideas (y, a veces, incluso para que las derriben).

Tomárselo bien

Los datos neurológicos sugieren que estamos programados para temer las críticas. Incluso hay investigaciones que sugieren que los comentarios negativos se procesan por circuitos neuronales diferentes, más sensibles que los que gestionan las informaciones positivas. El miedo a las críticas es fundamentalmente miedo al rechazo. No importa el tacto con el que se haga un comentario negativo, una parte del cerebro lo interpreta como «Estás despedido» o «Nadie te querrá». Ante una opinión que pueda causarte ansiedad (por ejemplo, una valoración negativa de tu jefe), intenta lo siguiente:

- **Escucha los hechos.** Es útil diferenciar entre los hechos y las opiniones. Aunque no estés de acuerdo con las conclusiones, quédate con la información y guárdala para más adelante.
- **Considera la motivación.** ¿Tu interlocutor está intentando ayudarte, a pesar de ser tan directo, o lo que realmente pretende es reforzar su autoridad y ganar puntos? Distintas motivaciones requieren respuestas diferentes.
- **No es algo personal.** Si has cometido un error, preséntate

85 %

ENTRE COLEGAS

Según un estudio australiano de 1994, el 85 % de los estudiantes sentían que **aprendían más** con las **valoraciones de sus colegas** que con las notas y revisiones de sus profesores.

como un aliado al que te critica: «Sí, reconozco que a veces actúo así. ¿Qué me aconsejas?».

■ **Pide tiempo.** Si no puedes responder constructivamente en ese momento, agradece la información y di que necesitas tiempo para reflexionar.

Dar tanto como recibir

Un gran número de estudios confirman que dar tu opinión a quien comparte tus objetivos puede ser, como mínimo, tan útil como recibirla. Evaluar los esfuerzos ajenos fuerza nuestros cerebros a pensar sobre:

■ El propósito de lo que todos intentan conseguir.
■ Con qué criterio se juzga.
■ Cómo sería un buen ejemplo.
■ Posibles remedios cuando las cosas no son como deberían ser.

Un enfoque como este desarrollará tus aptitudes de pensamiento crítico de modo que te resulte beneficioso para todas las áreas de tu vida.

LOS MODELOS BET Y BEAR

Las psicólogas estadounidenses Patricia L. Harms y Deborah Britt Roebuck describen dos modelos distintos para dar opiniones positivas y negativas: los modelos BET y BEAR, respectivamente (por sus acrónimos en inglés). Si tienes que decir a alguien qué piensas de él, sigue uno de estos enfoques:

Paso		Acción	Ejemplo
B	Conducta	Describe lo que alguien está haciendo y que sea beneficioso para todos	«Consigues que los demás sientan que se les aprecia»
E	Efecto	Destaca el resultado de este comportamiento positivo	«Ha contribuido al bienestar del grupo y a conseguir mejores resultados para todos»
T	Agradecimiento	Muestra gratitud	«Las personas implicadas están encantadas de trabajar contigo. ¡Gracias!»
B	Conducta	Describe la acción que causó el problema	«Dijiste que te encargarías del contrato, pero no empezaste hasta la semana pasada»
E	Efecto	¿Qué efecto tiene esto?	«Estaba muy retrasado y tuve que dejar cosas para ayudarte, lo que perjudicó mis otros proyectos»
A	Alternativa	Sugiere cómo podrían hacerse las cosas de otro modo en el futuro	«Por favor, infórmame en cuanto puedas siempre que anticipes un problema»
R	Resultado	Describe qué efectos positivos se derivarían de ese cambio	«Así, será mucho más fácil encontrar la persona adecuada para ayudarte»

CAPACIDAD DE ESCUCHA
CÓMO SINTONIZAR CON LO QUE OYES

Todos sabemos cuán importante es aprender de los demás, pero puede ser sorprendentemente difícil «escuchar» de verdad lo que alguien está diciendo. ¿Cómo podemos ser mejores escuchando lo que nos dicen?

Un buen oyente capta más información. ¿Cuáles son las mejores estrategias para mejorar tu capacidad de escucha?

Espejito, espejito
Si vieses a dos personas fijándose en el lenguaje corporal de la otra durante una conversación, podrías pensar que demuestran la presión de la conformidad social, pero en realidad puede ser parte de un intento por entenderse. Una teoría científica lo llama «simulación corporeizada» (ver «Describir el proceso de escucha», en la página siguiente). No podemos leer la mente de otra persona, pero creemos que los pensamientos y sentimientos privados se reflejan en el lenguaje corporal, las expresiones faciales o la postura, y que, si los imitamos, la retroalimentación que nos llega nos

ayuda a entender mejor a esa persona. Esto lo hacemos de una manera inconsciente, pero, si te cuesta entender las motivaciones de alguien, haz un esfuerzo deliberado para copiar discretamente su lenguaje corporal y aumentar tu comprensión intuitiva.

Escucha activa
Los psicólogos recomiendan cada vez más la «escucha activa» para aprender de manera efectiva. La «escucha pasiva» implica estarse callado y escuchar lo que se dice; en cambio, la escucha activa es participar para que la conversación realmente cree conexiones. Prueba las siguientes técnicas:

- **Escucha con el cuerpo.** Imita, sonríe, mira a los ojos, inclínate un poco. No te muevas mucho, pues eso distrae: mantén una buena postura para demostrar que prestas atención.
- **Comparte el punto de vista.** Cuando respondas, muestra que intentas ver cómo son las cosas desde su perspectiva.
- **Muéstrate tranquilo y sé agradable.** Tu interlocutor percibirá tu actitud, así que muéstrate tranquilo y accesible.
- **Muestra «altercentrismo»** (centrarse en el otro). Haz siempre preguntas abiertas; no interrumpas; reflexiona o parafrasea. Si no estás seguro de lo que quieren decir, pide que te lo aclaren.
- **Pospón tu opinión.** No anticipes lo que pienses que el otro va a decir y evita cualquier tipo de contraargumentos precipitados. Deja que acabe antes de opinar.
- **Valida.** Si alguien está angustiado, intenta mostrarle siempre que apoyas su derecho a expresarse: será más coherente.
- **Reflexiona.** Di algo como: «Entonces, si lo entiendo bien, dices que...». Esto le da al otro espacio para corregir cualquier

DESCRIBIR EL PROCESO DE ESCUCHA

Los psicólogos estadounidenses Graham Bodie, Debra Worthington y Lynn Cooper, junto con la psicóloga alemana Margarete Imhof, proponen una «teoría del campo unificado» sobre cómo gestionar conversaciones. Este gráfico muestra cómo funcionan. Cuanto más cuidadosos seamos en cada fase a la hora de hacer nuestra contribución, más valor tendrán los resultados de la conversación.

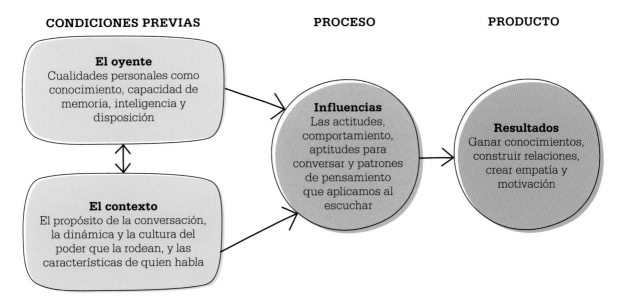

CONDICIONES PREVIAS

El oyente
Cualidades personales como conocimiento, capacidad de memoria, inteligencia y disposición

El contexto
El propósito de la conversación, la dinámica y la cultura del poder que la rodean, y las características de quien habla

PROCESO

Influencias
Las actitudes, comportamiento, aptitudes para conversar y patrones de pensamiento que aplicamos al escuchar

PRODUCTO

Resultados
Ganar conocimientos, construir relaciones, crear empatía y motivación

---

falsa impresión y demuestra que te esfuerzas por entenderle.

■ **Resume.** Recapitula lo que dice a intervalos regulares. Esto demuestra tu interés y da al otro la oportunidad de remarcar algo de lo que no te has percatado.

Cualquier situación social te da siempre la oportunidad de practicar la escucha activa, así que empieza lo antes posible y fíjate hacia dónde te llevan tus nuevas aptitudes y qué aprendes de ellas. Pon a prueba tu memoria y decide escuchar mejor. Ten en cuenta que un buen oyente es siempre un facilitador, alguien que ayuda a que los demás se comuniquen mejor, de una manera más efectiva.

 ## ESCUCHA ACTIVA: QUÉ HACER Y QUÉ NO HACER

Escuchar de manera activa es crear un espacio verbal abierto. Aquí tienes sugerencias y tabúes:

Evitar: preguntas que puedan sonar acusatorias, como «¿Por qué lo hiciste?».
Alternativa: «¿Podrías contarme más sobre lo que ocurrió?».

Evitar: presionar demasiado para conseguir información delicada.
Alternativa: «Si quieres hablar sobre ello, te escucharé encantado».

Evitar: presunciones como «Sé cómo te sientes».

Alternativa: «¿Cómo te sientes?».

Evitar: consejos no solicitados, como: «Deberías dejarlo».
Alternativa: «¿Quieres que pensemos en algunas estrategias?».

Evitar: utilizar expresiones de lástima como «¡Ay, pobre!», ya que no es lo mismo que ser empático.
Alternativa: «Parece realmente complicado. ¿Cómo lo llevas?».

Evitar: brusquedad, falta de cortesía.
Alternativa: «¿Podría hacer una sugerencia?», «Perdona si...».

MENTORES Y GUÍAS

EL VALOR DEL APOYO MUTUO

Un buen mentor es un bien preciado. Para una sólida relación de mentoría, trabaja de manera creativa para optimizar aprendizaje y crecimiento, y sé claro cuando determines cómo el proceso beneficia a ambas partes.

Si estás tutelado por alguien más experimentado o con mayor formación, tómatelo como algo muy positivo para muchas áreas de tu vida. La mentoría es clave para que se hereden las capacidades de nuestro guía, tanto dentro como fuera de la esfera profesional. Un mentor te ayuda a embarcarte en una actividad nueva, a buscar ayuda ante los retos de la vida o a crecer de manera creativa, intelectual o profesionalmente.

Encontrar un mentor

No es fácil encontrar buenos mentores, así que ¿cuál es la mejor manera de dar con uno? Cuando busques un guía, recuerda los siguientes factores:

■ **Decide desde un principio por qué quieres un mentor.** Por ejemplo: ¿necesitas instrucciones en un campo concreto, una crítica fiable sobre tu rendimiento, alguien a quien observar en acción? Tener las expectativas claras evitará decepciones.

90 %

VALORAN EL *FEEDBACK*

Según un estudio estadounidense de 2009, más del **90 % de los mentores** piensan que es importante potenciar un *feedback* honesto con sus tutorizados.

- **Identifica y aprovecha las oportunidades para crear contactos.** Muchos sectores ofrecen programas de mentoría: averigua dónde encontraron tus colegas a sus mentores; busca en lugares en los que la gente a la que admiras pase tiempo, y disponte a socializar. Recuerda que ningún mentor «lo tendrá todo»: para optimizar tu éxito, búscate varios mentores.
- **Fíjate en las reacciones de nuevos contactos.** Si parece que alguien no quiere ayudarte, no insistas: solo conseguirás que se aleje más. Tampoco esperes a que te lean la mente. Di de una forma clara que aprecias cualquier consejo que te ofrezcan. Si son educados pero su respuesta es vaga, eso puede ser un «no».
- **Ábrete a conexiones inesperadas.** El mentor perfecto para ti podría trabajar en un campo en el que no habías pensado o tener una personalidad muy distinta a la tuya. No tiene por qué ser la persona que deseas ser: lo que importa es compenetrarse.

Mantener la relación

Cuando ya hayas establecido una buena conexión con alguien, preocúpate por continuar aprovechando al máximo la dinámica mentor-tutorizado. Prueba estos métodos:

- **Sé recíproco.** Ofrécele todas las conexiones y contactos que puedas. Apoya y promueve su trabajo. Prepárate para ayudarle. Un tutorizado con tesón sabe cómo compensar.

CONSTELACIÓN DE MENTORÍA

El apoyo de los que tienen más experiencia puede ser de gran valor, pero no subestimes la mentoría «lateral» o incluso la «ascendente». Un documento de 2013 del Centro de Liderazgo Creativo de Estados Unidos describe una «constelación» de relaciones en la que el apoyo y guía mutuos entre iguales y el apoyo de los que están por debajo en una jerarquía son tan provechosos como un modelo descendente.

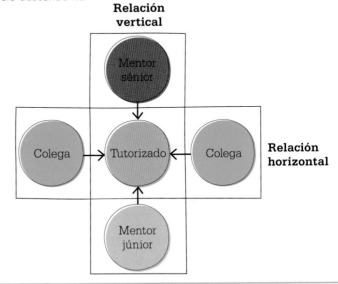

- **Muestra iniciativa.** No es gratificante tutorizar a alguien que parece demasiado dependiente. Lo que un mentor valora es un tutorizado con energía y entusiasmo, así que vale la pena la ayuda recibida para aprovecharla al máximo.
- **Acepta lo que se te ofrezca.** Algunos mentores quizá no deseen proporcionar apoyo emocional, por ejemplo, pero pueden ofrecer ayuda práctica. Si necesitas algo que tu mentor no puede darte, busca en otros sitios para conseguirlo.
- **Da por terminada la dinámica mentor-tutorizado cuando lo creas conveniente.** Si no crees que tu mentor es útil, quizá sea el momento de dejarlo.

25-33 %
PREFIERE LA FAMILIA

Un estudio de 2013 preguntó a directivos **qué relaciones** les ayudaban más a **desarrollarse profesionalmente**. Los miembros de la familia representaban un **25-33 %** de las personas citadas.

El secreto de cualquier relación con un mentor es apreciar el valor de lo que se ofrece, y también mostrar cortesía, consideración y apoyo. Ya termine en una amistad para toda la vida o en una interacción temporal pero útil, identifica los beneficios y disfrútalos.

CREDIBILIDAD

HABLAR CON HONRADEZ, ACTUAR EN CONSECUENCIA

Tener buena reputación que genere confianza en ti es esencial. La falta de credibilidad hace perder oportunidades, mientras que tu prestigio te ayuda a ganar lealtades. Cada acción y cada decisión afecta nuestra credibilidad.

Las personas fiables son aquellas en las que la gente confía. Si no tienes credibilidad, la gente desconfiará de tus opiniones o incluso de los «hechos» que narras, y no conseguirás inspirar confianza. Lo esencial es estar seguro de que lo que dices y lo que haces es coherente. Es más fácil perder credibilidad que recuperarla, así que sé sincero y cuida tu imagen. Y si las cosas van mal, prepárate para hacer todo lo necesario para arreglar personalmente la situación.

Coherencia entre lo que dices y lo que haces

Muchos estudios confirman que la credibilidad depende de un simple hecho: si las afirmaciones de alguien no son coherentes con su comportamiento o si se hacen promesas que no se mantienen, dejamos de confiar en la persona.

En un estudio estadounidense de 1994, subvencionado por el Instituto Nacional de Salud Mental y la Facultad de Empresariales Stern, se observó que los voluntarios a los que se presentaban mensajes ambiguos solían fiarse de las fuentes que consideraban creíbles, y que en las decisiones de poco riesgo, la credibilidad era el *único* factor que se tenía en cuenta, sin importar la solidez de los argumentos escuchados. Cuando se trata del día a día, la credibilidad es lo único que cuenta.

Arreglar los errores

Seguramente tu objetivo sea vivir con integridad, pero aun así no hay que olvidar que todos nos equivocamos. A veces es imposible

CRONOLOGÍA DE LA CONFIANZA

¿Cómo decidimos si confiamos en alguien? El psicólogo estadounidense Tony Simons argumenta que la pregunta implica primero pensar en la «integridad del comportamiento» a partir de las acciones pasadas. Entonces establecemos la «credibilidad» de la persona y anticipamos su comportamiento futuro, como muestra el ejemplo siguiente. Para reforzar nuestra propia credibilidad e inspirar confianza, asegúrate de que tus acciones concuerdan con tus palabras: haz lo que dices que harás. Así se te verá como una persona honesta y creíble.

INTEGRIDAD DE LA CONDUCTA	CREDIBILIDAD	CONDUCTA ANTICIPADA
¿Qué dijo en el pasado? ¿Concordaron sus acciones con sus palabras? **(Integridad percibida)**	¿Pienso que es una buena persona? **(Benevolencia percibida)** ¿Pienso que puede terminar el trabajo? **(Competencia percibida)**	¿Pienso que mantendrá o que romperá su palabra? **(Honestidad percibida)**

mantener una promesa o perdemos el autocontrol y cedemos ante nuestras propias reglas. Si los demás lo detectan, tenemos un problema.

¿Qué puedes hacer si cometes un error? Los estudios sugieren que, si se te considera poco creíble, también se cuestionarán tus «excusas», así que formula disculpas y promesas con mucho cuidado. Según un estudio de 2002 publicado en *Organization Science,* la pregunta «¿Qué hacer para cooperar de nuevo?» era mucho menos efectiva que «¿Qué *puedo hacer* para que cooperes de nuevo?». El mismo estudio afirmaba que las ofertas para arreglar errores tendían a obtener el perdón, pero no tenían que ser grandes ofertas: las pequeñas también servían para mostrar buena voluntad, siempre que intentaran realmente reparar el daño.

EL EFECTO TRINQUETE

Sabemos por experiencia, y por numerosos estudios, que es mucho más fácil perder la confianza que ganarla. El psicólogo Tony Simons lo llama el «efecto trinquete». Igual que los dientes inclinados de un trinquete, que solo le permiten girar en una dirección, cada vez que nos mostramos poco fiables nuestra credibilidad se ve dañada y es difícil arreglarlo, incluso si la mayoría de nuestras acciones son fiables.

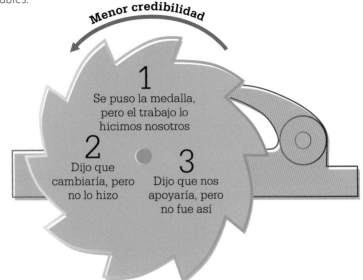

Menor credibilidad

1 Se puso la medalla, pero el trabajo lo hicimos nosotros

2 Dijo que cambiaría, pero no lo hizo

3 Dijo que nos apoyaría, pero no fue así

RESPETO
CÓMO LOGRAR QUE LOS DEMÁS RECONOZCAN LO QUE VALES

A menudo esperamos que los demás aprueben nuestro carácter, acciones y opiniones. Pero eso nos lleva a un dilema: ¿hasta qué punto debemos intentar ganarnos el respeto de los otros haciendo lo que ellos desean?

Sentirse respetado en nuestra comunidad da tranquilidad: es uno de los mejores estímulos para nuestra confianza y la relación con nosotros mismos y con los demás. Pero ¿cómo presentamos nuestro yo más admirable siendo fieles a quienes somos realmente?

Presentar un yo respetable

La desaprobación social es un factor disuasorio poderoso y todos, más o menos, queremos mantener una cara pública aceptable. Los psicólogos denominan este proceso «gestión de la impresión» (GI), lo que suena bastante manipulador; de hecho, hay estudios que confirman que aquellos con una puntuación de GI alta son menos sinceros cuando se juegan su reputación. Pero investigaciones recientes señalan que no son muy de fiar; más bien,

están a la defensiva y se sienten angustiados si pierden reputación. El psicólogo israelí Liad Uziel dio en 2010 un término más preciso: «autocontrol orientado interpersonalmente», una expresión útil que marca la diferencia entre encubrir negativamente y autopresentarse positivamente. Aprende a mostrar que te mereces

> El respeto por nosotros mismos **guía nuestra moral**; el respeto a los demás, **nuestras costumbres**.
>
> **Laurence Sterne**
> Novelista y clérigo irlandés

un respeto, pero no es necesario mostrarte cínico. A veces ello incluso aumenta tu creatividad (ver «No tan trivial», en la página siguiente).

Respetar y dar

Aunque la generosidad es buena, todo el mundo sabe que en general no se respeta a los pusilánimes. Cuando consideres este aspecto de tu posición respecto a los demás, pregúntate lo siguiente:

- ¿Me resulta complicado rechazar peticiones inaceptables?
- ¿A menudo siento que me subestiman?
- ¿Dejo mis necesidades para el final?
- ¿Hago más favores a los demás que ellos a mí?
- ¿Hago el trabajo de poco prestigio que nadie quiere hacer?
- ¿Me preocupa que me rechacen si digo que no?

Tal como observa el antropólogo David Graeber en *En deuda: Una historia alternativa de la economía*, dar sin recibir nada a cambio es

SALIRSE DEL CAMINO DE LA CULPABILIDAD

Si te sientes presionado para aceptar todas las responsabilidades que te van cayendo, quizá seas una persona decente, pero conseguirás más respeto si marcas unos límites razonables, lo que incluye liberarse de la sensación de culpa. Este ejemplo muestra un posible conjunto de pensamientos negativos sobre una situación, junto con posibles respuestas más positivas.

Situación

Un amigo te pide un favor cuando estás muy atareado

«Veo que necesita ayuda, pero tengo que hacer todo este trabajo».

Respuestas negativas

- «Si digo que no, le supondrá un inconveniente»
- «Soy egoísta»
- «Los egoístas no gustan»
- «Quizá perderé la amistad»

Te sientes culpable y angustiado

- «De acuerdo, creo que sacaré tiempo»

Lo haces, y tu trabajo se ve afectado

- «¿Por qué soy tan inepto? Quizá la gente hace bien en no respetarme».

Respuestas positivas

- «No puedo hacerte ese favor en este momento»
- «No tengo que sabotearme a mí mismo para ser una buena persona»
- «Si cuido de mí, puedo ser más útil a los demás en otra ocasión»
- «Si es mi amigo, lo entenderá»

Sientes arrepentimiento combinado con confianza

- «Se lo compensaré más adelante»

Dices que no y sientes que eres tú quien controla tu vida

- «Si pido respeto, espero conseguirlo»

---

una marca de jerarquía más que de igualdad; piensa en dar un caramelo a un niño o en rendir homenaje a un rey. En este tipo de relaciones desequilibradas, dar una vez crea la expectativa de que lo harás otra vez.

Cuando das demasiado, indicas que te consideras inferior. Si es así, encontrar maneras de decir «no» (ver p.131) mejorará tu imagen a los ojos de los demás.

El respeto empieza por uno mismo, así que demuestra lo que vales y sigue tus principios.

Mantener el respeto de los otros

El respeto se pierde en un momento y cuesta mucho de recuperar; a veces necesitas hacer un gran esfuerzo para recuperarlo. No escatimes fuerzas para conseguirlo; merece la pena.

NO TAN TRIVIAL

Existe una tendencia a pensar que los que prestan mayor atención a su «gestión de la impresión» (GI) son más superficiales que los que no lo hacen. No obstante, según un estudio de 2010 del psicólogo israelí Liad Uziel, desear respeto puede aumentar la creatividad ante una audiencia. Cuando se les pedía que creasen historias a través de un test, los que tenían una GI baja lo hacían mejor a solas y las personas con una GI alta lo hacían mejor en público.

EL EFECTO DE LA GI EN LA CREATIVIDAD

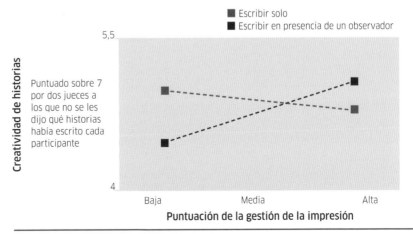

■ Escribir solo
■ Escribir en presencia de un observador

Creatividad de historias

Puntuado sobre 7 por dos jueces a los que no se les dijo qué historias había escrito cada participante

5,5

4

Baja   Media   Alta

Puntuación de la gestión de la impresión

LA PSICOLOGÍA DE LA RIQUEZA
¿CÓMO TE RELACIONAS CON EL DINERO?

El éxito no implica necesariamente hacerse rico, pero la falta de recursos financieros te puede hacer sentir un fracasado. El dinero es un tema delicado, así que ¿cómo construimos una relación saludable con él?

Desde que el psicólogo Sigmund Freud definió la necesidad de acumular riqueza como signo de una personalidad «anal retentiva», los psicólogos han estudiado nuestra relación con el dinero. ¿Cómo tener una visión equilibrada en este tema?

¿Qué significa?

¿El dinero es una fuente de estrés, un obstáculo moral o un símbolo del éxito en la vida? En los años noventa del pasado siglo, el psicólogo taiwanés Thomas Li-Ping Tang desarrolló lo que llamó la «escala ética del dinero» (EED), una buena manera de juzgar cómo valoramos ese bien. Tang observó que los que valoraban mucho el dinero como signo de éxito tendían a experimentar menos satisfacciones en la vida, y también que las personas con un presupuesto modesto tendían a sentirse más satisfechas. Así, las pruebas sugieren que serás más feliz si tratas el dinero como algo práctico, más que como un instrumento para medir tus méritos. También advirtió que los que valoran mucho el dinero no son necesariamente más ricos, ¡así que darle una baja prioridad no te hará más pobre!

¿Qué te ofrece el dinero?

¿Cuál crees que es el objetivo principal del dinero? Los psicólogos estadounidenses Kent Yamauchi y Donald Templer diseñaron una útil escala de tres puntos y un cuestionario que puedes utilizar para autoevaluarte (ver «Analiza tu opinión sobre el dinero», en la página siguiente). Proponen que nuestra relación con el dinero se mida a partir de estos tres factores:

1 **Poder y prestigio.** Usar el dinero para conseguir influencia sobre alguien.

2 **Seguridad.** Usar el dinero para protegernos ante varios tipos de miedos o poder cumplir ciertos deseos.

3 **Retención.** Ahorrar por ahorrar a veces hasta el punto de llegar a mezquindad o de hacerlo de una forma obsesiva.

Kent Yamauchi y Donald Templer observaron que la seguridad y el deseo de conservar lo que se tiene se pueden solapar. También se

> Se es rico o pobre en función de **lo que se es**, no de **lo que se tiene**.
>
> **Henry Ward Beecher**
> Reformista social estadounidense

solapan cuando nos preocupa que alguien nos engañe o nos cobre de más.

El dinero es una oportunidad

La sensación de estar tranquilo al empezar un nuevo proyecto u otra experiencia es muy satisfactoria, especialmente cuando somos conscientes de tener suficiente dinero para lograr el plan elegido.

No obstante, pueden surgir problemas si no estamos preparados para comprometernos (e invertir dinero) en una acción concreta. Quizá nos cueste decidir entre las distintas alternativas. O puede que gastar dinero nos haga sentir inseguros. O quizá hemos tomado ya una decisión, pero la sensación de apartarnos de un futuro alternativo, en el que también podríamos haber invertido dinero, puede paralizarnos, e incapaces de comprometernos, no hacemos nada. Entonces, es útil reconsiderar nuestra relación con el dinero. Si crees que es una herramienta, ¿qué importancia tiene si no se usa?

El dinero magnifica

Todo esto ilustra cómo el dinero magnifica nuestros problemas psicológicos. Dificulta más aún los problemas de pareja (piensa en el papel que tiene el dinero en muchos divorcios de famosos). Y no tener dinero puede incluso contribuir a disminuir más una baja autoestima.

Moraleja: no le des fuerza simbólica al dinero, a menos que quieras. Y, por extensión, no confundas una vida boyante con la felicidad. La riqueza de verdad reside en otro sitio.

ANALIZA TU OPINIÓN SOBRE EL DINERO

La investigación sobre las opiniones sobre el dinero realizada por los psicólogos estadounidenses Kent Yamauchi y Donald Templer se basó en cuestionarios de los participantes. Utiliza las mismas preguntas para autoevaluarte. ¿Con cuál de las tres afirmaciones de cada bocadillo te identificas más? Utiliza el resumen final para autoevaluarte, y sigue la acción según el resultado obtenido.

A Cuando quiero que alguien haga algo por mí, utilizo el dinero para influir.
B Me gusta planificar mi futuro financiero.
C Regateo o me quejo sobre lo que valen las cosas.

A La verdad es que compro cosas para impresionar a los demás.
B Normalmente ahorro.
C Suelo decir que «no puedo permitírmelo», aun cuando sí puedo.

A Es muy tentador presumir de cuánto gano.
B Me preocupo por preparar mi jubilación.
C No me gusta gastar, ni siquiera en artículos de primera necesidad.

A Sé que el dinero no lo es todo, pero me fascinan las personas ricas.
B Me preocupa haberme comprado algo que es más barato en otro lugar.
C Me gusta controlar mis finanzas.

A A menudo intento saber si los demás ganan más que yo.
B Tengo unos ahorros por si llegan épocas difíciles.
C Me describiría como una persona prudente.

A Gastaré más para adquirir los mejores productos o marcas.
B Me preocupa no tener seguridad económica.
C Me ciño a un presupuesto muy estricto.

Mayoritariamente A: El poder y el prestigio te motivan mucho.
Acción: Evita la ambición obsesiva. Asegúrate de no descuidar el amor y la amistad.
Mayoritariamente B: Te motiva la seguridad.
Acción: Comprueba que no pasas por alto ciertas oportunidades. Desafíate.
Mayoritariamente C: Tienes tendencia a «retener» o acumular demasiado.
Acción: Asegúrate de que no te vuelves avaro. Sé generoso.

BUENOS AMIGOS
EL VALOR DE LAS RELACIONES DE APOYO

Los estudios confirman que las amistades son más que un apoyo mutuo o personas con las que disfrutar de nuestro tiempo de ocio: los que tienen un círculo social bueno disfrutan de mejor salud mental y física, se sienten más satisfechos con la vida e incluso viven más años. Si son la clave del bienestar, la productividad y el éxito, ¿hay algún secreto para conseguir buenos amigos?

¿Somos todos iguales?

Se suele pensar que las relaciones entre mujeres son más profundas que las relaciones entre hombres, o que la cercanía entre los hombres se basa en vínculos creados por actividades compartidas y no por el afecto mutuo. Esta manera de ver las cosas diferencia entre cercanía «de lado» y «cara a cara». Sin embargo, esta distinción no sostiene que los hombres valoran y necesitan la misma dinámica en sus amistades. Los estudios confirman que ellos también dan importancia al hecho de poder sincerarse con sus amistades, y que se sienten menos

Cuando trabajamos para triunfar en la vida, de manera consciente entablamos y cultivamos relaciones y amistades. La conexión humana es la base del bienestar, y las buenas relaciones consiguen que seamos más productivos.

> **Las buenas relaciones** nos hacen **más felices** y **sanos**. Punto.
>
> **Robert Waldinger**
> Psiquiatra, psicoanalista y director de un estudio de 75 años sobre desarrollo adulto en la Facultad de Medicina de Harvard

satisfechos si sus amigos no lo hacen. Los estudios sugieren que en relaciones platónicas las necesidades de ellos y ellas son más parecidas de lo que creemos.

Lo que sí parece claro es que el número de amistades se reduce a medida que maduramos. Pero esto, según los estudios, no significa que cada vez estemos más solos, sino que pasamos por lo que la psicóloga Laura Carstensen llama «efecto poda»: a los 30 o 40 años las responsabilidades familiares y profesionales reducen nuestro tiempo libre, nos apartamos de la gente que no apoya nuestra «nueva normalidad», y nos acercamos a los que sí lo hacen. Los círculos sociales de mayor edad suelen ser menores, pero más sólidos: en ellos, se reemplaza cantidad por calidad.

La esencia de la amistad

¿Qué cualidades esenciales tiene una amistad? En una encuesta realizada en 2004, la psicóloga canadiense Beverley Fehr vio que se consideraban algunas ideas sobre lo que debería proporcionar un amigo como más «prototípicas» (es decir, más parecidas al concepto básico de amistad) que otras (ver «Dimensiones de la amistad», derecha). Tanto hombres como mujeres tenían más probabilidades de enfadarse por romper las normas de amistad prototípicas en comparación con las más periféricas, pero, al mismo tiempo, era más probable que perdonaran las transgresiones de amigos cuyo apoyo prototípico era de fiar. La amistad parece ser una mezcla de apoyo, aceptación, lealtad y confianza: si alguien nos puede ofrecer estos elementos, el resto no nos suele resultar tan importante.

AUTOEVALUACIÓN

El **75%** de las **mujeres** y el **72%** de los **hombres** se muestran **satisfechos** con sus amistades, según un estudio estadounidense de 2015, lo que sería una muestra de que ambos sexos coinciden más de lo que pensamos.

AMIGOS EN CIFRAS

Según un estudio de 2015 publicado en *Journal of Social and Personal Relationships*, hombres y mujeres tienen un número de amigos parecido. Tienen:

4 amigos con los que poder hablar **sobre su vida sexual**,

5-6 amigos a los que poder llamar cuando tienen **un problema**, y

5-6 amigos con los que celebrar el **cumpleaños**.

DIMENSIONES DE LA AMISTAD

¿Cuáles son los comportamientos amistosos más fundamentales? La psicóloga Beverley Fehr halló que las siguientes afirmaciones eran las más «prototípicas» o esencialmente amistosas. Utilízalas para evaluar tus propias amistades.

✔ **Si necesito hablar,** mi amigo me escuchará (ellas dieron mucha importancia a este punto, pero ellos también lo valoraron alto).

✔ **Si tengo problemas,** mi amigo me ayudará.

✔ **Si necesito a mi amigo,** estará a mi lado.

✔ **Si tengo un problema,** mi amigo me escuchará.

✔ **Si alguien me insultase** o dijese cosas negativas a mi espalda, mi amigo me defendería.

✔ **Si necesitase comida, ropa o vivienda,** mi amigo me ayudaría.

✔ **Si tengo un problema o necesito apoyo,** mi amigo me ayudará.

✔ **No importa quién sea o lo que haga,** mi amigo me aceptará.

✔ **Si nos peleamos o discutimos,** lo arreglaremos.

✔ **Incluso cuando parezca que a nadie le intereso,** a mi amigo sí le importo.

✔ **Si mi amigo me ha hecho enfadar,** puedo decírselo.

✔ **Si tengo un secreto,** mi amigo sabrá guardarlo.

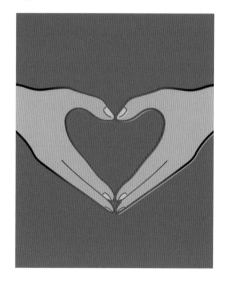

¿ÉXITO EN EL AMOR?

HAZ QUE EL AMOR TE FUNCIONE

Una relación sentimental se construye con atención y trabajo por ambas partes. La capacidad de comunicarse es muy importante, así como la de aceptar pacientemente las diferencias personales.

A mediados del siglo XX, el psicólogo John Bowlby desarrolló un concepto clave en la psicología del amor. Según su «teoría del apego», se combinan las relaciones de infancia y experiencias posteriores para crear distintos estilos de apego o maneras de relacionarnos con la pareja (ver «Estilos de apego y tus relaciones», en la página siguiente). Los estilos distintos pueden querer cosas diferentes (y si queremos triunfar en nuestras relaciones amorosas, es importante entender estas diferencias y estar preparado para trabajarlas).

Seguridad emocional

Las personas seguras suelen gozar de relaciones más seguras, pero también es cierto que una pareja necesita solo un compañero seguro para obtener la estabilidad necesaria. Si la parte segura no tiene ningún problema para ofrecer consuelo y no se ve amenazada por la idea de que se le necesite, una persona ansiosa se relaja e implica y ama más. Un tipo evasivo querrá pasar tiempo solo, y el secreto del éxito en este caso será que el otro no se lo tome como algo personal.

Comunicación

Una comunicación constante ofrece protección inherente en cualquier relación y una base sana para cualquier compromiso necesario. Los sacrificios padecidos en silencio tienden a ulcerarse, mientras que la comunicación lleva a soluciones, incluso de problemas que antes parecían imposibles de resolver. La seguridad emocional también requiere aceptar la personalidad, necesidades y sentimientos de tu pareja, así como la disposición a encontrar espacio para recibir todo esto.

Compañerismo

Es importante compartir actividades y eliminar presiones que limiten el tiempo que se pasa juntos. Si se nutre constantemente una relación, se disfruta y se siente afecto mutuo, se contribuye a un futuro de amor.

3-6 %
DE FELICIDAD

¿No has encontrado a tu media naranja? No te desanimes. De acuerdo con un informe de 2007 para *Journal of Happiness Studies*, la **calidad de las relaciones amorosas** representaba apenas un 3-6 % de la **felicidad personal total**.

ESTILOS DE APEGO Y TUS RELACIONES

El psicólogo John Bowlby identificó tres estilos de apego o maneras de relacionarse: seguro, ansioso y evasivo. Es posible que cualquier modificación de estos estilos funcione en una relación amorosa, pero ciertas combinaciones son especialmente coincidentes y otras tendrán éxito solo si se evitan ciertos obstáculos y cada compañero se encarga pacientemente de las tendencias del otro. El siguiente gráfico caracteriza cada estilo en cuanto a modelos de pensamiento típicos. Al final de la página se ofrecen orientaciones sobre cómo aprovechar al máximo las seis posibles combinaciones.

Estilo	La vida les ha enseñado que...	Sentimientos sobre la intimidad	Cómo se ven los sentimientos del compañero	Reacción al conflicto
Seguro	Se puede confiar en otras personas, probablemente, y yo merezco que me amen.	La intimidad es algo natural, cómodo y correcto.	Me responsabilizo de los sentimientos de mi compañero. Nos cuidamos el uno al otro.	Hablamos de temas y encontramos una solución que nos convenga a ambos.
Ansioso	Realmente quiero el amor, pero es probable que no lo merezca. Debo ir con cuidado para no alejar a mi compañero de mí.	Quiero intimidad, pero si la busco demasiado mi compañero no lo aceptará.	Soy hipersensible a cualquier señal de rechazo. Si mi compañero me calma rápidamente, me tranquilizo.	Si digo algo sin tapujos, me preocupa poder perder a mi pareja. Tiendo a preocuparme en silencio, aunque a veces explote de ira.
Evasivo	No puedo fiarme de nadie, solo de mí. No tengo tiempo para romances ni tonterías.	Necesito mi independencia. Si se me presiona demasiado, huyo.	No me responsabilizo de los sentimientos de mi compañero. No se me puede culpar a mí.	Solo quiero que me dejen en paz. No siento la necesidad de hablar en detalle sobre cualquier cosa.

¿Cómo funcionará tu combinación de «estilos de apego»?

Ansioso + Ansioso

Ambos tienen que trabajar las capacidades para comunicarse y ser empáticos, pero directos con el otro.

Ansioso + Evasivo

Uno teme al rechazo y necesita cultivar su fortaleza; el otro teme la intimidad y debe aprender a dar más.

Ansioso + Seguro

El compañero seguro ve normal calmar la ansiedad. Ambos quieren intimidad, una buena base para limar asperezas.

Evasivo + Evasivo

Ambos necesitan trabajar su capacidad para comunicarse. Las separaciones de prueba pueden ayudar a revaluar la situación.

Evasivo + Seguro

Los seguros no se ven amenazados por la necesidad de más «espacio» de su pareja. Por ello, sienten un grado menor de estrés.

Seguro + Seguro

Ambos entienden igual la intimidad y se comunican claramente. La principal amenaza sería enamorarse de otro.

ENCUENTRA EL EQUILIBRIO

TRABAJO, CASA Y UNO MISMO

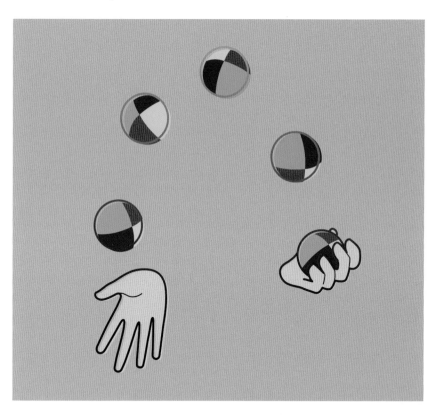

¿Es posible conseguir la perfecta «conciliación laboral y personal»? Quizá, pero solo con compromisos. Tus prioridades cambian con el tiempo, así que revisa tus necesidades cuando cambien tus circunstancias.

Muchos se encuentran en una encrucijada para equilibrar el trabajo, la familia y sus sueños. Lo ideal es que todo se complemente, aunque es una tarea difícil de conseguir.

Trabajo y vida

Un concepto que los psicólogos han estudiado en los últimos años es la «acumulación de roles»: cómo gestionamos diferentes facetas en distintas situaciones, como la casa o el trabajo. Según cómo sea nuestra gestión, esta acumulación de roles será una bendición o una maldición.

En el lado positivo, la familia puede apoyar el trabajo, y viceversa. Algunos estudios confirman que, si somos felices en un área, podemos sentirnos bien en la otra; también se transfieren aptitudes (ser padres aporta responsabilidad, el trabajo, técnicas para gestionar la agenda familiar, etc.). Del mismo modo, estos factores se compensan (si el trabajo no va bien, una buena vida social nos ayudará, mientras que sentirnos orgullosos en el trabajo mantiene alta la autoestima si las cosas no van bien en casa).

¿Cómo lograr un buen equilibrio? Un estudio de 2007 publicado en *Journal of Vocational Behavior* argumenta que necesitamos una autoevaluación centrada alta (CSE, *core self-evaluation*). Esto significa tener:

- Una autoestima alta.
- Una neurosis baja (no considerarnos vulnerables).
- Un lugar de control interno alto (ver pp. 152-153).
- Autoeficacia alta (ver pp. 102-103).

Si nuestro CSE es positivo, aprovechamos el trabajo para una mejor vida en casa, y viceversa. Un CSE negativo, sin embargo, nos deja con la sensación de que uno interfiere en el otro. Vale la pena remarcar que aquellos con CSE alto buscan retos mayores y se presionan más, así que el estado de ánimo ideal se consigue tras evaluarnos bien, pero no comprometiéndonos demasiado. Entendernos a nosotros y entender nuestros objetivos nos ayuda a decidirnos y a actuar para mantener el equilibrio y no quemarnos.

¿Sufrir o ganar?

Un estudio de 2012 realizado para la Facultad de Empresariales de Florida señala que, aunque la acumulación de roles puede ser beneficiosa, también tiene su parte negativa. Si adquirimos mucho compromiso con el trabajo y la casa, es difícil no agotarse. La clave está en ser sincero: ¿qué te importa más? Si quieres conseguir tus sueños, parece que la clave es saber gestionar tus diferentes roles en la vida.

DIBUJA LO QUE MÁS TE IMPORTA

Para identificar qué áreas de tu vida te importan más, los psicólogos estadounidenses Farid Muna y Ned Mansour sugieren que dibujes tu vida como una serie de círculos interconectados, como en este ejemplo. Varía el tamaño de los círculos según lo importante que sea un área para ti, y fíjate dónde se solapan las áreas de tu vida.

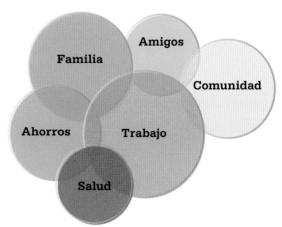

Cuando hayas hecho el mapa de tu vida y aspiraciones, discute las siguientes preguntas con tu pareja, amigos de confianza, mentores y familiares. Si lo prefieres, cambia «yo» por «nosotros».

- ¿Tengo una lista de deseos futuros?
- ¿Qué me hará feliz dentro de 10, 20 o 40 años?

- ¿Cuáles serán mis objetivos futuros?
- ¿A qué amenazas, oportunidades, fortalezas y debilidades me enfrento?
- ¿Cómo impactarán todas ellas en el éxito que trato de alcanzar?
- ¿Qué quiero conseguir el resto de mi vida?

GRÁFICO DEL PASADO

Los psicólogos Farid Muna y Ned Mansour sugieren una técnica para analizar lo que te importa a partir de experiencias pasadas. En un gráfico, marca los acontecimientos que te hicieron feliz o te entristecieron con relación al eje de felicidad (de alto a bajo). No vivas en el pasado, intenta entender qué hizo que los acontecimientos te causaran felicidad o tristeza, para aprender las lecciones y aplicarlas a tu situación actual.

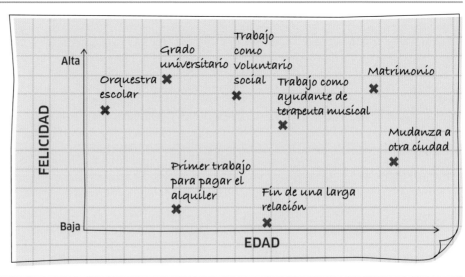

EL ÉXITO NOS DA VIDA

CÓMO NOS AYUDA EL BIENESTAR

El bienestar no es solo una cuestión de suerte, también tiene mucho que ver nuestra actitud. Si somos amables, generosos, optimistas, abiertos y sosegados, tendremos el estado ánimo óptimo para alcanzar el éxito.

El éxito, según una perspectiva convincente sobre el tema, no es una línea de meta que tengamos que cruzar, sino un estilo de vida. No podemos separar el éxito del resto de los aspectos de nuestras vidas, ya que conecta de maneras complejas con nuestra felicidad, autoimagen y las personas que nos importan. De hecho, es bueno tratar el éxito como un proceso, así que no nos lo tomemos como llegar a la cima, sino como seguir un camino. Si trabajamos las ambiciones, es bueno considerar las vidas como un todo. Si nos centramos en el bienestar y los objetivos propios, crecemos como personas y hacemos que el éxito tenga más sentido y sea más alcanzable.

¿Qué va primero?

Podríamos pensar que tener éxito da felicidad, pero las investigaciones sugieren que, de hecho, la felicidad tiende a preceder al éxito. En un estudio, las psicólogas Julia K. Boehm y Sonja Lyubomirsky hallaron que quienes solían experimentar

🔍 PASOS HACIA EL BIENESTAR

Según las psicólogas estadounidenses Lisa Mainiero y Sherry Sullivan, a medida que nos desarrollamos pasamos por etapas específicas. La manera como gestionamos cada etapa influye en nuestro bienestar y en lo que consideramos importante.

- **Reto**: factor clave al inicio de la vida.
- **Equilibrio**: prioridad en la madurez.
- **Sinceridad**: fuerza impulsora al final de la vida.

emociones positivas (la «p» de PERMA en el esquema de bienestar de psicología positiva, p. 49) tenían más posibilidades de tener éxito. Estas emociones no tenían por qué ser nada del otro mundo: de hecho, el mejor indicador de felicidad fueron las experiencias de bajo nivel periódicas de sentimientos positivos. Para estas personas, la felicidad, ya sea por naturaleza o por cultivar una práctica mental, era un hábito. ¿El resultado? Obtuvieron más éxitos. Los considerados felices tenían más probabilidades de ganar mayores sueldos unos años después de la evaluación. Su carrera fue cuantitativamente más exitosa:

- Si se las entrevistaba, era más probable que las llamaran.
- Era menos probable que perdieran el trabajo o, en tal caso, que no encontraran un nuevo empleo.
- Si no tenían trabajo, era más probable que encontrasen uno.
- Sus colegas les ayudaban más.

El motivo de su éxito era que la felicidad hacía que tuviesen conductas para atraer el éxito. Tenían más energía y eran más amables. Cooperaban mejor y creaban menos problemas. Solucionaban problemas de manera creativa, se planteaban mayores retos, persistían más tiempo y eran más optimistas. La felicidad contribuye a que adoptemos conductas con las que hacemos sentir bien a quienes trabajan con nosotros y mejoran nuestro rendimiento. Cuidar el bienestar es una de las mejores inversiones de futuro.

LAS PERSONAS FELICES SON MÁS EFECTIVAS

Las psicólogas estadounidenses Julia K. Boehm y Sonja Lyubomirsky, en un artículo titulado «La promesa de una felicidad sostenible», han resumido algunos de los motivos por los que las personas felices tienden a ser más efectivas a la hora de conseguir sus objetivos. A continuación, se muestran cuatro cadenas causa-efecto basadas en sus hallazgos en las que se ve cómo la felicidad tiende a generar más efectividad. Los infelices suelen seguir cadenas negativas, menos eficaces.

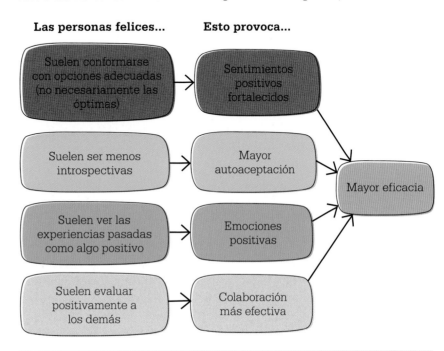

Bienestar para toda la vida

¿Cuál es la base que va a permitirnos disfrutar de una situación estable de bienestar a largo plazo? En parte, es lo que las psicólogas estadounidenses Sonja Lyubomirsky y Kennon M. Sheldon denominan nuestra capacidad para la «felicidad crónica», que se crea por medio de una variedad de factores:

- Nuestro punto de partida genético, que puede ser relativamente feliz o triste.
- Las circunstancias de la vida.
- Actividades en las que participamos.

Aunque no podamos hacer nada en relación con los genes, el éxito se consigue mejorando tanto nuestras circunstancias como nuestras actividades. Mientras lo hacemos, es bueno recordar que el bienestar es un proyecto vital. Si planificamos nuestro éxito, debemos construir los recursos que creamos que satisfarán nuestras necesidades *futuras*. No se puede prever todo, por supuesto, pero si lo consideras como un proceso para toda la vida, verás más allá de las maneras concretas de lograrlo y experimentarás verdaderamente una vida exitosa y plena.

FUENTES Y BIBLIOGRAFÍA

Último acceso a los enlaces el 12-31 de agosto de 2016.
HBR = Harvard Business Review

CAPÍTULO 1

12-13 H. Kimsey-House, K. Kimsey-House, P. Sandahl y L. Whitworth, *Co-Active Coaching*, 3ª ed., Boston, Nicholas Brealey Publishing, 2011, http://www.coactive.com. **16-17** E. Diener y M. Seligman, «Beyond Money», *Psychological Science in the Public Interest* 5, n°. 1 (2004), 1-31; P. Chen, P.C. Ellsworth y N. Schwarz, «Finding a Fit or Developing It», *Personality and Social Psychology Bulletin* 41, n°. 10 (2015), 1411-1424; D. de Clercq, B. Honig y B. Martin, «The roles of learning orientation and passion for work in the formation of entrepreneurial intention», *International Small Business Journal* 31, n°. 6 (sep 2013), 652-676. **18-19** B. George, P. Sims, A.N. McLean y D. Mayer, «Discovering Your Authentic Leadership», *HBR* (feb 2007), 129-138; K. Cherry, «The Big Five Personality Traits», Verywell.com, actualizado el 10 de enero de 2016; D. McClelland, *Human Motivation*, Cambridge, Cambridge University Press, 1987. **20-21** R. St John, «8 Secrets of Success», charla TED, feb 2005; E. Andersen, «Learning to Learn», *HBR* (mar 2016), 98-101; K.P. Cross, «Not can, but *will* college teaching be improved?», *New Directions for Higher Education* 17 (mar 1977), 1-15. **22-23** F. Cury, A.J. Elliot, D. Da Fonseca y A. C. Moller, «The Social-Cognitive Model of Achievement Motivation and the 2 × 2 Achievement Goal Framework», *Journal of Personality and Social Psychology* 90, n°. 4 (2006), 666-679; S. DeRue y K.M.

Workman, «Driving Leadership Development with Positivity», Center for Positive Organizations; B. Johnson, «The Goal-Setting Process Warren Buffett Uses To Say 'No' and Achieve More», GoalsOnTrack.com, 10 feb 2016. **24-25** M. Strode, «Wind-Wafted Wild Flowers». **26-27** F. Nickols, «The Goals Grid», 2003, http://www.nickols.us; C. Dweck, «The power of believing that you can improve», charla TED, nov 2014. **28-29** B. Tracy, *Eat that frog!*, Londres, Hodder & Stoughton, 2016; «How many people have mental health problems?», Mind, http://www.mind.org.uk; «Work-life balance», Mental Health Foundation, https://www.mentalhealth.org.uk; S. Friedman, *Total Leadership*, Boston, Harvard Business Review Press, 2014; «Kenexa Research Institute Finds That When It Comes To Work/Life Balance, Men And Women Are Not Created Equal», 25 jul 2007. **30-31** A. Brown, J. Bimrose, S-A. Barnes, S. Kirpal, T. Grønning y M. Dæhlen, «Changing patterns of working, learning and career development across Europe», Bruselas: Education, Audiovisual & Culture Executive Agency, 2010; W. Johnson, «Disrupt Yourself», *HBR* (jul-ago 2012), 147-150; A. Brown, J. Bimrose, S-A. Barnes y D. Hughes, «The role of career adaptabilities for mid-career changers», *Journal of Vocational Behavior* 80 (2012), 754-761; E.L. Goldberg, «The Changing Tides of Careers», *People & Strategy* 35, n°. 4 (2012), 52-58; C. Copeland, «Employee Tenure Trends, 1983-2014», Employee Benefit Research Institute's *Notes* 36, n°. 2 (feb 2015). **32-33** P. Reuell, «Positive Peer Pressure More Effective Than Cash Incentives, Study Finds», UC San Diego News Center, 11 jun 2013; A. Mueller, «Goal keepers: The power of

positive peer pressure», *St. Louis Business Journal*, 12 sep 2014; T.L. Webb y P. Sheeran, «Integrating concepts from goal theories to understand the achievement of personal goals», *European Journal of Social Psychology* 35 (2005), 69-96; «Why Peer Pressure Doesn't Add Up To Retirement Savings», NPR, 31 jul 2015; S. Bharatam, «Three ways to overcome peer pressure and excel in business world», Business Daily Africa, 11 may 2015. **34-35** L. Nash y H. Stevenson, «Success That Lasts», *HBR* (feb 2004), 102-109; W. Wood y D.T. Neal, «A New Look at Habits and the Habit-Goal Interface», *Psychological Review* 114, n°. 4 (oct 2007), 843-863; B. Verplanken y S. Faes, «Good intentions, bad habits and effects of forming implementation intentions on healthy eating», *European Journal of Social Psychology* 29, n°. 5-6 (ago-sep 1999), 591-604. **36-37** M. McMahon, M. Watson y J. Bimrose, «Career adaptability», *Journal of Vocational Behavior* 80 (2012), 762-768; «Language Myth #6: Women Talk Too Much», PBS, http://www.pbs.org/speak/speech/prejudice/women/; W.D.A. Fernando y L. Cohen, «Exploring the interplay between gender, organizational context and career», *Career Development International* 16, n°. 6 (2011), 553-571. **38-39** T. Amabile y S. Kramer, «The Power of Small Wins», *HBR* 89, n°. 5 (may 2011), 70-80; T. Amabile y S. Kramer, «Do Happier People Work Harder?», *The New York Times*, 3 sep 2011; «Research & Articles», Teresa Amabile, http://progressprinciple.com/research. **40-41** C. Johnson, «Four Tips for How to Become More Consistent», http://www.chalenejohnson.com; A. Wrzesniewski y B. Schwartz, «The Secret of Effective Motivation»,

The New York Times, 4 jul 2014.
42-43 R.F. Baumeister, E. Bratslavsky, M. Muraven y D.M. Tice, «Ego Depletion: Is the Active Self a Limited Resource?», *Journal of Personality And Social Psychology* 74, n°. 5 (1998), 1252-1265; M. Inzlicht y B.J. Schmeichel, «What Is Ego Depletion? Toward a Mechanistic Revision of the Resource Model of Self-Control», *Perspectives on Psychological Science* 7, n°. 5 (sep 2012), 450-463; D. McGinn, «Being More Productive», *HBR* (may 2011), 83-87; A. Salis, «The science of 'hangry'», *The Conversation*, 20 Jul 2015; «How Much Sleep Do We Really Need?», National Sleep Foundation.
44-45 K. Schulz, «On being wrong», charla TED, mar 2011; S. Lewis, «Embrace the near win», charla TED, mar 2014; C. Chabris y D. Simons, *The Invisible Gorilla*, Londres, HarperCollins, 2010.

CAPÍTULO 2

48-51 M. Seligman, *Building the State of Wellbeing*, Australia Meridional, gobierno de Australia Meridional, 2013; «The A in PERMA», The Positive Psychology Foundation, 8 ago 2011, http://www.positivepsyc.com; R. Waldinger, «What makes a good life?», charla TED, ene 2016; A. Adler, M.L. Kern, L. E. Waters y M.A. White, «A multidimensional approach to measuring well-being in students», *The Journal of Positive Psychology* 10, n°. 3 (2015), 262-271; P. O'Grady, «Achievement vs Accomplishment», *Psychology Today*, 11 nov 2012. **52-53** T. Bradberry, «Why You Should Spend Your Money on Experiences, Not Things», http://www.talentsmart.com; M.E.P. Seligman, T.A. Steen, N. Park y C. Peterson «Positive Psychology Progress», *American Psychologist* 60, n°. 5 (2005), 410-421; S. Achor, «Positive Intelligence», *HBR* (ene-feb 2012), 100-102. **54-57** R. Biswas-Diener, T.B. Kashdan y G. Minhas, «A dynamic approach to psychological strength development and intervention», *The Journal of Positive Psychology* 6, n°. 2

(2011), 106-118; D.R. Vago y D.A. Silbersweig, «Self-awareness, self-regulation and self-transcendence (S-ART)», *Frontiers in Human Neuroscience*, 25 Oct 2012, http://journal.frontiersin.org. **58-59** R. Habib, «Emotional Intelligence», charla TEDx, feb 2015; D. Goleman, *Emotional Intelligence*, edición 10° aniversario, Nueva York, Bantam, 2006. **60-61** H. Armson, K. Eva, E. Holmboe, J. Lockyer, E. Loney, K. Mann y J. Sargeant, «Factors influencing responsiveness to feedback», *Advances in Health Sciences Education* 17, n°. 1 (2012), 15-26; T. Bradberry, «9 Habits of Profoundly Influential People». **62-63** D. Dunning y J. Kruger, «Unskilled and Unaware of It», *Journal of Personality and Social Psychology* 77, n°. 6 (1999), 1121-1134; B. Barker, J. Dutton, E. Heaphy, L.M. Roberts, G. Spreitzer y R. Quinn, «How To Play To Your Strengths», *HBR* (ene 2005), 74-80. **64-65** C.S. Dweck y D.S. Yeager, «Mindsets That Promote Resilience», *Educational Psychologist* 47, n°. 4 (2012), 301-314; D. Perkins-Gough, «The Significance of Grit», *Educational Leadership* 71, n°. 1 (2013), 14-20; T. Bradberry, «8 Ways Smart People Use Failure to Their Advantage». **66-67** A. Bandura, «Self-efficacy: Toward a unifying theory of behavioral change», *Psychological Review* 84, n°. 2 (1977), 191-215. **68-71** T. Lomas, D. Ridge, T. Cartwright y T. Edginton, «Engagement with meditation as a positive health trajectory», *Psychology & Health* 29, n°. 2 (2014), 218-236; P.J. Davis, A. O'Donovan y C.A. Pepping, «The positive effects of mindfulness on self-esteem», *The Journal of Positive Psychology* 8, n°. 5 (2013), 376-386; J. Hunter y D. W. McCormick, «Mindfulness in the Workplace», artículo presentado en la Academy of Management Annual Meeting, Anaheim, 2008; L. Wasmer Andrews, «Four Good Times of Day to Meditate (And One to Avoid)», *Psychology Today*, 6 mar 2012; T. Bradberry, «5 Ways Mindfulness Will Turbocharge Your Career»; J. Dixon, R. McCorkle, P.H. Van Ness y A. Williams, «Determinants of Meditation Practice

Inventory», *Alternative Therapies* 17, n°. 5 (sep-oct 2011), 16-23. **72-73** D. Pink, «The puzzle of motivation», charla TED, ago 2009; S. Dinsmore, «How to find work you love», charla TED, sep 2015; J.M. Berg, J.E. Dutton y A. Wrzesniewski, «Managing Yourself», *HBR* (jun 2010), 114-117. **74-75** M. Heffernan, «Dare to disagree», charla TED, ago 2012. **76-77** «What is character?», Via Institute on Character, www.viacharacter.org; N. Mayerson, «Characterizing the Workplace», Via Institute on Character, 2015, www.viacharacter.org; C. Peterson y M. Seligman, *Character Strengths and Virtues*, Oxford, Nueva York, Oxford University Press, 2004; «The Via Survey», Via Institute on Character, www.viacharacter.org; *The Science of Character (8min «Cloud Film»)* [vídeo en línea], 2014, https://www.youtube.com; «The VIA classification of character strengths», © Copyright 2004-2016, VIA Institute on Character. Todos los derechos reservados. Utilizado con permiso. www.viacharacter.org. **78-79** D. Bradley, «Why Gladwell's 10,000-hour rule is wrong», BBC, 14 nov 2012, http://www.bbc.com; K. Anders Ericsson, «Training history, deliberate practise and elite sports performance», *British Journal of Sports Medicine*, 29 oct 2014, http://bjsm.bmj.com; R. Nuwer, «The 10,000 Hour Rule Is Not Real», Smithsonian Magazine, 20 ago 2014, http://www.smithsonianmag.com; J.R. Lim, «Is Musical Talent Rooted in Genes?», Live Science, 5 ago 2014, http://www.livescience.com; K.R. Von Culin, E. Tsukayama y A.L. Duckworth, «Unpacking grit», *The Journal of Positive Psychology* 9, n°. 4 (2014), 306-312; M. Seligman, *Authentic Happiness*, Nueva York, Free Press, 2002.

CAPÍTULO 3

82-83 D.D. Burns, *Feeling Good*, Nueva York, Avon Books, HarperCollins, 1980.
84-85 I. Joseph, «4 Ways to Build Self-Confidence and Boost Your Performance», Huffington Post, 7 dic 2015, http://www.huffingtonpost.ca;

A. Cuddy, «Your body language shapes who you are», charla TED, jun 2012. **86-87** A. D. Joudrey y J. E. Wallace, «Leisure as a coping resource», *Human Relations* 62, n°. 2 (2009), 195-217; M. Wang y M.C. Sunny Wong, «Happiness and Leisure Across Countries», *Journal of Happiness Studies* 15, n°. 1 (2014), 85-118; R. Hunicke, M. LeBlanc y R. Zubek, «MDA: A Formal Approach to Game Design and Game Research», artículo presentado en Challenges in Games AI Workshop, Nineteenth National Conference of Artificial Intelligence, 2004. *Aesthetics of Play - Redefining Genres in Gaming - Extra Credits* [vídeo en línea], 2012, https://www.youtube.com. **88-89** H. Adam y A.D. Galinsky, «Enclothed cognition», *Journal of Experimental Social Psychology* 48, n°. 4 (2012), 918-925; T. Shafir, «How Your Body Affects Your Happiness», charla TEDx, nov 2013; K. Hefferon, «The Body 2.0», artículo presentado en Canadian Positive Psychology Conference, 2014. **90-91** L. Deschene, «How to Deal with Uncomfortable Feelings & Create Positive Ones», Tiny Buddha, http://tinybuddha.com; J.T. Cacioppo, J.M. Ernst, M.H. Burleson, M.K. McClintock, W.B. Malarkey, L.C. Hawkley, R.B. Kowalewski, A. Paulsen, J.A. Hobson, K. Hugdahl, D. Spiegel y G.G. Berntson, «Lonely traits and concomitant physiological processes», *International Journal of Psychophysiology* 35, n°. 2-3 (2000), 143-154; M. Tartakovsky, «How to Manage Emotions More Effectively», Psych Central, 3 jul 2012, http://psychcentral.com; K. Dahlgren, «Don't Go Wasting Your Emotion», Emotion on the Brain, 10 oct 2014, https://sites.tufts.edu; A. Bechara, «The role of emotion in decision-making», *Brain and Cognition* 55 (2004), 30-40. **92-93** A. Maslow, *The Psychology of Science*, Londres, Harper & Row, 1966. **94-95** A. Duckworth y J. J. Gross, «Self-Control and Grit», *Current Directions in Psychological Science* 23, n°. 5 (2014), 319-325; J. Urist, «What the Marshmallow Test Really Teaches About Self-Control», The Atlantic, 24 sep 2014, http://www.theatlantic.com; M. Severns,

«Reconsidering the Marshmallow Test», Slate, 16 oct 2012, http://www.slate.com; «The Marshmallow Study Revisited», University of Rochester, 11 oct 2012, http://www.rochester.edu; «Emotional Intelligence», Mind Tools, https://www.mindtools.com. **96-97** Team of experts at American Psychological Association, «Stress in America: Paying With Our Health», American Psychological Association, 4 feb 2015, https://www.apa.org; «Stressed Out By Work? You're Not Alone», Wharton, University of Pennsylvania, 30 oct 2014, http://knowledge.wharton.upenn.edu. **98-99** V. I. Lohr, C. H. Pearson-Mims y G. K. Goodwin, «Interior plants may improve worker productivity and reduce stress in a windowless environment», *Journal of Environmental Horticulture* 14, n°. 2 (1996), 97-100; «Stress and wellbeing», Australian Psychological Society, 2015, https://www.psychology.org.au; Equipo de expertos de American Psychological Association, «Stress in America: Paying With Our Health», American Psychological Association, 4 feb 2015, https://www.apa.org. **100-101** K. McGonigal, «How to make stress your friend», charla TED, sep 2013; A.W. Brooks, «Get Excited», *Journal of Experimental Psychology* 143, n°. 3 (2014), 1144-1158; L. Bambrick, «The Yerkes-whatzy law of who now?», Secret Geek, 17 may 2007, http://www.secretgeek.net; D. Levitin, «How to stay calm when you know you'll be stressed», TEDGlobal, sep 2015; D.G. Dutton y A.P. Aron, «Some evidence for heightened sexual attraction under conditions of high anxiety», *Journal of Personality and Social Psychology* 30, n°. 4 (oct 1974), 510-517. **102-103** L. Babauta, «A Roadmap to Overcoming Insecurities», *Zen Habits*, 14 mar 2016, http://zenhabits.net. **104-105** K. Bahn, «Women, Academe and Imposter Syndrome», *Chronicle of Higher Education* 60, n°. 30 (2014), A51-A51; J. Nelson, «What's behind the imposter syndrome», *Canadian Business* 84, n°. 18 (2011), p.129; M. Price, «'Imposters' Downshift Career Goals», *Science*

Magazine, 4 sep 2013, http://www.sciencemag.org. **106-107** J. Morgan y D. Sisak, «Aspiring to succeed», *Journal of Business Venturing* 31 (2016), 1-21; T.A. Pychyl, «Fear of Failure», *Psychology Today*, 13 feb 2009; G. Cacciotti, J.C. Hayton, J.R. Mitchell y A. Giazitzoglu, «A reconceptualization of fear of failure in entrepreneurship», *Journal of Business Venturing* 31 (2016), 302-325. **108-109** A. Ledgerwood, «Getting stuck in the negatives (and how to get unstuck)», charla TEDx, jun 2013; B. Brown, «The power of vulnerability», charla TED, dic 2010; B. Brown, «Listening to shame», charla TED, mar 2012; C. Cadwalladr, «Brené Brown: 'People will find a million reasons to tear your work down'», *The Guardian*, 22 nov 2015. **110-111** J. Wooden, «The difference between winning y succeeding», charla TED, mar 2009; D.R. Deeter-Schmelz y R.P. Ramsey, «Fear of Success in Salespeople», artículo presentado en American Marketing Association, 2001, 248-255; S. Babbel, «Fear of Success», *Psychology Today*, 3 ene 2011.

CAPÍTULO 4

114-115 «Adaptability and Flexibility», University of Bradford, http://www.bradford.ac.uk; C. Bergland, «New Paradigm of Thought Demystifies Cognitive Flexibility», *Psychology Today*, 7 sep 2015; S. Beilock, «Want to Successfully Manage Your Emotions? Be Flexible», *Psychology Today*, 2 nov 2011. **116-119** «Be Happy: How to Make Your Own Luck», *Women's Health*, 28 mar 2014; R. Wiseman, «The Luck Factor», *Skeptical Inquirer* 27, n°. 3 (2003); C.N. Lazarus, «Four Simple Ways to Increase Your Psychological Flexibility», *Psychology Today*, 20 mar 2014; H. Sohn y E. Lee, *Integrated Korean: Advanced Intermediate 2*, University of Hawai'i Press, Honolulu, 2003, p. 22; R. Smith, «It Takes Patience to Know Bad Luck From Good Luck», *Psychology Today*, 19 mar 2015; D. Collinson, «Go Luck Yourself!» *Psychology Today*, 27 abr 2016. **120-121** L. Babauta, «Why We Struggle With Change», *Zen Habits*, 19 feb 2016, http://zenhabits.net; C. McHugh, «The art of being yourself», charla TEDx, feb 2013; K. Hall, «Got a Problem? The Good News Is You Only Have Four Options», *Psychology Today*, 7 feb 2012; K. Hall, «Three Blocks to Radical Acceptance», *Psychology Today*, 15 dic 2013; S. A. Diamond, «Essential Secrets of Psychotherapy», *Psychology Today*, 26 jun 2008. **122-123** D.A. Olson, J. Liu y K.S. Shultz, «The Influence of Facebook Usage on Perceptions of Social Support, Personal Efficacy and Life Satisfaction», *Journal of Organizational Psychology* 12, n°. 3/4 (2012), 133-144; S. Duică, R. Balázsi, R. Ciulei y A. Bivolaru, «The mediating role of coping strategies between achievement goals and competitive anxiety in elite sport», *Cognition, Brain, Behavior* 18, n°. 2 (2014), 109-124; «The Cost of Coping», *Psychology Today*, 1 nov 1998; J.C. Weitlauf, R.E. Smith y D. Cervone, «Generalization Effects of Coping-Skills Training», *Journal of Applied Psychology* 85, n°. 4 (2000), 625-633; G.A. Bonanno, A. Papa, K. Lalande, M. Westphal y K. Coifman, «The Importance of Being Flexible», *Psychological Science* 15, n°. 7 (2004), 482-487. **124-125** B.J.C. Claessens, W. van Eerde, C.G. Rutte y R.A. Roe, «A review of the time management literature», *Personnel Review* 36, n°. 2 (2007), 255-276; L. Evans, «The Exact Amount Of Time You Should Work Every Day», Fast Company, 15 sep 2014, http://www.fastcompany.com; H.E. Elsabahy, W.F. Sleem y H.G. El Atroush, «Effect of Time Management Program on Job Satisfaction for Head Nurses», *Journal of Education and Practice* 6, n°. 32 (2015), 36-44; «Easy time-management tips», NHS, revisión de 6 ene 2016, http://www.nhs.uk. **126-127** P. F. Drucker, *The Effective Executive*, Nueva York, HarperCollins, 2006. **128-129** R. Rugulies, M.H.T. Martin, A.H. Garde, R. Persson y K. Albertsen, «Deadlines at Work and Sleep Quality», *American Journal of Industrial Medicine* 55, (2012) 260-269; Y. Tu y D.

Soman, «The Categorization of Time and Its Impact on Task Initiation», *Journal of Consumer Research* 41, n°. 3 (2014), 810-822; M. Blake Hargrove, D.L. Nelson y C.L. Cooper, «Generating eustress by challenging employees», *Organizational Dynamics* 42, n°. 1 (2013), 61-69. **130-131** K. Ching Hei, «Moves in Refusal», *China Media Research* 5, n°. 3 (2009), 31-44; C. Freshman, «Don't *Just* Say No», *Negotiation Journal* 24, n°. 1 (2008), 89-100; V.M. Patrick y H. Hagtvedt, «How to say 'no'», *International Journal of Research in Marketing* 29, n°. 4 (2012), 390-394. **132-133** B. Kane. «The Science of Analysis Paralysis», Todoist, 8 jul 2015, https://blog.todoist.com; E. Jones, «Analysis paralysis? 4 tips for making better decisions», *The HR Specialist,* Nov 2015; R. Hertwig y I. Erev, «The description-experience gap in risky choice», *Trends in Cognitive Sciences* 13, n°. 12 (2009), 517-523; «New Survey Reveals Extent, Impact of Information Overload on Workers», Lexis Nexis, 20 oct 2010, http://www.lexisnexis.com; C. K. Hsee, Y. Yang, X. Zheng y H. Wang, «Lay Rationalism», *Journal of Marketing Research* 52, n°. 1 (2015), 134-146. **134-135** W. D. Gray, C. R. Sims, W. T. Fu y M. J. Schoelles, «The Soft Constraints Hypothesis», *Psychological Review* 113, n°. 3 (2006), 461-482; L.R. Weingart, «Impact of group goals, task component complexity, effort and planning on group performance», *Journal of Applied Psychology* 77, n°. 5 (1992), 682-693; A.C. Montoya, D. R. Carter, J. Martin y L.A. DeChurch, «The Five Perils of Team Planning» en M.D. Mumford y M. Frese (eds.), *The Psychology of Planning in Organizations*, Nueva York, Londres, Routledge, 2015. **136-137** P. Ni, «5 Tips to Reduce the Fear of Public Speaking», *Psychology Today*, 6 nov 2013; B. Richmond, «The Brain Takes Rejection Like Physical Pain», Motherboard, 14 oct 2013, http://motherboard.vice.com; B.D. Flaxington, «Overcoming Fear of Public Speaking», *Psychology Today*, 16 mar 2015; J. Treasure, «How to speak so that people want to listen», charla TED, jun 2014.

138-139 P. Fripp, «Selling Yourself and Your Ideas to Senior Management», *Contract Management* 50, n°. 4 (2010), 12-15; M. Owen, «Three statistics that can make or break your sales pitch», *TheBusiness*, DueDil, 20 oct 2015; K.D. Elsbach, «How to Pitch a Brilliant Idea», *HBR* 81, n°. 9 (sep 2003), 117-123. **140-141** O. Zwikael, R. Dutt Pathak, G. Singh y S. Ahmed, «The moderating effect of risk on the relationship between planning and success», *International Journal of Project Management* 32, n°. 3 (2014), 435-441; K. A. Brown, N. Lea Hyer y R. Ettenson, «The Question Every Project Team Should Answer», *MIT Sloan Management Review* 55, n°. 1 (2013), 49-57; D. Dvir y A.J. Shenhar, «What Great Projects Have in Common», *MIT Sloan Management Review* 52, n°. 3 (2011), 19-21. **142-143** «The Tannenbaum-Schmidt Leadership Continuum», Mind Tools, https://www.mindtools.com; A. Lebedeva, «Five Essential Project Management Skills», *Information Management* 49, n°. 5 (2015), 28-33; P. Ellis y J. Abbott, «Leadership and management skills in health care», *British Journal of Cardiac Nursing* 8, n°. 2 (2013), 96-99. **144-145** J. S. Nairne, M. Vasconcelos y J.N.S. Pandeirada, «Adaptive Memory y Learning», en N.M. Seel (ed.) *Encyclopedia of the Sciences of Learning*, Nueva York, Springer, 2012, 118-121; J.S. Nairne y J.N.S. Pandeirada, «Adaptive Memory: Remembering With a Stone-Age Brain», *Current Directions in Psychological Science* 17, n°. 4 (2008), 239-243; D. Kahneman y J. Riis, «Living y Thinking about it», en N. Baylis, F.A. Huppert y B. Keverne (eds.), *The Science of Well-being*, Oxford, Oxford University Press, 2005, 285-301. **146-147** J. E. Van Loon y H. L. Lai, «Information Literacy Skills as a Critical Thinking Framework in the Undergraduate Engineering Curriculum», *Library Scholarly Publications,* artículo 80, 1-8; D. McRaney, «Survivorship Bias», You Are Not So Smart, 23 may 2013, https://youarenotsosmart.com. **148-149**

M. Stange, M. Grau, S. Osazuwa, C. Graydon y M. J. Dixon, «Reinforcing Small Wins y Frustrating Near-Misses», *Journal of Gambling Studies* (2016), 1-17, http://link.springer.com; V. Denes-Raj y S. Epstein, «Conflict Between Intuitive y Rational Processing», *Journal of Personality y Social Psychology* 66, n°. 5 (1994), 819-829.

CAPÍTULO 5

152-153 «Locus of Control», Changing Minds, http://changingminds.org; T. W. H. Ng, K.L. Sorenson y L. T. Eby, «Locus of control at work», *Journal of Organizational Behavior* 27, n°. 8 (2006), 1057-1087; D. D. Burns MD, *Feeling Good*, Nueva York, HarperCollins, 1992 y 1999, p. 125; A. Van den Broeck, W. Lens, H. De Witte y H. Van Coillie, «Unraveling the importance of the quantity and the quality of workers' motivation for well-being», *Journal of Vocational Behavior* 82, n°. 1 (2013), 69-78; T. Willner, I. Gati y Y. Guan, «Career decision-making profiles and career decision-making difficulties», *Journal of Vocational Behavior* 88 (2015), 143-153. **154-155** Brandon Gaille, «17 Employee Motivation Statistics y Trends», 10 nov 2013, http://brandongaille.com; A. Adkins, «Majority of U.S. Employees Not Engaged Despite Gains in 2014», Gallup, 28 ene 2015, http://www.gallup.com. **156-159** P. Steel, «The Nature of Procrastination», *Psychological Bulletin* 133, n°. 1 (2007), 65-94; D. Thompson, «The Procrastination Doom Loop—and How to Break It», *The Atlantic*, 26 ago 2014, http://www.theatlantic.com; E. Jaffe, «Why Wait? The Science Behind Procrastination», *Observer* 26, n°. 4 (2013); A.L. Wichman, P. Briñol, R.E. Petty, D.D. Rucker, Z. L. Tormala y G. Weary, «Doubting one's doubt», *Journal of Experimental Social Psychology* 46, n°. 2 (2010), 350-355; «10 Foolproof Tips for Overcoming Procrastination», PsyBlog, 31 mar 2014, http://www.spring.org.uk; «How to Avoid Procrastination», PsyBlog, 29 ene 2009, http://www.spring.org.uk;

M.E. Beutel, E. M. Klein, S. Aufenanger, E. Brähler, M. Dreier, K.W. Müller, O. Ouiring, L. Reinecke, G. Schmutzer, B. Stark y K. Wölfling, «Procrastination, Distress and Life Satisfaction across the Age Range», *PLoS ONE* 11, n°. 2 (2016). **160-161** X. Gong, K. L. Fletcher y J.H. Bolin, «Dimensions of Perfectionism Mediate the Relationship Between Parenting Styles and Coping», *Journal of Counseling & Development* 93, n°. 3 (2015), 259-268; P. Gaudreau, «Self-assessment of the four subtypes of perfectionism in the 2 × 2 model of perfectionism», *Personality and Individual Differences* 84 (2015), 52-62. **162-163** D. DiSalvo, «Visualize Success if You Want to Fail», Forbes, 8 jun 2011, http://www.forbes.com; M.A. Conway, K. Meares y S. Standart, «Images y goals», *Memory* 12, n°. 4 (2004), 525-531; C.K.Y. Chan y L.D. Cameron, «Promoting physical activity with goal-oriented mental imagery», *Journal of Behavioral Medicine* 35, n°. 3 (2011), 347-363; S. E. Taylor, L.B. Pham, I.D. Rivkin y D.A. Armor, «Harnessing the Imagination», *American Psychologist* 53, n°. 4 (1998), 429-439. **164-165** J. Du, X. Fan y T. Feng, «Multiple emotional contagions in service encounters», *Journal of the Academy of Marketing Sciences* 39, n°. 3 (2011), 449-466; B.M. Staw, R.I. Sutton y L. H. Pelled, «Employee Positive Emotion y Favorable Outcomes at the Workplace», *Organization Science* 5, n°. 1 (1994), 51-71; C.A. Bartel y R. Saavedra, «The Collective Construction of Work Group Moods», *Administrative Science Quarterly* 45, n°. 2 (2000), 197-231. **166-167** S. Moss, «The dualistic model of passion», http://www.sicotests.com; V.T. Ho, S. Wong y C. Hoon Lee, «A Tale of Passion», *Journal of Management Studies* 48, n°. 1 (2011), 26-47; W. Davies, «Some Thoughts y Questions On Csikszentmihalyi's Flow», Science 2.0, 26 sep 2010, http://www.science20.com; P. Dubreuil, J. Forest y F. Courcy, «From strengths use to work performance», *The Journal of Positive Psychology* 9, n°. 4 (2014), 335-349. **168-169** M. Csikszentmihalyi, *Flow*, Harper

Perennial, Nueva York, 1990. **170-171** S. McNerney, «Rethinking the Endowment Effect», Big Think, http://bigthink.com; A. J. Elliot y K.M. Sheldon, «Avoidance Achievement Motivation», *Journal of Personality and Social Psychology* 73, n°. 1 (1997), 171-185. **172-173** R. Yong Joo Chua, P. Ingram y M. W. Morris, «From the head and the heart», *Academy of Management Journal* 51, n°. 3 (2008), 436-452; R. Hoffman y B. Casnocha, «The science of networking», *The Guardian*, 13 abr 2012; G. Soda, A. Usai y A. Zaheer, «Network Memory», *Academy of Management Journal* 47, n°. 6 (2004), 893-906; M. Simmons, «The Surprising Science Behind How Super Connectors Scale Their Networks», Forbes, 4 sep 2013, http://www.forbes.com; S. Vozza, «The Science Behind Successful Networking», Fast Company, 3 oct 2015, http://www.fastcompany.com. **174-175** M.K. Smith, «Social capital», *The encyclopaedia of informal education*, 2000-2009, http://infed.org/mobi/social-capital; M.K. Smith «Robert Putnam», *The encyclopaedia of informal education*, 2001, 2007, www.infed.org/thinkers/putnam.htm; Banco Mundial, «The Initiative on Defining, Monitoring y Measuring Social Capital», Social Capital Initiative Working Paper N°. 2, 1998, p.5; M.K. Smith, «Social capital», *The encyclopaedia of informal education*, 2000-2009, http://infed.org/mobi/social-capital; S.E. Seibert y M.L. Kraimer, «A social capital theory of career success», *Academy of Management Journal* 44, n°. 4 (2001), 291-237. **176-179** C.J. Neumann, «Fostering creativity», *EMBO Reports* 8, n°. 3 (2007), 202-206; E. Hulme, B. Thomas y H. DeLaRosby, «Developing Creativity Ecosystems», *About Campus* 19, n°. 1 (2014), 14-23; S. Hebron, «John Keats and 'negative capability'», British Library, http://www.bl.uk; E. Grossman, «Why Science Needs People Who Cry», charla TEDx, ene 2016; A. Massey, «Developing creativity for the world of work», *Art, Design & Communication in Higher Education* 4, n°. 1 (2005), 17-30; A. VanGundy, *101 Activities for Teaching Creativity and*

Problem Solving, San Francisco, Pfeiffer, 2005, p.325. **180-181** J.P. Eggers y L. Song, «Dealing with failure», *Academy of Management Journal* 58, n°. 6 (2015), 1785-1803; C. Argyris, «Teaching Smart People How to Learn», *HBR* (may-jun 1991), 99-109. **182-183** S. L. Parker, N.L. Jimmieson y C. E. Amiot, «Self-determination as a moderator of demands and control», *Journal of Vocational Behavior* 76, n°. 1 (2010), 52-67. **184-185** A. Spiers y G.J. Walker, «The Effects of Ethnicity and Leisure Satisfaction on Happiness, Peacefulness and Quality of Life», *Leisure Sciences* 31, n°. 1 (2008), 84-89; G.M. Schwartz y J. Campagna, «New meaning for the emotional state of the elderly, from a leisure standpoint», *Leisure Studies* 27, n°. 2 (2008), 207-211; W. Wang, C. Kao, T. Huan y C. Wu, «Free Time Management Contributes to Better Quality of Life», *Journal of Happiness Studies* 12, n°. 4 (2011), 561-573; M.G. Ragheb y J.G. Beard, «Measuring Leisure Attitude», *Journal of Leisure Research* 14, n°. 2 (1982), 155-167; L. Grodzki, *Building Your Ideal Private Practice*, Nueva York, W.W. Norton & Company, 2000.

CAPÍTULO 6

188-189 M.M. Tugade y B.L. Fredrickson, «Regulation of positive emotions», *Journal of Happiness Studies* 8, n°. 3 (2007), 311-333; R.A. Cummins y M. Wooden, «Personal Resilience in Times of Crisis», *Journal of Happiness Studies* 15, n°. 1 (2014), 223-235; *Debunking the 4 most dangerous self help myths* [vídeo en línea], 2015, https://www.youtube.com; J. V. Wood, W.Q.E. Perunovic y J.W. Lee, «Positive Self-Statements», *Psychological Science* 20, n°. 7 (2009), 860-866. **190-191** H. Knipprath y K. De Rick, «How Social and Human Capital Predict Participation in Lifelong Learning», *Adult Education Quarterly* 65, n°. 1 (2015), 50-66; K. Steffens, «Competences, Learning Theories and MOOCs», *European Journal of Education* 50, n°. 1 (2015), 41-59; «Contemporary theories of

learning», National College for Teaching & Leadership, https://www.nationalcollege.org.uk. **192-193** Agradecimientos a Mario Andretti y su publicista Patty Reid, por el permiso para utilizar esta cita. **194-195** L. Li, X. Liu y A.L. Steckelberg, «Assessor or assessee?», *British Journal of Educational Technology* 41, n°. 3 (2010), 525-536; P.L. Harms y D.B. Roebuck, «Teaching the art and craft of giving y receiving feedback», *Business Communication Quarterly* 73, n°. 4 (2010), 413-431. **196-197** G.D. Bodie, D. Worthington, M. Imhof y L.O. Cooper, «What Would a Unified Field of Listening Look Like?», *International Journal of Listening* 22, n°. 2 (2008), 103-122. **198-199** D.A. Olson y J. Jackson, «Expanding Leadership Diversity Through Formal Mentoring Programs», *Journal of Leadership Studies* 3, n°. 1 (2009), 47-60; W. Gentry, S. Stawiski, G. Eckert y M. Ruderman, «Crafting Your Career», *Center for Creative Leadership* (2013), www.ccl.org. **200-201** S. Chaiken y D. Maheswaran, «Heuristic Processing Can Bias Systematic Processing», *Journal of Personality and Social Psychology* 66, n°. 3 (1994), 460-473; W. P. Bottom, K. Gibson, S.E. Daniels y J.K. Murnighan, «When Talk Is Not Cheap», *Organization Science* 13, n°. 5 (2002), 497-513; T. Simons, «Behavioral Integrity», *Organization Science* 13, n°. 1 (2002), 18-35. **202-203** L. Uziel, «Look at Me, I'm Happy y Creative», *Personality and Social Psychology Bulletin* 36, n°. 12 (2010), 1591-1602; D. Graeber, *Debt: The First 5,000 Years*, Nueva York, Melville House, 2011, p.110. **204-205** K.T. Yamauchi y D.I. Templer, «The Development of a Money Attitude Scale», *Journal of Personality Assessment* 46, n°. 5 (1982) 522-528; T. Li-Ping Tang, «The Development of a Short Money Ethic Scale», *Personality and Individual Differences* 19, n°. 6 (1995), 809-816. **206-207** B.J. Gillespie, J. Lever, D. Frederick y T. Royce, «Close adult friendships, gender and the life cycle», *Journal of Social and Personal Relationships* 32, n°. 6 (2014), 709-736;

B. Fehr, «Intimacy Expectations in Same-Sex Friendships», *Journal of Personality and Social Psychology* 86, n°. 2 (2004), 265-284. **208-209** I. Schindler, C.P. Fagundes y K. W. Murdock, «Predictors of romantic relationship formation», *Personal Relationships* 17 (2012), 97-105; M. Demir, «Sweetheart, you really make me happy», *Journal of Happiness Studies* 9, n°. 2 (2008), 257-277. **210-211** S. L. Boyar y D. C. Mosley Jr., «The relationship between core self-evaluations and work and family satisfaction», *Journal of Vocational Behavior* 71, n°. 2 (2007), 265-281; Z. Chen y G.N. Powell, «No pain, no gain? A resource-based model of work-to-family enrichment and conflict», *Journal of Vocational Behavior* 81 (2012), 89-98; F.A. Muna y N. Mansour, «Balancing work and personal life», *Journal of Management Development* 28, n°. 2 (2009), 121-133. **212-213** J. K. Boehm y S. Lyubomirksy, «Does Happiness Promote Career Success?», *Journal of Career Assessment* 16, n°. 1 (2008), 101-116; S. Lyubomirsky, K.M. Sheldon y D. Schkade, «Pursuing Happiness», *Review of General Psychology* 9, n°. 2 (2005), 111-131; C.D. Ryff y S. M. Heidrich, «Experience and Well-being», *International Journal of Behavioral Development* 20, n°. 2 (1997), 193-206; D. A. Olson y K. S. Shultz, «Employability and Career Success», *Industrial and Organizational Psychology* 6, n°. 1 (2013), 17-20.

ÍNDICE

Los números de página en **negrita** se refieren a las entradas principales.